엑셀을 이용한 경영통계학

머리말

통계학은 자료를 수집하고 이를 요약하거나 분석하여 유용한 정보로 가공하는 규칙과 절차에 관한 학문이다. 이 책은 대학에서 처음으로 통계학을 접하는 경영 및 경제 분야의 학생들을 위해 통계학의 기본적인 지식을 담은 입문서로 경영·경제자료의 가공을 통해 불확실한 환경 하에서의 합리적인 의사결정능력을 함양하는 것에 그 목적이 있다. 이러한 목적을 효과적으로 달성하기 위해 이 책은 다음과 같이 구성되었다.

- 통계 관련 입문서들이 많음에도 불구하고, 통계학을 다루는 학문분야의 다양성으로 인해 입문서의 선택이 용이하지 못하는 것 또한 사실이다. 이에 경영학이나 경제학에 초점을 맞춘 입문서들이 출판되고 있다. 이 책은 특히 경영학을 전공하는 학생들을 위한 입문서에 초점을 맞춰 구성되었으며 예제 및 연습문제 또한 경영현상 관련 내용으로 구성되었다.
- 예제와 연습문제 해결을 위한 이론적 계산과정 뿐만 아니라 경영현장 실무에 가장 많이 쓰이는 Excel을 활용한 계산과정을 함께 제시하였다.
- 최근 경영학 전공 학생들이 많은 관심을 가지고 있는 통계 패키지의 활용, 빅데이터 분석, 머신러닝 등 통계관련 심화과정을 위한 통계학적 기초지식의 습득과 참고도서로의 활용도가 높을 것으로 판단한다.

이 책을 발간하기까지 많은 분들의 도움이 있었다. 출판을 위해 많은 응원해주신 인하대학교 경영학과 교수님들께 감사드린다. 또한 교정작업을 물심양면으로 도와준 인하대학교 경영학과 IBAS 동아리의 이유진, 강지훈 학생에게 감사의 마음을 전한다. 또한 이 책의 출판까지 도움을 주신 서울경제경영출판사의 김은중 사장님과 관계자 여러분께 감사드린다.

2022년 2월

저자 일동

목차

목차

01 통계의 기초

제1절 통계학이란?

많은 학자들이 **통계학**(statistics)을 나름대로 정의하고 있지만 그 내용은 큰 차이가 없으며 공통점을 찾아 정리하면 다음과 같이 요약 할 수 있다.

통계학의 정의

통계학은 **수치자료(numerical data)**를 **수집**(collecting), **정리**(organizing), **기술**(describing), **분석**(analyzing)하고 그 결과를 **해석**(interpreting)하는 규칙과 절차를 연구하는 학문이며, **통계적 사고**(statistical thinking)를 증진시켜 불확실한 상황에서 논리적으로 타당한 결론을 도출하여 최선의 의사결정이 이루어지도록 하는 데 그 목적이 있다.

제2절 통계학의 목표

통계학의 과제는 자료를 수집하고, 수집된 자료로부터 모집단에 대한 추론을 할 수 있도록 방법론을 제공해 주는 것이라고 할 수 있다. 이러한 방법론으로 사람들은 일반화를 이끌어내고, 그러한 일반화에 수반되는 불확실성을 측정한다. 통계적인 개념은 표본의 키기나 표본추출의 형태를 결정하는 조사의 초기단계에서부터 꼭 필요하다.

통계학의 주된 목표

관측값으로부터 효율적인 추론을 할 수 있도록 표본추출의 과정과 범위를 설계한다.
표본에 포함되어 있는 정보를 분석하여 모집단에 관하여 추론한다. 이때 추론에 수반되는 불확실성도 측정한다.

표본 추출과정을 설계하는 것은 매우 중요한 부분이다. 잘 설계된 표본추출의 결과로 얻어진 자료로부터는 효율적인 분석과 추론이 가능하지만 잘못 설계된 표본추출의 결과로 얻어진 자료로부터는 아무리 고도의 통계적인 기법을 이용하여도 잘못된 결과를 얻기 쉽다.

과거에 단순히 자료를 축적하거나 요약하는데 이용되었던 통계학은 이제 효율적인 자료의 수집, 이해, 해석을 가능하게 하는 현대적인 분석의 도구를 제공하는 학문으로 그 역할이 변모하고 있다. 통계적인 개념과 방법은 표본으로부터 모집단에 대한 타당한 결론을 내릴 수 있게 해준다. 이러한 목표를 갖는 통계학은 자료에 근거한 증거로만 정보를 평가해야 하는 모든 학문 분야에서 널리 사용되게 되었다.

제3절 기본 용어

통계학을 이해하는 데 필수적인 기본용어를 정리하면 다음과 같다.

1.3.1 모집단과 표본

자료의 수집 대상은 **모집단**(population)과 **표본**(sample)로 구분된다.

모집단과 표본

조사자의 관심의 대상이 되는 개체들의 총집합을 모집단이라고 하며, 실제 조사를 위해 모집단에서 추출한 일부를 표본이라고 한다.

일반적으로 모집단 개체의 수는 많고, 표본의 개체 수는 적다고 한다. 그러나 항상 옳은 말은 아니고 동일한 대상일 경우에만 옳다고 할 수 있다. 어떤 중소기업의 노동조합 위원장 선거를 분석한다면 모집단은 그 회사 조합원 수로 몇 십 명 또는 몇 백 명 정도이지만 신문이나 방송에서 여론조사를 위한 표본의 수는 보통 1000명을 초과한다.

1.3.2 모수와 통계량

자료를 수집하여 정리한 내용은 자료를 수집한 대상에 따라 **모수**(parameter)와 **통계량**(statistic)으로 구분하며, 이를 요약하면 다음과 같다.

> **모수와 통계량**
>
> 모집단의 특성을 수치로 표현한 것을 **모수**라고 하며, 표본을 분석하여 그 특성을 수치로 표현한 것을 **통계량**이라고 한다.

모수와 통계량을 구분하기 위하여 모수인 모집단 산술평균과 표준편차는 μ와 σ로, 통계량인 표본의 산술평균과 표준편차는 $\overline{X}$와 s로 표기한다.

1.3.3 기술통계학과 추리통계학

통계학은 분석하는 자료의 대상과 분석결과의 해석범위에 따라 **기술통계학**(descriptive statistics)과 **추리통계학**(inferential statistics)으로 구분할 수 있다. 이를 정의하면 다음과 같다.

> **기술통계학과 추리통계학**
>
> 기술통계학은 수집한 자료의 특성을 적절히 묘사하기 위하여 자료의 정리, 요약, 계산, 기술하는 방법과 관련된 통계학을, 추리통계학은 모집단에서 추출한 표본을 분석하고 그 결과를 기초로 하여 모집단의 특성을 유추하고 **일반화(generalization)**하는 통계학을 뜻한다.

르네상스시대에 시작된 확률이론에 기초한 추리통계학이 의사결정을 위한 현대 통계학의 중추이다.

두 유형의 통계학의 관계를 간략하게 요약하면 아래의 <그림 1.1>과 같다.

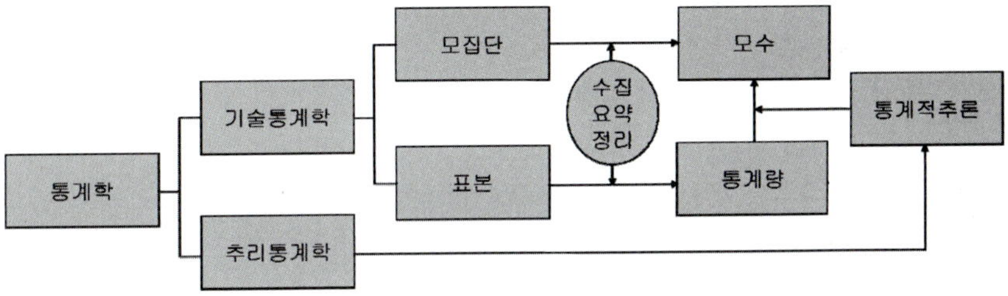

<그림 1.1> 통계학의 유형

제4절 통계의 오용

Darrell Huff는 “How to Lie with Statistics” 책에서 세상의 3종류의 거짓말로 “white lie”, “red lie”, “statistics”라고 소개한 바 있고, 영국의 정치가 벤저민 디즈

레일리도 이와 같은 말을 하였고, 윈스톤 처칠은 “나는 내가 조작한 통계만 믿는다”고 말한 바 있다. 이는 통계는 수치로 제시되기 때문에 제 3자에게 객관성을 담보하고 있는 것 같지만 조작으로 그럴듯하게 남을 설득하거나 속이기 쉽다는 점을 의미하는 말이라고 하겠다. 적법한 절차를 따르지 않고 수집된 통계자료의 사용, 결과 해석에서의 오류, 부적절한 통계기법의 활용, 부적절한 통계 활용 등은 실상을 오도하고 의사결정에 심각한 문제를 야기할 수도 있다. 통계의 오용 내지 남용의 몇 가지 예를 제시한다.

1.4.1 수집의 오류

자료수집의 오류에서 발생한 문제의 전형적인 예는 1936년도 미국대통령 선거결과를 예측하기 위한 Literary Digest 잡지사의 여론조사결과이다. 1935년말 자사의 구독자 명부와 전화번호부에서 추출한 예상유권자 1,000만 명에게 모의투표용지를 발송하고 회신한 응답을 분석하여 공화당의 Alfred Landon과 민주당의 Franklin Roosevelt의 선거인단 예상득표수는 370:161로 Landon의 당선을 예측하였으나 실제로 나타난 선거결과는 8:523으로 Roosevelt의 압도적 승리였다. 이 사건 후 그 당시 인기잡지였던 이 잡지는 폐간하게 되었다. 이 모의투표의 결과가 잘못된 가장 큰 원인은 잡지구독자와 그 당시 전화보유자들은 공화당 지지율이 높은 상류층이어서 미국의 전체 유권자들을 대표할 수 없는 집단을 표본으로 하여 자료를 수집한데 있으며, 모의투표용지를 회신한 사람들 또한 미국유권자 전체를 대표하지 못하는 집단에 기인한다고 하겠다.

1.4.2 표집자료수의 부족

모 대학 학과의 학생이 우리 학과를 졸업한 여학생의 1/3이 Campus Couple이라고 말하였으나 실제로 그 학과를 졸업한 여학생은 3명뿐이었다. 이 경우에는 수치적으로 잘못된 것은 아니나 추후 이 학과를 졸업하는 여학생의 1/3이 Campus Couple이 될 것이라고 예측하기에는 자료가 미흡한 상태라고 하겠다. 만약에 30명을 조사하여 10명이라던가 150명을 조사하여 50명이라던가, 300명을 조사하여 100명이었다면 수치적 비율로는 모두 1/3이지만 사람들은 조사자 수가 많은 결과에 더 신뢰를 하게된다. 통계자료에서 비율로 발표될 경우 비율계산에 사용되는 전체의 수에 관심을 가져야 할 것이다.

1.4.3 비교근거의 오류

1898년 미국과 스페인이 쿠바에서 벌인 전쟁에서 미국 해군의 전사율은 1,000명당 9명이고, 같은 기간 뉴욕의 사망률은 1,000명당 16명이었다. 이 자료로 해군 징병관들은 해군에 입대하여 전쟁터에 나간다 하더라도 대도시에서 사는 것보다 안전하다고 선전하였다. 믿어도 되는 통계일까요? 통계 수치에 거짓말은 없을 것이지만 해군은 건강한 젊은이로 구성돼 있고, 뉴욕시민은 노인, 환자, 갓난아기 등 노약자를 모두 포함하고 있어 비교 근거가 잘못된 경우라고 하겠다.

1.4.4 제시방법의 오류

통계자료분석 결과를 도표로 제시하는 경우도 많은 바 적절하게 표현하지 못하면 시각적인 착각을 유도하여 본래의 특성을 오도할 수도 있다. 5.명의 판매원의 지난달의 판매실적이 9,500.만원, 8,500.만원, 8,300.만원, 9,000.만원, 9,800.만원이었는데 이를 <그림 1.2>와 같이 도표로 작성하여 제시하였다고 하자.

<그림 1.2>에서 보면 A.의 판매실적은 B.판매실적의 3.배, E.는 B.의 4.배에 가까운 실적을 보이는 것 같으나 실제로는 A.는 B.보다 11.8%, E.는 B.보다 15.3% 많을 뿐이다. <그림 1.2>와 같은 막대그래프는 일반적으로 종축이 0.에서 시작하고 막대의 폭은 같아 막대의 길이는 변수의 값에 비례하여 그려지는 것인데 이 그림은 종축이 0에서 시작하지 않고 8,000에서 시작한다. 이는 각 판매원의 실적을 일률적으로 8,000씩을 잘라낸 형상이므로 각 판매원의 실적이 막대 길이의 비율로 반영되지 않았기 때문이다. 막대그래프는 가능하면 종축을 0에서 시작하고 단절되어 있는 부분을 표시하여야 한다.

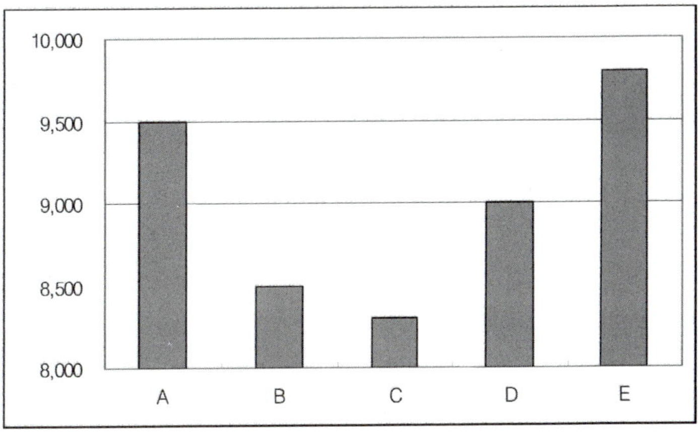

<그림 1.2> 오도된 막대그래프

1.4.5 부적절한 통계

A지역과 B지역의 가구 당 연간소득을 조사한 결과가 다음과 같다고 가정하다.

A: 2,400만원, 2,600만원, 2,200만원, 2,500만원, 2,300만원

B: 1,800만원, 1,600만원, 1,500만원, 1,700만원, 1,400만원, 7,000만원

A지역과 B지역의 가구 당 년 평균소득은 각각 2,400만원, B지역은 2,500만원이므로 B지역이 A지역보다 소득이 높다고 할 수 있는가? 그러나 A지역의 가구 당 소득은 B지역 고소득 한 가구(7,000만원)를 제외하면 B지역보다 높다. 이는 B지역의 한 고소득가구가 평균을 증가시킨 것으로, 평균으로는 B지역의 소득이 높은 것이 틀림이 없으나 개별적으로 볼 때 A지역 대부분의 사람은 B지역 대부분의 사람보다 소득이 높다. 이는 극치에 민감하게 반응하는 평균의 특성에 따른 것으로, 적절하게 반영하지 못하는 통계자료의 사용이 전체적인 특성을 오도하는 경우라고 하겠다. 수치는 객관성을 가지고 있어 비교적 높은 설득력을 갖지만 잘못 사용될 경우 많은 문제를 유발하게 된다.

우리가 통계학을 배우면서 이러한 통계의 문제점을 알고 적절히 사용함으로써 타인이 자료의 특성을 오인하지 않게 제시할 수 있는 능력과 타인이 제시하는 통계자료에 오도되지 않는 능력을 제고하여야 할 것이다.

연|습|문|제

1.1 통계학의 정의와 필요성에 대해 설명하시오.

1.2 통계학의 응용 가능한 학문 분야와 방법에 대해 설명하시오.

1.3 모집단 표본을 설명하시오.

1.4 모수와 통계량을 설명하시오.

1.5 기술통계학과 추리통계학의 차이점에 대해 설명하시오.

1.6 통계자료 오용의 원인을 생각해 보고 주위에서 발생한 사건을 찾아보시오.

1.7 정성적 변수와 정량적 변수의 예를 3개씩 제시하고 그 차이점을 설명하시오.

1.8 이산적 변수와 연속적 변수의 예를 3개씩 제시하고 그 차이점을 설명하시오.

1.9 다음 변수들의 유형을 말하고 정량적 변수일 경우 이산적 변수와 연속적 변수를 구분하시오.

1) 1인당 월간 휴대폰 통화 건수
2) 1인당 월간 휴대폰 통화시간
3) 1인당 월간 휴대폰 사용료
4) 노트북 PC 보유 여부
5) 개인의 가장 긴 휴대폰 통화시간
6) 가구당 PC.통신 사용한 시간
7) 소속학과
8) 월간 영화관람 횟수
9) 소득
10) 무게

1.10 다음은 어느 종합병원 입원실에서 구한 입원환자에 대한 자료이다. 자료의 유형과 척도를 말하시오.

1) 성별 : 女　　2) 나이 : 50　　3) 혈액형: AB　　4) 체온 : 37.°°도
5) 혈압 : 130/90　　6) 맥박 : 75/분　　7) 병명: 심장질환　　8) 입원경력 : 2.회
9) 특수체질 여부 : 없음　　10) 예정치유기간 : 14.일

1.11 은행신용카드 회원신청서에서 다음과 같은 자료를 구하였다. 자료의 유형과 척도는 무엇인가?

1) 주소　　2) 주민등록번호　　3) 이름　　4) 비밀번호
5) 결제계좌번호　　6) 전화번호　　7) 직장명　　8) 근무부서
9) 직위　　10) 근무년수　　11) 월수입　　12) 주거상황
13) 자녀수　　14) 자가용 유무　　15) 생년월일

02 자료의 수집

통계학은 수치를 이용하여 불확실한 상황에서의 의사결정을 지원하는데 그 목적이 있다. 의사결정은 개인이나 조직의 성장에 심대한 영향을 미치므로 의사결정자들은 이용 가능한 모든 자료(data)를 수집, 정리, 분석하여 의사결정에 필요한 정보를 얻게 된다.

통계학은 제품의 생산과 같이 원료를 투입하여 가공하는 것은 아니고 수집한 자료를 정리, 분석하는 것이지만 GIGO(Garbage in, Garbage out) 현상이 너무나 뚜렷이 나타나게 된다. 따라서 분석에 투입되는 원료 즉 자료는 반드시 의사결정에 적합한 것이어야 한다.

어떠한 고급통계기법과 훌륭한 소프트웨어를 이용하더라도 수집절차와 자료측정에서의 오류는 보완할 수 없다. 자료의 수집은 통계학에서 가장 기본적인 행위이고 또한 가장 중요한 행위이나, 대부분의 사람들이 이의 중요성을 간과하고 있는 듯 하다. 그러나 본 장에서 설명하는 자료의 수집과 측정의 중요성은 깊이 인식되어야 할 사항이다.

제1절 자료

자료는 자료의 원천(source)과 성격에 따라 분류할 수 있다.

2.1.1 1차 자료와 2차 자료

자료의 원천(source)에 따라 구분되는 **1차 자료**(primary data)와 **2차 자료**(secondary data)를 정의하면 다음과 같다.

1차 자료와 2차 자료

실험, 설문조사, 면접을 통하여 조사자가 처음으로 창출한 자료를 1차 자료라고 하며, 정부기관, 회사, 공공단체 또는 개인 등 조사자 이외의 다른 사람이 수집하여 이미 발간한 자료를 2차 자료라고 한다.

2.1.2 횡단면 자료와 시계열 자료

통계자료는 그 성격에 따라 **횡단면 자료**(cross-section data)과 **시계열 자료**(time series data)로 구분되며 이를 정의하면 다음과 같다.

횡단면 자료와 시계열 자료분석

일정 시점을 기준으로 수집한 자료를 횡단면 자료, 일정한 시간 간격을 두고 변화의 흐름을 나타내는 자료를 시계열 자료라고 한다.

횡단면 자료를 대상으로 하는 통계분석을 **횡단면 분석**(cross-section analysis), 시계열 자료를 대상으로 하는 통계분석을 **시계열 분석**(time series analysis)이라 한다.

제2절 변수

통계학에서는 파악하고자 하는 속성이나 현상을 **변수**(variable)라고 한다. 변수는 크게 그 성격에 따라 **정량적 변수**(quantitative variable)와 **정성적 변수**(quantitative variable)로 구분된다.

2.2.1 정량적 변수와 정성적 변수

성격에 따라 구분한 정량적 변수와 정성적 변수를 정의하면 다음과 같다.

정량적 변수와 정성적 변수

많고 적음이나 크고 작음에 대하여 양적인 면을 표현한 변수를 정량적 변수, 질적인 면이나 성격적인 면을 표현한 변수를 정성적 변수라고 한다.

성별, 직업 등의 속성은 수치로 나타낼 수 없는 것으로 정성적 변수이고, 몸무게,

나이, 소득 등은 수치로 나타낼 수 있는 정량적 변수이다. 정성적 변수인 성별에서 남자는 '1', 여자 는 '2'로 표시하기도 하지만 이는 입력의 편의와 분류를 위한 기호이지 양을 나타내는 수치라고 할 수 없으므로 수치로 표현되어도 정성적 변수이다.

2.2.2 이산적 변수와 연속적 변수

수치로 나타낼 수 있는 정량적 변수는 다시 **이산적 변수**(discrete variable)와 **연속적 변수**(continuous variable)로 구분할 수 있으며 그 정의는 다음과 같다.

> **이산적 변수와 연속적 변수**
>
> 세어서(count) 값을 수집하는 변수를 이산적 변수, 측정(measure)하여 값을 수집하는 변수를 연속적 변수라고 한다.

종업원 수, 사고건 수, 유권자 수 등은 이산적 변수이고, 몸무게, 키 등은 연속적 변수이다. 이산적 변수는 세어서 값을 정하기 때문에 정수 값을 갖는다. 연속적 변수이면서도 정수 값을 가지기도 하지만 이는 본래의 값이 정수라기 보다 정확하게 측정할 필요가 없어 소수점을 정리한 결과인 것이다. 측정단위를 아주 정밀하게 유지하면 연속적 변수에서는 같은 값을 갖는 개체는 없다고 할 수 있다.

제3절 척도

수치로 표현된 자료는 측정수준(level of measurement)에 따라 가장 낮은 수준인 **명목척도**(nominal scale), **순위척도**(ordinal scale), **간격척도**(interval scale), 그리고 가장 높은 수준인 **비율척도**(ratio scale) 4개의 척도로 구분할 수 있으며 수준에 따라 수치가 갖는 의미가 다르며 적용할 통계기법 또한 다르다.

2.3.1 명목척도와 순위척도

정성적 자료는 명목척도나 순위척도로 수집할 수 있다. 명목척도와 순위척도를 구분하면 다음과 같다.

명목척도와 순위척도

수치가 순서의 개념 없이 집단이나 부류로 분류하기 위하여 사용된다면 명목척도이고, 집단이나 부류가 순서의 개념을 갖는 다면 순위척도이다.

명목척도와 순위척도의 예는 다음의 [표 2.1], [표 2.2]와 같다.

[표 2.1] 명목척도의 예

정성적 변수	집단 또는 부류
성 별	(1) 여자 (2) 남자
정 당	(1) XX 당 (2) YYYY 당 (3) ZZZ 당
종 교	(1) 불교 (2) 기독교 (3) 천주교 (4)기타

[표 2.2] 순위척도의 예

정성적 변수	순위개념의 집단 또는 부류
학 년	(1) 1학년 (2) 2학년 (3) 3학년 (4) 4학년
호텔등급	(1) ***** (2) **** (3) *** (4) ** (5) *
학 점	□ A □ B □ C □ D □ F
신용등급	□ AAA □ AA □ A □ BBB □ BB …
직 위	□ 담당 □ 대리 □ 과장 □ 팀장 □ 임원
척 도	□ 명목척도 □ 순위척도 □ 간격척도 □ 비율척도
제품만족도	□ 아주 만족 □ 만족 □ 그저 그렇다 □ 불만족 □ 아주 불만족

명목척도에서의 수치는 수치라기 보다 집단이나 부류를 상징하는 기호라고 할 수 있으며, 순위척도는 집단이나 부류를 상징하는 의미뿐만 아니라 순서의 개념도 포함하고 있어 명목척도에 비해 상위척도이다. 그러나 명목척도에서의 수치는 수치간의 차이가 의미가 없기 때문에 수리적 연산에 사용할 수 없다.

2.3.2 간격척도와 비율척도

정량적 자료는 간격척도와 비율척도로 수집할 수 있다.

간격척도와 비율척도

수치에서 0이 의미하는 바가 절대적으로 아무 것도 없음을 나타내면 비율척도이며, 0이 정의에 의한 편의상 어떤 점을 나타내면 간격척도이다.

간격척도와 비율척도의 예는 아래의 [표 2.3]과 같다.

[표 2.3] 간격척도와 비율척도의 예

정량적 자료	척 도
온도(섭씨, 화씨)	간격척도
시 각(Time)	간격척도
신 장	비율척도
무 게	비율척도
수 입	비율척도
야구게임의 점수	비율척도

두 척도 모두 측정단위 간의 간격이 같은 점은 공통적인 사항이다. 그러나 0이 절대적으로 아무 것도 없음을 나타내는 비율척도와는 달리 간격척도는 0이 편의상의 점이기 때문에 수집된 두 측정값 간의 비율은 의미가 없다. 따라서 비율척도가 간격척도에 비해 척도 수준이 높다. 이러한 간격척도의 속성을 이용하여 수치를 비율로 표현한 내용이 맞고 틀림에 따라 비율척도와 간격척도를 구분할 수도 있다. 비율로 표현한 내용이 맞으면 비율척도이고, 맞지 않으면 간격척도이다. 예를 들어 "무게 4kg 물건은 2kg 물건보다 2배 무겁다"는 맞는 말이다. 따라서 무게를 측정한 수치는 비율척도이다. 그러나 우리나라 연 평균기온이 10℃, 이란의 연평균 기온은 20℃일 경우에 "이란은 우리나라 보다 2배 덥다"라는 말은 맞지 않으므로 온도는 간격척도이다. 그러나 간격척도는 측정단위 간의 간격이 일정하기 때문에 측정값 사이의 차이는 의미 있는 양을 나타내어 비율척도가 된다. 예를 들면 우리나라의 연평균 일교차는 10℃, 이란은 20℃ 일 경우 "이란의 평균 일교차는 우리나라 보다 2배 크다"라는 말은 맞으므로 간격척도인 온도의 차이를 나타내는 일교차는 비율척도가 된다.

제4절 설문지 작성

앞에서 통계분석에 있어서 척도의 중요성을 설명한 바 있다. 자료수집에 있어서 또 하나의 중요사항은 분석에 적합한 자료를 수집할 수 있는 도구의 개발이다. 사회과학에서 많은 사람들이 자료를 수집하는 데 설문지를 도구로 사용하고 있다. 설문지라는 도구를 이용하여 응답자의 진실된 느낌이나 현상을 유도해야 하므로 설문지의 작성은 자료의 신뢰성과 직결된다고 하겠다.

설문지 작성에 엄격한 규칙은 없으며 오히려 기술(art)에 가깝다. 설문지 작성법에 관한 많은 논문과 교재가 있으나 아직도 완벽한 자료수집을 할 수 있는 방법은 개발되지 않고 있다. 그러나 일반적으로 따를 수 있는 지침은 제시가 가능하므로 간략하게 설문지 작성요령을 설명하고자 한다.

1) 조사목적에 적합한 주제 및 변수 선정

조사목적과 관련된 주제를 광범위하게 선정하여 어떠한 자료들이 필요한 것인지를 파악하고 조사목적과 관련된 모든 변수를 도출하여야 한다.

2) 최소한의 문항수 선정

설문문항은 조사자의 조사목적에 꼭 필요한 사항만 선정하여야 한다. 불필요한 문항은 응답자들에게 혼돈을 일으키게 할 뿐만 아니라 문항수가 많아질수록 응답률이 낮아지고 사려 깊은 응답을 기대할 수 없게 되므로 문항 수를 최소한으로 유지해야 한다.

3) 명확한 용어의 사용

설문은 조사자와 응답자 사이의 의사소통 수단이다. 정확한 의사소통을 위해서는 양자가 공유할 수 있는 용어의 개념이 명확히 확립되어야 한다. 무선전화기의 소유여부를 묻는 문항을 생각해 보자. 조사자는 무선전화기를 이동통신을 이용하고 쌍방통화가 가능한 핸드폰만을 의미하는데 응답자는 일반 가정용 송·수화기에 선이 없는 무선전화기도 포함하는 것으로 생각할 수 있다. 용어의 개념에 대해 양자의 정의가 상이하면 수집된 자료는 진실을 크게 오도하게 된다.

4) 문항의 유형 결정

질문하는 사항에 대한 응답을 개방형으로 할 것이냐, 폐쇄형으로 할 것이냐를 유념하여야 한다. **개방형**은 다음과 같이 응답자에게 응답내용에 대해 완전한 자유를 부여하여 응답자가 제약 없이 응답이 가능한 문항을 뜻한다.

• 귀하는 청소년의 흡연에 대해 어떻게 생각하십니까?

(   )

폐쇄형은 다음과 같이 응답범위를 조사자가 제한하여 주어진 범위 내에서 응답자가 적합한 응답을 선택하게 하는 문항을 뜻한다.

• 귀하는 청소년의 금연교육에 누가 가장 효과적이라고 생각하십니까?

(1) 부모 (2) 형제 (3) 교사 (4) 의사

개방형은 조사자가 조사항목에 대해 자신감이 결여되어 있을 때 사용 가능하나 분석에 어려움이 많으므로 통계분석을 위해서는 폐쇄형이 바람직하다. 폐쇄형의 문항을 작성할 경우 조사자는 그 주제에 대해 충분히 이해하고 응답자가 응답 가능한 범위를 인지하고 있어야 한다.

5) 간결한 문장과 이중 질문 배제

설문지의 길이와 응답률은 반비례한다는 사실을 유념하여 문장은 가능하면 간결하고 명확하게 표현하여야 하며 다음과 같은 이중질문은 없어야 한다.

• 귀하의 직무와 대우에 대해 만족하십니까?

□아주 만족한다 □만족한다 □그저 그렇다
□불만족한다 □아주 불만족한다 □모르겠다

이러한 질문에 대한 응답은 직무에 대한 만족인지, 대우에 대한 만족인지 판단하기 어렵다. 또한 "그저 그렇다"와 "모르겠다"의 의미는 상이한데도 불구하고 혼돈해서 사용하는 경우가 많으나 이는 명확히 구분하여야 하며 이러한 응답에 대한 처리문제도 유념하여야 한다.

6) 설문문항의 배열

응답하기가 간단하고 응답자에게 흥미로운 문항을 앞에, 민감한 문제이거나 신분이나 응답자를 분류하기 위한 질문은 끝에 배열하는 것이 바람직하다. 또한 응답의 형식이 바뀔 때는 응답자가 이해하기 편한 예문을 삽입하는 것도 응답의 신뢰도를 제고할 수 있다.

설문지 작성에 대해 간단하게 언급하였으나 설문지 작성은 쉬운 일이 아니며 보다 상세한 내용은 조사방법론에 관한 교재를 참고하길 바란다.

제5절 표본조사

2.5.1 표본조사의 필요성

모집단 전체를 대상으로 하는 조사 즉 센서스 자료는 거의 사용하지 않고 대부분의 분석자료는 표본에서 얻은 자료이다. 모집단 대신 표본을 사용하는 이유는 다음과 같다.

1) 경제성

동일한 조사대상일 경우 모집단의 수는 표본의 수보다 항상 많다. 조사비용은 결코 저렴하지 않으며 조사대상의 수와 비례한다. 모집단 조사가 표본조사보다 비록 정확하다 하더라도 정확성의 효과가 비용의 증가분을 상쇄하지 못한다면 모집단을 조사할 필요성은 없는 것이다.

2) 시간성

대부분의 조사자료의 분석 결과는 시효(時效)를 가진다. 즉 일정기간이 지나면 분석결과는 효력을 상실한다는 것이다. 예를 들면 선거 무렵에 후보자들에 대한 여론조사를 하는 경우이다. 여론조사 결과는 선거결과를 예측한다든가 또는 그 조사결과를 이용하여 선거전략을 수립하기 위한 것이다. 만약 정확성을 위하여 모집단 즉 전체 유권자를 조사하여 그 결과가 선거 후에 나오게 되면 그 결과는 아무런 소용이 없는 것이다.

3) 무한모집단 또는 모집단의 불확실성

모집단이 무한히 큰 경우나 모집단을 이론적으로는 정의할 수 있으나 운영면에서는 정확한 수를 파악할 수 없는 경우도 있다. 계속 생산되고 있는 제품이라든가 고객의 수는 끝이 없이 계속 변화하는 상태이므로 모집단조사가 불가능하고 그 중 일부인 표본을 사용할 수 밖에 없다.

4) 조사과정의 파괴성

조사행위가 조사대상의 형상이나 속성을 변형하여 조사대상의 본래의 목적에 사용하지 못하게 되는 경우도 있다. 전구의 수명을 조사하기 위하여 생산되는 모든 전구를 수명조사에 사용하게 되면 판매는 무엇으로 하겠는가?

5) 정확성

자료수집과정에 오류가 없다면 모집단을 조사하는 것이 항상 더 정확하다. 그러나 많은 자료를 수집하기 위해서는 많은 조사요원이 필요하여 자질이 낮아지게 되므로 수집과정에서 많은 오류가 발생하고 정확성이 결여되기 쉽다. 그러나 적은 수를 조사하게 되면 수집과정의 오류를 줄일 수가 있으므로 완벽한 표본을 추출하지 못하여 발생하는 표본추출오차(sampling error)를 상쇄하여 오히려 더 정확할 수도 있다.

2.5.2 표본추출방법

표본은 모집단 특성을 그대로 유지하고 있는 모집단의 축소판이어야 완벽한 표본이라고 할 수 있다. 완벽한 표본을 추출하는 것은 불가능하며 표본조사는 항상 **표본추출오차**(sampling error)을 수반하게 된다. 이 오차를 줄일 수 있는 방법이 **확률표본추출**(probability sampling)이다. 그러나 실제로 확률표본추출을 할 수 없는 경우가 많아 **비확률표본추출**(non-probability sampling)을 한다. 그러나 비확률표본추출을 하더라도 확률표본추출과 근접하게 추출될 수 있게 최선을 다하여야 할 것이다.

1) 확률표본추출

모집단의 모든 개체들이 표본으로 선택될 확률이 모두 같도록 하여 표본을 추출하는 방법을 확률표본추출이라고 한다. 확률표본추출을 하기 위해서는 모집단 구성원들을 모두 열거한 리스트가 있어야 하므로 비용과 시간은 많이 소요되나 정확성이 높으므로 분석결과를 수용(acceptance)하는데 어려움이 없으며 결과의 일반화(generalization)가 용이하다. 확률표본추출방법은 다양하지만 기본적인 다음의 네 가지 방법을 설명한다.

(1) **단순확률추출**: 단순확률추출(simple random sampling)은 모집단 개체에 일련번호를 부여하고 조사자의 편향(bias)을 방지하지 위하여 난수(random number)를 사용하여 구성원의 일련번호와 난수표의 번호가 일치하는 개체를 표본으로 선택한다. Excel 프로그램에서 난수를 생성할 수 있으며 이를 이용하여 작성한 난수표는 '부표 1'에 나와 있다.

(2) 계통추출: 계통추출(systematic sampling)은 단순확률추출과 거의 같다. 다만 표본을 예측 가능한 일정한 간격을 유지하며 추출한다. 먼저 표본간격(=모집단의 크기 , 표본의 크기)을 구하여 첫 표본간격 내에서 하나를 선택하고 그 다음부터는 매 표본간격에 있는 것을 선택하는 방법이다. 1,000명의 모집단에서 200명을 표본으로 추출하는 경우 표본간격은 5(=1,000, 200)이다. 첫 5명 중에서 난수표를 이용하여 2번째 사람을 선택하였다면 그 다음을 7(=2+5)번째, 12(=7+5)번째 등으로 하여 997번째 사람을 200번째 표본으로 선택하게 된다. 중·고등학교 때 선생님이 학생들을 지명할 때 출석부를 보고 5번, 15번, 25번 등으로 지명하는 방법도 일종의 계통추출이라고 할 수 있다.

(3) 층별추출: 층별추출(stratified sampling)은 모집단을 인위적인 기준에 따라 집단이나 계층 내에서는 동질성이 높게 여러 집단(group) 또는 계층(strata)으로 중복되지 않게 분류하여 각 집단 또는 계층으로부터 일정한 수를 무작위로 추출하는 방법이다. 예를 들면 대학생들의 의견을 조사하기 위하여 학생들을 학년기준으로 구분하고 각 학년에서 일정한 수를 무작위로 추출하는 것이다. 이 방법에 의한 표본추출은 특정기준에 따른 모집단을 대표하는 표본이 될 수 있으며 계층 내의 동질성이 증가하여 편차를 줄일 수 있으므로 모집단을 추정하는 데 신뢰성 높은 자료를 구할 수 있다.

(4) 군집추출: 군집추출(cluster sampling)은 먼저 물리적인 유사성을 기준으로 개체들을 중복되지 않게 여러 **군집**(cluster)으로 묶는다. 층별추출에서의 계층은 인위적인 기준에 의한 분류이므로 각 계층은 동질성을 유지하고 있는 반면에 군집은 자연적으로 이루어진 군집을 이용하므로 군집 내의 동질성은 적고 오히려 모집단의 축소판의 성격을 가진다. 따라서 표본추출은 여러 군집 중에서 몇 개의 군집을 선택하는 것이며 선택된 군집에 속한 개체는 모두 표본으로 선택된다. 어느 선거구에 10개의 투표구가 있다고 하자. 군집추출은 10개의 투표구 중에서 몇 개의 투표구를 무작위 추출하여 추출된 투표구의 유권자 모두를 표본으로 선택하는 방법이다. 층별추출은 모든 계층에서 일부를 선택하는 반면에 군집추출은 일부의 군집을 선택하여 선택된 군집 내의 모든 구성원을 표본으로 한다. 군집추출은 대규모의 사회조사에서 가장 널리 사용되는 방법이며 다른 방법에 비하여 표본의 효율성(sample efficiency)도 높다.

위에서 확률표본추출방법으로 4개의 방법을 설명하였으나 이들 방법이 전부는 아니며 다른 여러 방법들이 있다. 그러나 대부분이 위에서 설명한 방법의 변형이거나 혼합하여 다단계로 사용하는 방법이다.

2) 비확률표본추출

비확률표본추출은 표본추출오차의 발생확률이 높고 그 오차를 추정하기 어려우므로 분석한 결과를 일반화하는 데 문제점을 가지고 있다. 그런데도 불구하고 비확률표본추출을 많이 사용하는 이유는 표본추출의 용이성 때문이다. 비확률표본추출에는 다양한 방법이 있으나 다음과 같은 세 가지 방법만 설명한다.

판단추출(judgement sampling), **편의추출**(convenience sampling)과 **눈굴리기추출**(snowball sampling) 3가지의 방법이 있다. 이를 간략히 설명하면 다음과 같다.

(1) **판단추출:** 판단추출(judgement smapling)은 조사자가 모집단의 성격에 대해 상당한 지식을 갖고 있을 때 사용하는 방법으로 조사자가 모집단을 대표한다고 판단하는 개체를 임의로 추출하는 방법이다. 이 방법은 표본추출에 시간과 비용이 적게 드는 장점을 갖고 있으며 모집단의 성격이 이질적이고 표본의 수가 적을 경우 효과적이다. 주로 사전답사적 조사에 많이 사용되고 그 효과는 조사자의 전문지식과 비례한다고 할 수 있다.

(2) **편의추출:** 편의추출(convenience sampling)은 조사자가 주위에서 가장 손쉽게 구할 수 있는 개체를 선택하는 방법이므로 시간과 비용에 심한 제약을 받을 때 많이 사용한다.

(3) **눈굴리기추출:** 눈굴리기추출(snowball sampling)은 모집단의 개체를 찾기 어려울 때 사용하는 방법으로 표본으로 선택된 개체에게 알고 있는 모집단의 다른 개체를 추천하도록 하여 표본의 수를 늘려 나가는 방법이다. 이 방법은 바람직한 방법은 아니나 모집단 개체를 찾기 어려울 때 어쩔 수 없이 사용하는 방법이다.

위에서 간략하게 표본추출방법을 설명하였으나 다시 한번 확률표본추출과 비확률표본추출의 장단점을 비교하면 아래의 [표 2.4]와 같다.

[표 2.4] 표본추출방법의 장단점 비교

항　목	확률표본추출	비확률표본추출
비　용	많다	적다
정 확 성	높다	낮다
소요시간	많다	적다
결과의 수용도	높다	낮다
결과의 일반화	용이하다	어렵다

연|습|문|제

2.1 3명(A, B, C)으로 구성된 모집단에서 1명을 표본으로 추출하고자 한다. 추출방법은 동전을 던져 앞면이 나오면 A를, 뒷면이 나오면 다시 한 번 던져 앞면이 나오면 B를, 뒷면이 나오면 C를 선택하기로 하였다. 이 방법은 확률표본추출인가?

2.2 4명(A, B, C, D)으로 구성된 모집단에서 2명을 표본으로 추출하고자 한다. 추출방법은 동전을 던져 앞면이 나오면 A와 B를, 뒷면이 나오면 C와 D를 선택하기로 하였다. 이 방법은 확률표본추출 중 어떤 방법인가?

2.3 A대학에서 학생들의 여론을 조사하기 위하여 각 학년별 등록생 수의 비율로 무작위로 추출하였다. 확률표본추출 중 어떤 방법인가?

2.4 S전자에서는 비디오 카메라를 구입한 고객의 만족도를 조사하기 위하여 제품보증서를 회사에 보내온 고객의 명단에서 1,000명을 추출하고자 한다.

① 모집단과 표본을 기술하시오.

② 만족도를 측정할 자료의 유형과 척도는?

③ 이러한 상황에서 필요한 정성적 자료와 정량적 자료를 수집하기 위한 설문문항을 3개씩 작성하시오.

2.5 B신도시 XX마을에서는 아파트에서 애완용 개의 사육에 대한 찬반여부를 표본조사하고자 한다. 표본추출계획을 기술하시오.

03 자료의 요약

자료를 요약하는 방법은 자료의 형태에 따라 달라지는데 이러한 요약방법을 다루는 분야를 기술통계학이라고 한다. 본장에서는 자료를 정리하고 요약하기 위해 사용되는 다양한 통계적 도구에 대해 설명한다.

제1절 범주자료의 요약

범주자료에 대해 적용할 수 있는 유일한 연산은 각 범주의 관측값 수를 세는 연산이다. 범주자료에 수를 세는 연산을 적용한 결과는 도수분포표, 막대도표, 파이도표 등의 표나 도표로 요약하여 나타낼 수 있다.

3.1.1 도수분포표

어떤 범주에 속하는 관측값의 수를 도수(frequency)라고 하며 범주별 도수를 정리한 표를 도수분포표(frequency distribution table)라고 한다. [표 3.1]은 A상가 1구역에 입주해 있는 20개 업체가 판매하는 제품의 종류를 조사한 결과이다.

[표 3.1] A상가 1구역에 입주한 업체의 제품종류

업체	제품	업체	제품	업체	제품	업체	제품
1	남성의류	6	여성의류	11	남성의류	16	여성의류
2	등산용품	7	여성의류	12	여성의류	17	남성의류
3	여성의류	8	패션잡화	13	여성의류	18	패션잡화
4	패션잡화	9	남성의류	14	등산용품	19	여성의류
5	남성의류	10	여성의류	15	여성의류	20	패션잡화

[표 3.1]의 자료에서는 어떤 종류의 제품을 취급하는 업체들이 얼마나 입주해 있는지를 쉽게 파악하기 어렵다. [표 3.2]는 [표 3.1]의 범주자료에 수를 세는 연산을 적용하여 각 범주의 도수를 집계하는 과정과 그 결과로 구한 도수를 나타낸 것이다. 이 표를 보면 A상가 1구역에는 여성의류를 취급하는 업체가 9곳으로 가장 많

음을 알 수 있다.

도수를 전체자료수로 나누어 구한 값은 상대도수(relative frequency)라고 한다. 백분율(percent)은 상대도수에 100을 곱한 값이다. 상대도수나 백분율은 각 범주의 도수가 전체자료에서 차지하는 비중을 나타내거나 비교할 때 유용하며 종종 도수분포표에 함께 제시된다. [표 3.3]은 [표 3.1]의 범주자료에서 각 범주의 도수, 상대도수, 백분율 등의 분포를 표로 나타낸 것이다.

[표 3.2] 도수의 집계

범주	수를 세는 연산	도수
남성의류	~~////~~	5
여성의류	~~////~~ ////	9
패션잡화	////	4
등산용품	//	2
합계		20

[표 3.3] A상가 1구역 업체 제품의 도수, 상대도수, 백분율의 분포

범주	도수	상대도수	백분율
남성의류	5	0.25	25%
여성의류	9	0.45	45
패션잡화	4	0.20	20
등산용품	2	0.10	10
합계	20	1.00	100

3.1.2 막대도표

도수분포표의 도수 또는 상대도수를 막대도표로 제시하면 시각적으로 빠르게 내용을 전달할 수 있다. 각 범주별로 막대의 길이가 도수, 상대도수 등에 비례하도록 나타낸 도표를 막대도표(bar chart)라고 한다. <그림 3.1>은 A상가 1구역 업체 제품의 도수를 막대도표로 나타낸 것이다. 이 그림으로부터 A상가 1구역에는 '여성의류'를 취급하는 업체가 가장 많이 입주해 있음을 알 수 있다.

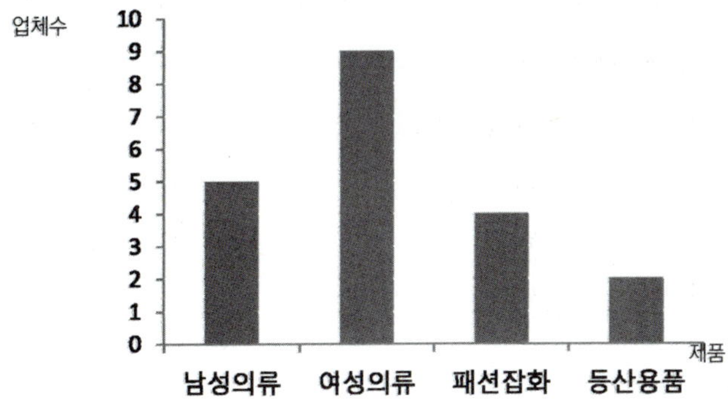

<그림 3.1> A상가 1구역 업체 제품의 막대도표

3.1.3 파이도표

도수분포표의 상대도수는 파이도표로 나타내어 더 효과적으로 전달될 수 있다. 각 범주의 파이조각의 각도가 상대도수×360이 되도록 나타낸 도표를 파이도표(pie chart)라고 한다. <그림 3.2>는 A상가 1구역 업체 제품의 도수를 파이도표로 나타낸 것이다.

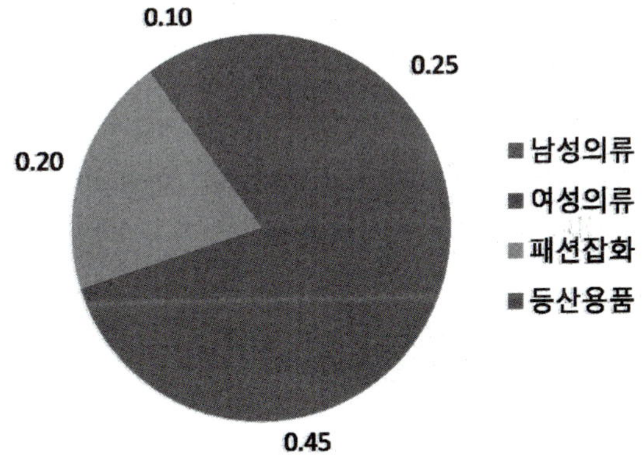

<그림 3.2> A상가 1구역 업체 제품의 막대도표

제2절 정량자료의 요약

정량자료도 범주자료와 마찬가지로 표나 도표로 요약할 수 있으며 어떤 경우에는 평균이나 분산과 같은 하나의 숫자로 요약하는 것이 더 효과적일 수도 있다. 정량자료를 숫자로 요약하는 방법은 제3절과 4절에서 자세히 설명한다. 여기서는 정량자료를 표나 도표로 요약하는 방법을 설명한다.

정량자료를 표나 도표로 요약하는 방법은 자료가 연속자료인가 이산자료인가에 관계없이 구별되는 관측값 수가 적고 많음에 따라 달라진다. 구별되는 관측값 수가 적으면 구별되는 각 관측값을 범주로 간주하고 도수분포표, 선도표 등으로 요약할 수 있다. 구별되는 관측값 수가 많은 정량자료는 계급을 사용하여 순서범주자료로 변형시킨 후 계급의 도수분포표로 요약하거나 히스토그램으로 나타낼 수 있다.

3.2.1 계급이 사용되지 않은 도수분포표

[표 3.4]는 A상가 1구역에 입주한 업체의 종업원수를 조사한 결과이다. 이 자료는 종업원수가 가장 적은 경우는 1명이고 가장 많은 경우는 5명으로 자료의 범위가 비교적 좁은 이산자료이다.

[표 3.4] A상가 1구역에 입주한 업체의 종업원수

업체	종업원수	업체	종업원수	업체	종업원수	업체	종업원수
1	2	6	3	11	2	16	5
2	3	7	2	12	3	17	3
3	2	8	2	13	2	18	2
4	3	9	1	14	1	19	2
5	4	10	2	15	4	20	1

[표 3.4]의 자료처럼 구별되는 관측값의 수가 적은 정량자료는 구별되는 각 관측값을 범주로 간주하고 도수분포표나 선도표 등으로 요약할 수 있다. 선도표는 막대도표와 유사한 형태이나 다음과 같은 면에서 다르다. 막대도표는 범주자료의 각 범주 위에 높이가 도수나 상대도수에 비례하는 직사각형 모양의 막대가 그려지는 반면 선도표(line chart)는 정량자료의 개별 숫자 위에 길이가 도수나 상대도수에 비례하는 직선이 그려진 도표이다. [표 3.5]은 상대도수의 분포를 함께 나타낸 종업원수의 도수분포표이고 <그림 3.3>는 종업원수의 선도표이다. 이 표로부터 종업원수가 2명인 업체수는 9곳이고 이는 A상가 1구역에 입주한 업체의 45%임을 알 수 있다.

종종 누적도수나 역누적도수의 분포가 유용하게 사용된다. 누적도수(cumulative frequency)는 첫 번째 범주부터 어떤 특정 범주까지의 도수를 모두 더한 것이며 역누적도수(decumulative frequency)는 마지막 범주부터 어떤 특정 범주까지의 도수를 모두 더한 것이다. 누적상대도수(cumulative relative frequency)는 첫 번째 범주부터, 역누적상대도수(decumulative relative frequency)는 마지막 범주부터 어떤 특정 범주까지 상대도수를 모두 더한 것이다.

[표 3.5] 종업원수의 도수분포표

종업원수	도수	상대도수
1	3	0.15
2	9	0.45
3	5	0.25
4	2	0.10
5	1	0.05
합계	20	1.00

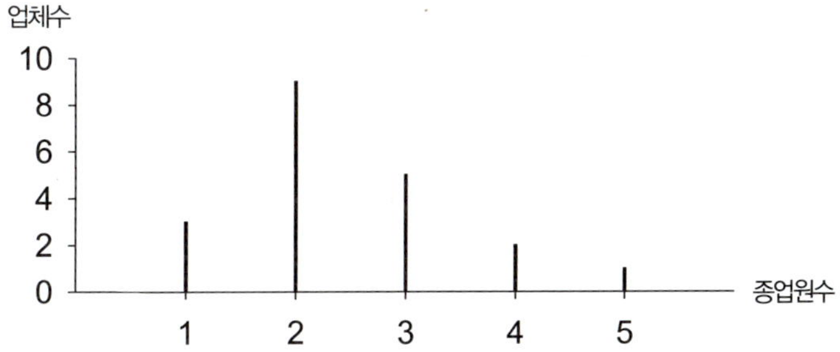

<그림 3.3> 종업원수의 선도표

[표 3.1]의 제품종류자료와 같은 범주자료는 범주간에 순서가 없기 때문에 첫 번째 범주부터 특정 범주까지의 도수를 더한 누적도수 또는 마지막 범주부터 특정 범주까지의 도수를 더한 역누적도가 의미를 갖지 못한다. 반면 범주간에 순서가 있는 순서범주자료 또는 [표 3.4]의 종업원수자료와 같은 정량자료는 범주나 숫자에 순서가 있어 누적도수나 역누적도수, 그리고 누적상대도수나 역누적상대도수가 의미를 갖는다. [표 3.6]은 종업원수 자료의 상대도수, 누적도수, 누적상대도수, 역누적도수, 역누적상대도수 등을 함께 나타낸 도수분포표이다. [표 3.6]의 누적도수와 누적상대도수를 살펴보면 종업원수가 2명 이하인 업체는 12곳이며 이는 전체 업체의 60%임을 알 수 있다. 역누적도수와 역누적상대도수를 살펴보면 종업원수가 2명 이상인 업체는 17곳이며 이는 전체 없체의 85%임을 알 수 있다.

[표 3.6] 종업원수의 도수분포표

종업원수	도수	상대 도수	누적 도수	누적 상대도수	역누적 도수	역누적 상대도수
1	3	0.15	3	0.15	20	1.00
2	9	0.45	12	0.60	17	0.85
3	5	0.25	17	0.85	8	0.40
4	2	0.10	19	0.95	3	0.15
5	1	0.05	20	1.00	1	0.05
합계	20	1.00				

3.2.2 계급이 사용된 도수분포표

[표 3.7]은 120주 동안 매주 금요일 서울역을 출발하여 대전역까지 KTX 113열차로 여행한 여객수 자료이다. 이 자료는 여객수가 가장 적은 경우는 14명이고 가장 많은 경우는 156명으로 자료의 범위가 비교적 넓은 이산자료이다.

[표 3.7] KTX 113열차의 서울–대전 금요일 여객수

66	78	91	67	125	63	78	72	70	93	92	53
93	72	112	71	108	65	93	82	75	91	82	108
73	67	105	100	88	59	86	91	35	120	87	110
76	69	99	78	91	79	85	117	54	110	27	103
82	91	112	96	156	99	78	108	55	94	56	102
14	91	89	99	97	43	69	80	91	112	55	130
80	84	91	74	110	54	83	59	81	131	63	117
108	91	74	86	140	79	97	70	124	101	82	113
55	102	95	120	83	56	90	67	75	112	75	112
86	113	85	69	70	80	42	62	101	116	88	129

[표 3.8]과 같이 관측값의 종류가 너무 많은 경우 범주형자료에서와 같이 도수분포표를 만들수 없다. 대신에 모든 관측값을 포함하는 범위를 몇 개의 구간으로 나누어 각 구간에 포함되는 관측값의 개수(도수)를 세어 도수분포표를 작성하게 된다. 이 때 나누어진 각 부분을 계급(class)이라고 하며, 각 계급에 포함되는 값의 범위를 계급구간(class interval)이라고 하고, 각 계급구간의 상한과 하한간의 거리를 계급폭(class width)이라고 한다.

<그림 3.4>은 KTX 여객수 자료를 순서범주자료[1]로 변형시키는데 적절한 8개

1 <그림 3.4>에 나타낸 것과 같은 계급은 계급간에 순서가 존재하므로 순서범주자료이다. 범주자료에 적용할 수 있는 모든 연산과 통계적 방법은 순서범주자료에도 적용할 수 있다.

의 계급을 나타낸 것이다.

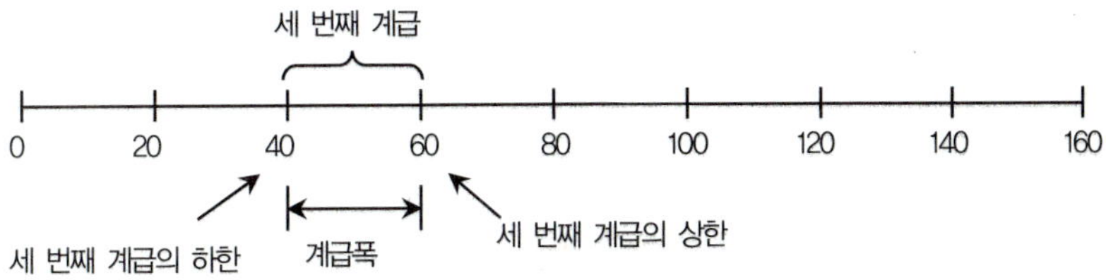

<그림 3.4> KTX 여객수 자료의 계급

계급구간의 상한과 하한의 합을 2로 나누어 구하는 중간위치를 계급의 중간점(midpoint) 또는 계급값(class mark)이라 한다. <그림 3.4>에서 세 번째 계급의 하한은 40, 상한은 60이며 계급폭은 20이고 중간점은 50이다.

계급의 수가 지나치게 많으면 계급폭이 좁아지고 각 계급의 도수는 작아져 요약의 의미를 상실하게 된다. 계급의 수가 지나치게 적을 경우는 반대로 과도한 요약으로 인해 정보로서의 가치가 없어진다. 적절한 수의 계급을 만드는 절차는 다음과 같이 나타낼 수 있다.

(1) 범위의 결정 : 자료의 최대값과 최소값을 찾아 범위(=최대값−최소값)를 구한다.

(2) 계급의 수를 잠정적으로 결정 : $2^k \geq n$을 만족하는 k의 최소값으로 계급의 수를 잠정적으로 결정한다.

(3) 계급폭을 잠정적으로 결정 : (1)에서 구한 범위를 (2)에서 결정한 계급의 수로 나누어 계급의 폭을 잠정적으로 결정한다.

(4) 계급폭 조정 : (3)에서 잠정적으로 결정한 계급의 폭을 해석이 용이한 값(예를 들어, 1, 2, 5, 10, 20, 50, 100 등)으로 조정한다.

(5) 계급 결정 : 첫 번째 계급의 하한값은 최소값 보다 작고 해석이 용이한 값(예를 들어, 0, 1, 2, 5 등)으로 설정하고 (4)에서 조정한 계급의 폭을 적용하여 계급을 결정한다.

[표 3.7]의 계급은 순서가 있는 범주이어서 누적도수나 누적상대도수가 의미를 갖는다. [표 3.8]은 KTX여객수 계급의 상대도수, 누적도수, 누적상대도수, 역누적도수, 역누적상대도수 등의 분포를 함께 나타낸 도수분포표이다. 이 표를 살펴보면 여객수가 60명 이하인 경우는 전체 운행의 12.5%였으며 100명을 초과하는 경우는 전체 운행의 26.67%인 것으로 나타났다.

[표 3.8] KTX여객수 자료의 도수분포표

계급	중간점	도수	상대 도수	누적 도수	누적 상대 도수	역 누적 도수	역누적 상대 도수
0초과~20이하	10	1	0.0083	1	0.0083	120	1.0000
20초과~40이하	30	2	0.0167	3	0.0250	119	0.9917
40초과~60이하	50	12	0.1000	15	0.1250	117	0.9750
60초과~80이하	70	33	0.2750	48	0.4000	105	0.8750
80초과~100이하	90	40	0.3333	88	0.7333	72	0.6000
100초과~120이하	110	25	0.2083	113	0.9417	32	0.2667
120초과~140이하	130	6	0.0500	119	0.9917	7	0.0583
140초과~160이하	150	1	0.0083	120	1.0000	1	0.0083
합계		120					

3.2.3 히스토그램과 도수다각형

히스토그램(histogram)은 밑변이 계급구간에 대응되고 높이가 계급의 도수 또는 상대도수에 대응되는 일련의 이웃한 직사각형들로 도수분포를 나타낸 그림이다. 이를 통해 각 계급구간의 도수 변화의 경향(자료의 분포)을 알 수 있다. <그림 3.5>는 [표 3.8]에 나타낸 KTX 여객수 자료의 도수분포를 히스토그램으로 나타낸 것이다. <그림 3.5>에 나타낸 이웃한 직사각형들의 밑변은 <그림 3.4>의 계급구간에 대응되고 높이는 각 계급의 상대도수와 같다. 이렇게 구한 히스토그램의 전체 면적은 1이 된다.

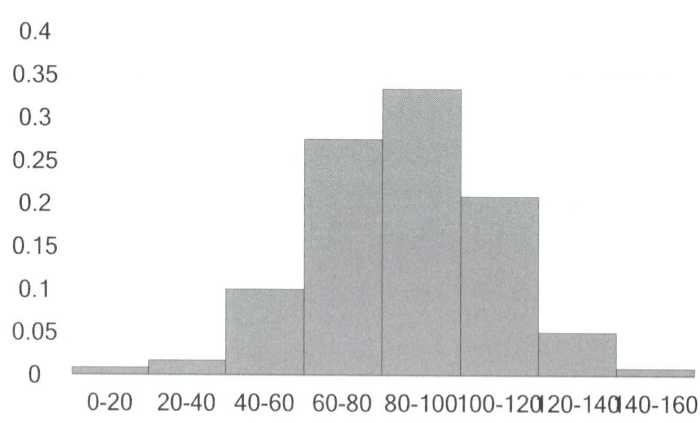

<그림 3.5> KTX 여객수 자료의 히스토그램

도수다각형(frequency polygon)은 각 계급의 중간점과 도수(또는 상대도수)에 대응되는 위치에 점을 찍고 이들을 직선으로 연결한 그림이다. <그림 3.6>는 KTX 여객수 자료의 도수분포를 도수다각형으로 나타낸 것이다. <그림 3.6>에 나타낸 8개 점은 [표 3.8]의 도수분포표에 나타낸 8개 계급의 중간점과 도수에 대응된다. 예를 들어 첫 번째 점의 수평축 좌표 10과 수직축 좌표 1은 첫 번째 계급의 중간점과 도수이다. 다섯 번째 점의 수평축 좌표 90과 수직축 좌표 40은 다섯 번째 계급의 중간점과 도수이다.

도수다각형의 장점은 분포의 윤곽이 훨씬 더 분명히 드러나 보이며 두 개 이상의 다른 도수분포를 같은 그림 위에 놓고 비교할 수 있다는 것이다. <그림 3.6>은 KTX 113열차의 서울-대전 구간과 동대구-부산 구간의 여객수 자료의 도수분포를 도수다각형으로 나타낸 것이다. 선의 종류나 굵기를 달리하면 세 개 이상 자료의 도수분포도 비교할 수 있다.

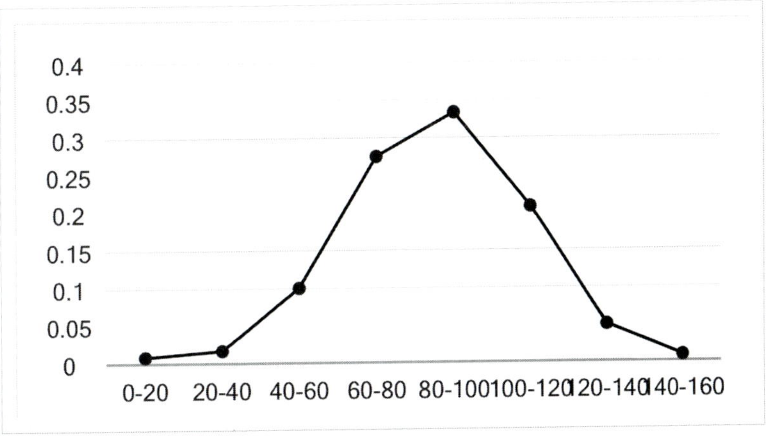

<그림 3.6> KTX여객수 자료의 도수다각형

3.2.4 줄기-잎 그림

도수분포표와 히스토그램은 정량자료를 구성하는 숫자들을 계급으로 묶어서 요약하며 이 과정에서 정보를 잃는다. 줄기-잎 그림(stem-and-leaf plot)은 정보의 손실 문제를 극복하면서 도수분포표와 히스토그램의 역할을 대신 할 수 있는 요약방법이라 할 수 있다. 다음은 [예제 3.1]의 자료 A를 줄기-잎 그림으로 나타낸 것이다.

5 | 9
6 | 5 7 9
7 | 3 5 6 7 9
8 | 0 0 3 4 7 9
9 | 2

이 그림의 각 행에서 수직선 '|'의 왼쪽에 있는 수를 줄기(stem)라 하고 오른쪽에 있는 수를 잎(leaf)이라 한다. 일반적으로 잎은 관측값의 마지막 자리수를 나타내며 줄기는 잎을 제외한 나머지 자리수의 숫자를 나타낸다. 예를 들어 두 번째 행 '6 | 5 7 9'에서 '6'은 줄기이고 3개의 숫자 '5', '7', '9'는 각각 잎이며 이들은 줄기의 값과 함께 3개의 관측값 65, 67, 69를 나타낸다.

줄기-잎 그림을 작성하는 절차는 다음과 같이 나타낼 수 있다.

(1) 자료의 정렬 : 자료를 오름차순으로 나열한다.

(2) 잎과 줄기의 분리 : 자료를 구성하는 관측값의 마지막 자리의 수를 잎으로 나타내고 잎의 왼쪽에 있는 수는 줄기로 나타낸다. 예를 들어 관측값 23은 잎이 3이고 줄기는 2가 되도록 분리할 수 있다. 관측값이 큰 수일 경우 적절한 자리(예를 들어 10자리 또는 100자리)에서 반올림한 후 그 자리의 수를 잎으로 나타낸다. 예를 들어 관측값 2376은 10자리에서 반올림하여 2380으로 나타낸 후 8을 잎으로 나타내고 23을 줄기로 나타낼 수 있다. 이 경우 반올림한 자리수를 잎의 단위로 표시해 준다.

(3) 줄기-잎 그림 작성 : 수직선의 왼쪽에 줄기를 나타낸다. 줄기는 아래쪽으로 갈수록 값이 커지도록 나타내며 잎을 갖지 않는 줄기도 생략하지 않고 나타낸다. 각 줄기마다 수직선의 오른쪽에 잎을 오름차순으로 나타낸다. 줄기에 잎이 너무 많이 달려 있어 분포의 형태가 나타나지 않을 경우 줄기를 둘로 나누어 잎의 값이 0, 1, 2, 3, 4일 경우는 첫 번째 줄기에 나타내고 5, 6, 7, 8, 9일 경우는 두 번째 줄기에 나타낼 수 있다. 줄기에 잎이 너무 적게 달려 있어 분포의 형태가 나타나지 않을 경우는 두 개의 줄기를 하나로 합쳐 나타낼 수 있다.

[예제 3.1] 월간 불량품 수 자료의 줄기-잎 그림

어떤 제조업체의 작업자 1인당 월간 생산량은 약 8천개이며 불량률은 1% 수준이다. 다음의 자료 A와 B는 작업자 16명의 월간 불량품 수이다. A는 품질교육 시행 이전에 관측한 것이고 B는 시행 후에 관측한 것이다.

A : 87 76 67 59 73 79 80 65 69 80 84 75 92 83 89 77

B : 59 57 55 51 50 58 61 53 55 63 57 55 66 60 64 56

줄기-잎 그림을 작성하시오.

풀이

자료를 오름차순으로 나열하면 다음과 같다.

A: 59 65 67 69 73 75 76 77 79 80 80 83 84 87 89 92

B: 50 51 53 55 55 55 56 57 57 58 59 60 61 63 64 66

관측값의 마지막 자리의 수를 잎으로 나타내고 10자리 수를 줄기로 나타내어 자료A와 B의 줄기-잎 그림을 작성하면 다음과 같다.

자료 A	자료 B
5 | 9	5 | 0 1 3 5 5 5 6 7 7 8 9
6 | 5 7 9	6 | 0 1 3 4 6
7 | 3 5 6 7 9	
8 | 0 0 3 4 7 9	
9 | 2	

자료 B의 줄기-잎 그림의 줄기를 둘로 나누어 다음과 같이 다시 나타내면 분포의 형태를 분명히 나타낼 수 있다.

5 | 0 1 3
5 | 5 5 5 6 7 7 8 9
6 | 0 1 3 4
6 | 6

3.2.5 정량자료 분포의 형태

<그림 3.5>에 나타낸 KTX여객수 자료의 히스토그램을 살펴보면 계급의 순서가 뒤로 갈 수록 도수가 점진적으로 증가하다가 다섯 번째 계급에서 가장 많고 이후 점진적으로 감소하는 형태를 나타내고 있다. 그러나 모든 자료들의 분포가 이와 같은 형태를 나타내는 것은 아니다. 정량자료 분포의 형태는 매우 다양하며 이를 구분하거나 설명하기 위한 용어가 필요하다. <그림 3.7>는 몇 가지 대표적인 형태의 히스토그램을 나타낸 것이다.

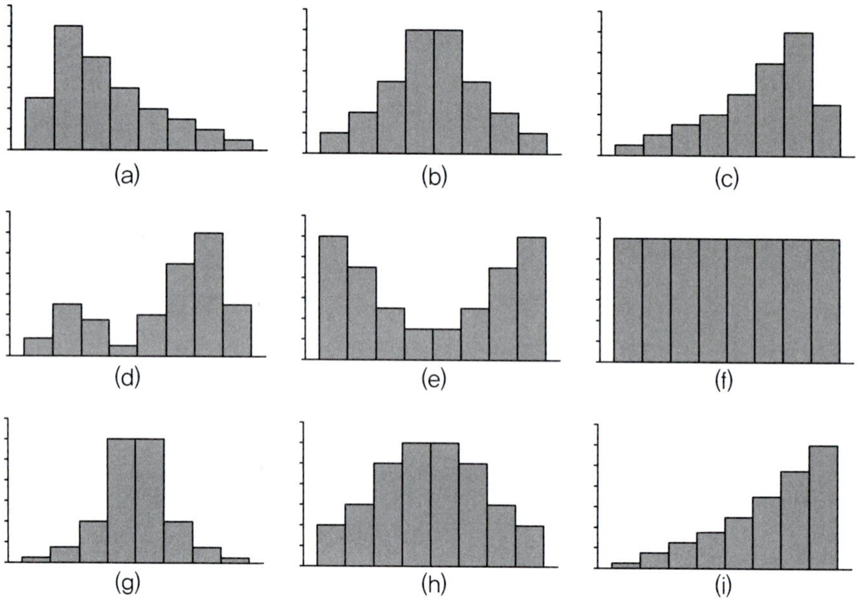

<그림 3.7> 다양한 형태의 히스토그램

<그림 3.7>에서 (b), (e), (f), (g), (h) 등은 히스토그램의 중심에 수직선을 그렸을 때 왼쪽과 오른쪽의 형태가 같으며 이러한 형태를 대칭(symmetric)이라고 한다. 나머지 비대칭(asymmetric) 히스토그램 중에서 (a)와 같이 오른쪽으로 갈 수록 계급의 도수가 감소하는 형태를 오른쪽꼬리(right-skewed, 또는 skewed to to right)라고 하며 (c), (i) 등과 같이 왼쪽으로 갈수록 계급의 도수가 감소하는 형태를 왼쪽꼬리(left-skewed, 또는 skewed to the left)라고 한다. 히스토그램의 비대칭 정도는 사람마다 다르게 판단할 수 있으며 이러한 한계점은 정량자료 분포의 비대칭 정도를 숫자로 나타낸 왜도(skewness)로 보완할 수 있다.

정량자료의 관측값이 한 쪽으로 치우친 정도는 왜도(skewness)라고 한다. 왜도를 구하는 식은 다음과 같이 나타낼 수 있다.

왜도

모왜도 $$\frac{1}{N}\sum_{i=1}^{N}\left(\frac{X_i-\mu}{\sigma}\right)^3$$

표본왜도 $$\frac{n}{(n-1)(n-2)}\sum_{i=1}^{n}\left(\frac{X_i-\bar{X}}{S}\right)^3$$

모왜도에서 합계기호 앞에 $1/N$을 곱한 것과는 달리 표본왜도에서는 합계기호 앞에 $n / \left[\left(n-1\right)\left(n-2\right)\right]$을 곱하였다. 이는 모분산을 올바르게 추정하기 위해 표본분산을 조정하듯이 모왜도를 올바르게 추정하기 위해 표본왜도를 조정한 결과이다. 음수의 왜도는 왼쪽꼬리 분포를 나타내며 양수의 왜도는 오른쪽꼬리 분포를 나타내고 0의 왜도는 좌우대칭 분포를 나타낸다.

히스토그램에서 다른 계급보다 관측값 수가 많은 계급을 봉우리(mound)라고 한다. <그림 3.7>에서 (b), (g), (h) 처럼 히스토그램이 대칭이고 중심에 봉우리가 있으며 중심으로부터 오른쪽이나 왼쪽으로 갈수록 계급의 도수가 감소하는 형태를 종형(bell-shaped)이라 한다. 봉우리가 뾰족한 상태는 급첨(leptokurtic), 봉우리가 편평한 상태는 평첨(platykurtic), 봉우리가 뾰족하지도 않고 편평하지도 않은 상태는 중첨(mesokurtic)으로 부른다. (g)는 급첩, (b)는 중첨, (h)는 평첨으로 구분할 수 있다. 히스토그램에서 봉우리가 뾰족한 정도 또는 편평한 정도는 사람마다 다르게 판단할 수 있으며 이러한 한계점은 정량자료 분포의 뾰족한 정도를 숫자로 나타낸 첨도(kurtosis)로 보완할 수 있다.

정량자료의 분포가 뾰족한 정도는 첨도(kurtosis)라고 한다. 첨도를 구하는 식은 다음과 같이 나타낼 수 있다.

첨도

모첨도 $$\frac{1}{N}\sum_{i=1}^{N}\left(\frac{X_i-\mu}{\sigma}\right)^4-3$$

표본첨도 $$\frac{n\left(n+1\right)}{\left(n-1\right)\left(n-2\right)\left(n-3\right)}\sum_{i=1}^{n}\left(\frac{X_i-\bar{X}}{S}\right)^4-\frac{3\left(n-1\right)^2}{\left(n-2\right)\left(n-3\right)}$$

음수의 첨도는 봉우리가 편평한 상태인 평첨분포를 나타내고 양수의 첨도는 봉우리가뾰족한 상태인 급첨분포를 나타내며 0의 첨도는 봉우리가 뾰족하지도 않고 편평하지도 않은 중첨분포를 나타낸다.

<그림 3.7>에서 (e)처럼 왼쪽에서 오른쪽으로 갈수록 계급의 도수가 감소하다가 증가하는 형태는 U형(U-shaped)이라 하고, (i)처럼 왼쪽에서 오른쪽으로 갈수록 계급의 도수가 지속적으로 증가하는 형태는 J형(J-shaped)이라 한다. 히스토그램의 형태에 관한 판단은 일정 부분 주관적이며 사람에 따라 다른 판단을 할 수 있다.

제3절 중심위치

정량자료 분포의 중심위치(central location)[2]는 자료를 대표할 수 있는 중간위치를 의미하며 무엇을 중간으로 보는가에 따라 평균, 중앙값, 최빈값 등으로 나타낼 수 있다.

3.3.1 평균

평균(mean)은 관측값을 모두 더한 합계를 관측값의 수로 나눈 값을 의미한다. 모집단에서 구한 평균은 모평균(population mean)이라 하고 μ로 나타낸다. 표본에서 구한 평균은 표본평균(sample mean)이라 하고 $\bar{X}$로 나타낸다.

평균

모평균 $$\mu = \frac{X_1 + X_2 + \cdots + X_N}{N} = \frac{\sum_{i=1}^{N} X_i}{N}$$

표본평균 $$\bar{X} = \frac{X_1 + X_2 + \cdots + X_n}{n} = \frac{\sum_{i=1}^{n} X_i}{n}$$

[예제 3.2] 영업사원의 평균 판매실적

H자동차 남부대리점의 모든 영업사원 8명의 지난달 판매실적은 다음과 같다.

2 6 1 10 7 5 4 5

이 대리점의 영업사원 1인당 평균 판매실적은 얼마인가?

풀이

남부대리점의 영업사원 8명은 모집단이다. 모평균은 다음과 같이 구할 수 있다.

$$\mu = \frac{\sum_{i=1}^{N} X_i}{N} = \frac{2+6+1+10+7+5+4+5}{8} = \frac{40}{8} = 5$$

평균은 변수값의 총합을 개체의 수로 나눈 것이기 때문에 변수값의 총합을 각 개체에 똑같이 나누어 줄 경우 각 개체가 가지게 되는 몫이다. 따라서 각 관측값과 평균의 차이 즉 평균으로부터의 편차(deviation)의 합은 0이다. [예제 3.2]에서 판

2 정량자료 분포의 중심위치는 중심경향성(central tendency)으로 부르기도 한다.

매실적의 평균은 5대이고 각 관측값의 평균으로부터의 편차는 다음과 같으며, 그 합은 0(=8−8)이 된다.

평균의 특성을 요약하면 다음과 같다.

(1) 관측값의 수와 평균과의 곱은 자료의 관측값의 합과 같다.

즉 $N\mu = \sum_{i=1}^{N} X_i$ 이다.

(2) 평균으로부터의 편차의 합은 0이다. 즉 $\sum_{i=1}^{N}(X_i - \mu) = 0$ 이다.

(3) 편차의 제곱합 $\sum_{i=1}^{N}(X_i - K)^2$ 을 최소화하는 K 의 값은 평균(μ)이다.

(4) 극단값에 민감하게 반응하여 중심위치를 잘 반영 못할 수도 있다.

통계학에서 평균이 가장 많이 사용되는 것은 (3)의 특성에 따른 것이고, (4)의 특성으로 인하여 중심경향성의 지표로 다음에 설명하는 중앙값을 대신 사용하기도 한다.

3.3.2 중앙값

관측값을 크기 순서로 나열한 후 관측값 수를 2등분하는 위치의 값을 중앙값(median)이라고 한다. 관측값 수 n 이 홀수인 경우에는 크기 순으로 나열한 후 $(n+1)/2$ 번째에 위치한 관측값이 중앙값이 되고, n 이 짝수인 경우에는 $n/2$ 번째에 위치한 관측값과 $(n/2)+1$ 번째에 위치한 관측값의 평균이 중앙값이 된다.

[예제 3.3] 영업사원 판매실적의 중앙값

[예제 3.2]의 자료에서 중앙값을 구하시오. 그리고 [예제 3.2]의 자료에 새로 영입한 경력사원의 판매실적 32대를 추가한 후 중앙값을 구하시오.

풀이

자료를 크기순으로 나열하면 다음과 같다.

1 2 4 5 5 6 7 10

관측값 수 $n = 8$ 이 짝수이므로 중앙값은 4번째 수와 5번째 수의 평균이다. 따라서 중앙값은 5이다. 새로 영입한 경력사원의 판매실적 32대를 추가한 후 자료를 크기순으로 나열하면 다음과 같다.

1 2 4 5 5 6 7 10 32

관측값 수 $n = 9$ 가 홀수이므로 중앙값은 5번째 수 5가 된다.

3.3.3 최빈값

최빈값(mode)은 가장 큰 도수를 가진 관측값을 의미한다. [예제 3.2]의 영업사원 판매실적 자료에서 다른 관측값의 도수는 모두 1이지만 5의 도수는 2이며 따라서 최빈값은 가장 큰 도수를 가진 5가 된다. 평균이나 중앙값과는 달리 최빈값은 2개 이상이 존재할 수도 있으며 정량자료뿐 아니라 범주자료에서도 사용될 수 있다. 예를 들면 크기로 구분한 '대', '중', '소'의 범주에서 '중'에 속하는 도수가 가장 많으면 '중'이 최빈값이 된다.

3.3.4 중심위치 측정수단의 비교

정량자료의 분포가 단봉이며 대칭인 경우에는 평균, 중앙값, 최빈값이 모두 같으며 중심위치의 측정수단으로 어떤 것을 사용하여도 무방하다. 양봉이거나 다봉이며 대칭인 경우에는 평균과 중앙값은 같지만 최빈값은 다를 뿐만 아니라 다수가 존재한다. 일반적으로 특성이 다른 둘 또는 그 이상의 집단을 하나로 묶었을 경우 양봉이나 다봉이 되며 최빈값은 각 집단의 중심위치를 나타내는 경향이 있어 중심위치를 나타내는 수단으로 적합하지 않다.

정량자료의 분포가 오른쪽이나 왼쪽에 꼬리를 갖는 비대칭인 경우에는 평균, 중앙값, 최빈값이 같지 않다. 오른쪽꼬리분포에서는 '평균 > 중앙값 > 최빈값'의 순서가 되며 왼쪽꼬리분포에서는 '최빈값 > 중앙값 > 평균'의 순서가 된다. 비대칭분포인 자료의 중심위치는 상황에 따라 바람직한 측정수단이 달라질 수 있지만 극단값이 존재한다면 극단값에 민감하게 반응하는 평균보다는 중앙값으로 측정하는 것이 바람직하다.

제4절 변동성

정량자료의 관측값이 흩어져 있는 정도를 변동성(variability) 또는 산포도(dispersion)라 하며 이는 범위, 평균편차, 분산, 표준편차 등으로 나타낼 수 있다.

3.4.1 범위

자료가 흩어진 정도를 측정하는 가장 간단한 방법으로 범위(range)를 이용할수 있다.범위는 주어진 자료의 최대값과 최소값의 차이를 의미한다. 변동성의 측정수단으로서 범위는 이해가 쉽고 계산도 간단하다는 장점이 있지만 극단적인 두 값만 사용하기 때문에 나머지 다른 관측값의 흐트러짐을 반영하지 못한다는 단점을 가지고 있다.

범위: (관측값 중에서 최대값)−(관측값 중에서 최소값)

[예제 3.4]

통계학 과목에서 7명의 점수가 다음과 같다. 범위를 구하라.

89 74 91 88 72 84 86

풀이

이 표본 자료에서 최대값은 91이고 최소값은 72이므로 범위는 91−72=19이다. 따라서 어느 두 관측값을 선택하더라도 그 차이는 19보다 작거나 같다는 것을 알 수 있다.

3.4.2 분산

관측값과 평균의 차이를 편차(deviation)라고 한다.

관측값이 이고 표본평균이 일 때, 편차의 합은 이다.

관측값과 평균의 차이의 합이 0이 되지 않도록 하려면 절대값을취할 수도 있고 제곱을 취할 수도 있다. 분산(variance)은 관측값과 평균의 차이를 제곱하고 그 평균을 구한 것이다. 모집단에서 구한 분산은 모분산(population variance)이라 하고 σ^2로 나타낸다. 표본에서 구한 분산은 표본분산(sample variance)이라 하고 S^2로 나타낸다. 분산을 구하는 식은 다음과 같이 나타낼 수 있다.

분산

모분산 $$\sigma^2 = \frac{\sum_{i=1}^{N}\left(X_i - \mu\right)^2}{N}$$

표본분산 $$S^2 = \frac{\sum_{i=1}^{n}\left(X_i - \bar{X}\right)^2}{n-1}$$

표본분산은 관측값과 평균의 차이를 제곱하고 그 합계를 n이 아닌 $n-1$로 나눈다. 이 점이 모분산과 표본분산의 가장 큰 차이점이다. 이때 관측값의 개수에서 1을 뺀값으로 나누는 이유는 편차의 제곱합을 구할 때 편차의 합이 0이라는 제약이 있기 때문인데 이 때 관측값의 개수에서 1을 뺀값을 편차제곱합의 자유도(degrees of freedom)라고 한다.

[예제 3.5] 특수금속 나사 지름의 분산

㈜A정밀은 특수금속 나사를 생산하고 있으며 공정에서 가장 중요한 요소는 나사의 직경이다. 공정을 관리하기 위해 mm단위로 수집한 5개 나사의 직경은 다음과 같다. 1.2 1.6 1.1 1.3 1.8 이 표본자료의 분산은 얼마인가.

풀이

이 표본 자료의 평균 1.4이고 각 관측값과 평균의 차이 및 그 제곱은 다음과 같다.

나사 번호	직경(X_i)	$X_i - \bar{X}$	$(X_i - \bar{X})^2$
1	1.2	−0.2	0.04
2	1.6	0.2	0.04
3	1.1	−0.3	0.09
4	1.3	−0.1	0.01
5	1.8	0.4	0.16
합계	7.0	0.0	0.34

표본분산 S^2 은 다음과 같이 계산된다.

$$S^2 = \frac{\sum_{i=1}^{n}(X_i - \bar{X})^2}{n-1} = \frac{0.34}{4} = 0.085$$

표본분산은 계산부담이 적은 다음과 같은 간편공식으로 구할 수도 있다.

표본분산의 간편공식

$$S^2 = \frac{1}{n-1}\left(\sum_{i=1}^{n} X_i^2 - \frac{1}{n}\left(\sum_{i=1}^{n} X_i\right)^2\right)$$

3.4.3 표준편차

표준편차(standard deviation)는 분산의 양의 제곱근을 의미한다.

표준편차

모표준편차 $\sigma = \sqrt{\sigma^2}$

표본표준편차 $S = \sqrt{S^2}$

분산과 마찬가지로 표준편차는 정량자료의 변동성의 정도를 알려준다. 이와 더불어 표준편차는 경험법칙(empirical rule)이나 체비셰프의 정리(Chebyshev's theorem) 등을 통해 평균으로부터 일정한 범위 내에 있는 관측값의 비율을 알려준다. 정량자료의 히스토그램이 종형이면 경험법칙을 적용할 수 있다.

경험법칙

1. 모든 관측값의 약 68%가 평균으로부터 표준편차의 1배 구간에 속한다.
2. 모든 관측값의 약 95%가 평균으로부터 표준편차의 2배 구간에 속한다.
3. 모든 관측값의 약 99.7%가 평균으로부터 표준편차의 3배 구간에 속한다.

여기서 평균으로부터 표준편차의 k배 구간은 하한과 상한이 각각

$$\text{하한} = \text{평균} - \text{표준편차} \times k$$
$$\text{상한} = \text{평균} + \text{표준편차} \times k$$

인 구간을 의미한다.

체비셰프의 정리는 히스토그램의 형태에 관계없이 적용할 수 있다.

체비셰프의 정리

$k > 1$일 때 모든 관측값의 적어도 $(1 - \frac{1}{k^2}) \times 100\,\%$가 평균으로부터 표준편차의 k배 구간에 속한다.

[예제 3.6] 기대수명

우리나라 여성의 평균 기대수명(life expectancy)이 83.4세이고 표준편차가 6.5년이며 기대수명의 히스토그램이 종형이라고 할 때 다음을 구하시오.

1) 전체 여성의 68%, 95%, 99.7%가 속하는 기대수명 구간의 하한과 상한을 각각 구하시오.

2) 기대수명이 71.7세부터 95.1세 사이에 속하는 여성의 최소비율을 구하시오.

3) 전체 여성의 적어도 90%가 속하는 기대수명 구간의 하한과 상한을 구하시오.

풀이

1) 기대수명의 히스토그램이 종형이므로 경험법칙을 적용할 수 있다. 경험법칙으로부터 전체 여성의 68%가 속하는 기대수명 구간의 하한과 상한은 각각

하한 = 평균 − 표준편차 × 1 = 83.4 − 6.5 = 76.9

상한 = 평균 + 표준편차 × 1 = 83.4 + 6.5 = 89.9

이다. 전체 여성의 95%가 속하는 기대수명 구간의 하한과 상한은 각각

하한 = 평균 − 표준편차 × 2 = 83.4 − 13 = 70.4

상한 = 평균 + 표준편차 × 2 = 83.4 + 13 = 96.4

이다. 전체 여성의 99.7%가 속하는 기대수명 구간의 하한과 상한은 각각

하한 = 평균 − 표준편차 × 3 = 83.4 − 19.5 = 63.9

상한 = 평균 + 표준편차 × 3 = 83.4 + 19.5 = 102.9

이다.

2) 기대수명의 히스토그램이 종형이라 하더라도 최소비율을 구하기 위해서는 체비셰프의 정리를 활용해야 한다. $(71.7-83.4)/6.5=-1.8$이고 $(95.1-83.4)/6.5=1.8$ 이므로 71.7부터 95.1 사이의 구간은 평균으로부터 표준편차의 1.8배 범위이며 체비셰프의 정리로부터 이 구간에 속하는 관측값의 최소비율은

$$1-\frac{1}{k^2}=1-\frac{1}{(1.8)^2}=0.6914$$

이다. 따라서 기대수명이 71.7세부터 95.1세 사이에 속하는 여성의 최소비율은 69.14%이다. 이 결과는 체비셰프의 정리를 활용하여 구한 것이므로 기대수명의 히스토그램이 종형이 아니어도 성립한다.

3) 체비셰프의 정리에서 $1-1/k^2=0.9$이면 $1/k^2=0.1$이고 $k^2=10$이므로 $k=\sqrt{10}=3.1624$ 이다. 따라서 모든 관측값의 적어도 90%가 속하는 구간은 평균으로부터 표준편차의 3.1624배 구간이다. 이 구간의 하한과 상한은 각각

하한 = 평균 − 표준편차 × 3.1624 = 83.4 − 20.5556 = 62.8444

상한 = 평균 + 표준편차 × 3.1624 = 83.4 + 20.5556 = 103.9556

이다.

3.4.4 백분위수(Percentile)와 사분위수범위(Interquartile Range)

중앙값은 전체의 관측값을 반으로 나누는 경계값이다. 이러한 개념을 확장하여 어느 백분율$(100\times p)\%$에 대하여 적용하게 되면 전체 관측값을 크기 순서대로 배열하였을 때 전체의 관측값을 $(100\times p)\%$와 $100\times(1-p)\%$로 나눌 수 있는 값을 백분위수라고 한다.

100 × p 백분위수를 구하는 방법

1. 관측값을 작은 순서로 배열한다.
2. 관측값의 개수(n) 에 p를 곱한다.

(1) 만약 $n\times p$가 정수이면, $n\times p$번째로 작은 관측값과 $n\times p+1$번째로 작은 관측값의 평균을 제 $(100\times p)$ 백분위수로 한다.

(2) 만약 $n\times p$가 정수가 아니면, $n\times p$의 정수부분에서 1을 더한 값 m을 구한 후, m 번째 작은 관측값을 제 $n\times p$ 백분위수로 한다.

[예제 3.7]

서울의 한 전철역에서 인하대역까지 소요되는 시간을 기록한 자료가 다음과 같다.(단위:분)

42 40 38 37 43 39 78 38 45 44 40 38 41 35 31 44

제 50분위수인 중앙값과 제 30백분위수 구하라.

풀이

위 자료를 크기 순서로 정리하면 다음과 같다.

31 35 37 38 38 38 39 40 40 41 42 43 44 44 45 78

관측값의 개수는 16이고 $16\times 0.50=8$ 이므로 제 50 백분위수는 8번째로 작은 값과 9번째로 작은 값의 평균으로 주어진다. 그런데 주어진 자료에서 8번째와 9번째 작은 값이 모두 40이므로 제 50 백분위수인 중앙값은 40이 된다. 제 20백분위수의 경우는 $16\times 0.20=3.2$ 이므로 제 20 백분위수의 값은 4번째 작은 값인 38로 주어지게 된다.

[예제 3.8]

통계학 과목에서 6명의 점수가 다음과 같다. 4분위수 범위를 구하라.

89 50 91 88 72 84

풀이

표본평균은 79이므로 분산은

$$s^2=\frac{1}{n-1}(\sum x_i-n\bar{x}^2)=\frac{1}{5}(38686-6\times 79^2)=248$$

이고 표준편차는 $s=\sqrt{s^2}=\sqrt{248}=15.75$이다. 제1 사분위수와 제3사분위수는 2번째로 작은 값과 5번째로 작은 값이 되므로 제 1사분위수와 제 3사분위수는 각각 72와 89가 되고 사분위수범위는 17이 된다.

3.4.5 변동계수

관측값의 크기가 현저하게 다르거나 또는 관측값의 단위가 다른 두 자료의 변동성은 표준편차로 비교하기 어렵다. 예를 들어 백만원이 넘는 주식의 월간 종가의 표준편차가 천원대 주식의 월간 종가의 표준편차보다 크다고 해서 변동성이 크다고 말하기는 어렵다. 이러한 문제점은 표준편차를 평균으로 나눈 변동계수(coefficient of variation)로 보완할 수 있다.

변동계수

모변동계수 $CV = \dfrac{\sigma}{\mu} \times 100\,\%$

표본변동계수 $CV = \dfrac{S}{\overline{X}} \times 100\,\%$

[예제 3.9] 주식가격의 변동성 비교

다음은 KRX(Korea exchange, 한국거래소)에 상장되어 있는 S전자와 H정보기술의 6일간의 종가자료이다(단위: 원).

날짜	S전자	H정보기술
1	983,000	2,675
2	981,000	2,635
3	1,010,000	2,615
4	994,000	2,720
5	998,000	2,550
6	975,000	2,530

두 주식의 변동성을 비교하시오.

변동계수는 평균이 0이 아닐 때 정의되며 항상 양의 값을 갖는 변수에 유용하다. 자료에 대한 나눗셈이 필요한 변동계수는 나눗셈을 적용할 수 있는 비율자료에서만 사용할 수 있으며 구간자료에서 계산된 변동계수는 아무런 의미를 갖지 못한다.

풀이

주어진 종가자료에서 S전자의 평균은 990,166.7원이고 표준편차는 12,921.6원이다. H정보기술의 평균은 2,620.8원이고 표준편차는 72.5원이다. S전자와 H정보기술의 종가의 규모가 현저한 차이를 나타내므로 두 주식의 변동성은 변동계수로 비교하는 것이 적합하다. S전자의 변동계수는 1.3% $(= 12,921.6 \div 990,166.7)$이고 H정보통신의 변동계수는 2.8%$(= 72.5 \div 2,620.8\,)$이다. 종가의 평균에 대한 표준편차의 비율로 변동성을 평가한 결과 H정보통신의 변동성이 S전자의 변동성의 2배 이상인 것으로 나타났다.

제5절 상자그림

2절에서 소개한 줄기-잎 그림이나 히스토그램 등의 그림은 자료가 모여 있는 위치나 자료의 범위 등에 관한 대략적인 정보를 한눈에 볼 수 있게 하는 장점이 있으나, 중앙값, 사분위수 등의 수치를 손쉽게 알아볼 수 없는 단점이 있다. 상자그림(box plot)은 자료로부터 얻는 최소값, $\boldsymbol{Q_1}$, $\boldsymbol{Q_2}$, $\boldsymbol{Q_3}$, 최대값 등 5개의 요약숫자로 분포의 특성을 나타낸 그림으로 줄기-잎 그림이나 히스토그램에서는 드러나지 않는 수치를 그림과 함께 제공한다.

자료:

[예제 3.10]

다음은 13명이 수강한 통계학 강좌의 중간시험 점수이다.

51 63 89 45 67 72 17 73 54 60 95 83 77

상자그림을 그리시오.

---

(1) 자료로부터 $\boldsymbol{Q_1}$, $\boldsymbol{Q_2}$, $\boldsymbol{Q_3}$를 구한다. <그림 3.8>에서 $Q_1 = 54$, $Q_2 = 67$, $Q_3 = 77$ 이다.

(2) 사각형 상자의 왼쪽 끝이 Q_1에 위치하고 오른쪽 끝이 Q_3에 위치하도록 상자를 작성한 후 상자 안쪽 Q_2의 위치에 수직선을 그린다.

(3) 상자의 왼쪽 끝(Q_1)과 왼쪽경계($Q_1 - 1.5 \times IQR$) 사이에 속하는 관측값 중 최소값을 찾고 이 값과 상자의 왼쪽 끝을 직선으로 연결한다. 여기서 IQR은, ($\boldsymbol{Q_3} - \boldsymbol{Q_1}$)으로 구한 사분위범위이다. <그림 3.8>에서 왼쪽경계는 $Q_1 - 1.5 \times IQR = 54 - 1.5 \times 23 = 19.5$이며 이 값과 상자의 왼쪽 끝 $Q_1 = 54$ 사이에 속하는 최소값은 45이다.

(4) 상자의 오른쪽 끝(Q_3)과 오른쪽경계($Q_3 + 1.5 \times IQR$) 사이에 속하는 관측값 중 최대값을 찾고 이 값과 상자의 오른쪽 끝을 직선으로 연결한다. <그림 3.8>에서 오른쪽경계는 $Q_3 + 1.5 \times IQR = 77 + 1.5 \times 23 = 111.5$이며 이 값과

상자의 오른쪽 끝 $Q_3 = 77$ 사이에 속하는 최대값은 95이다.

(5) 왼쪽경계와 오른쪽경계를 벗어나는 관측값은 ° 로 나타내고 이들을 이상점(outlier)이라 한다. <그림 0.8>에서는 관측값 17이 왼쪽경계를 벗어난 이상점이다.

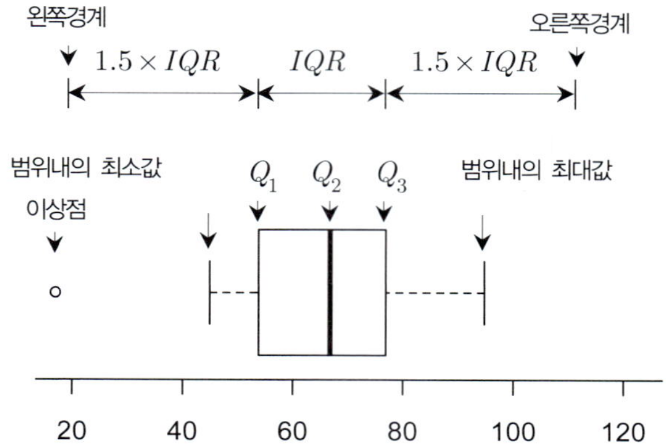

<그림 3.8> 통계학 중간시험 점수의 상자그림

상자그림은 여러 집단간에 정량자료의 중심위치, 변동성, 형태 등을 비교하는데 유용하게 사용될 수 있다. 즉 상자그림은 범주변수와 정량변수의 관련성을 요약하는 수단으로 사용될 수 있다. <그림 3.9>는 [예제 3.1]의 월간 불량품 수의 품질교육전 자료와 품질교육후 자료를 상자그림으로 나타낸 것이다. 품질교육후 자료의 상자그림은 품질교육전 상자그림과 비교하여 중심위치가 왼쪽으로 이동하였고 변동성도 줄어들었음을 알 수 있다. 한편 상자의 위치와 상자내의 중앙값의 위치로 볼 때 품질교육전 상자그림은 약간의 왼쪽꼬리를 갖고 있으며 품질교육후 상자그림은 약간의 오른쪽꼬리를 갖고 있다.

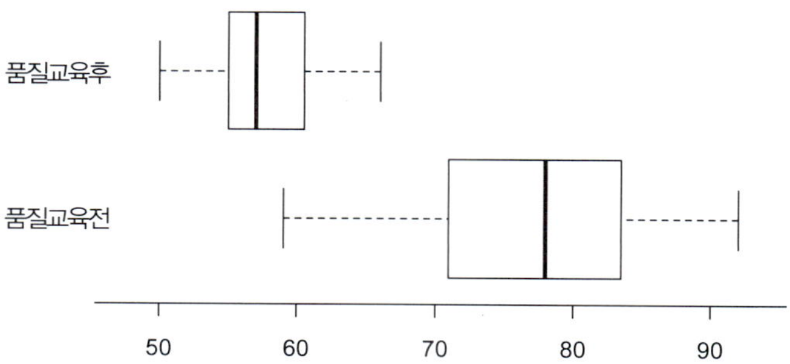

<그림 3.9> 월간 불량품 수 자료의 상자그림

제6절 도수분포표 자료의 요약

도수분포표로부터 원자료의 중심위치, 변동성, 상대위치 등의 특성을 개략적으로 구할 수 있다. 이 방법은 원자료 없이 도수분포표만으로 의사결정에 필요한 정보를 분석할 때 유용하다. 구별되는 관측값 수가 적어 계급이 사용되지 않은 도수분포표로 요약된 정량자료의 경우는 도수분포표로부터 원자료를 복원할 수 있으며 따라서 도수분포표에서 구한 분포의 특성이 원자료 분포의 특성과 같다. 그러나 구별되는 관측값 수가 많아 계급이 사용된 도수분포표로 요약된 정량자료의 경우는 집단화된 형태로 원자료를 요약한 것이며 이 과정에서 원자료에 포함된 정보가 부분적으로 상실된다. 이 때문에 도수분포표에서 구한 분포의 특성이 원자료 분포의 특성과 같지 않을 수 있다.

도수분포표에서 평균을 구하는 방법은 각 계급에 속하는 원자료의 평균이 각 계급의 중간점이라는 가정을 전제로 한다. 중간점은 계급의 상한과 하한의 합을 2로 나눈 값이다. 계급i에 속하는 자료의 합은 계급i의 평균 즉 중간점 m_i와 계급i의 도수 f_i의 곱이므로 $m_i f_i$가 된다. 전체 자료의 합은 각 계급에 속하는 자료의 합을 모두 더한 값 $\sum_{i=1}^{k} m_i f_i$ 이 되고 전체 관측값 수는 각 계급의 도수의 합 $\sum_{i=1}^{k} f_i = n$ 이므로 평균을 구하는 식은 다음의 식과 같다.

도수분포표 자료의 평균

$$\bar{X}_g = \frac{m_1 f_1 + m_2 f_2 + \cdots + m_k f_k}{f_1 + f_2 + \cdots + f_k} = \frac{\sum_{i=1}^{k} m_i f_i}{n}$$

원자료의 분산은 관측값과 평균의 차이를 제곱하고 그 평균을 구한 결과이다. 계급i에 속하는 관측값이 모두 계급i의 중간점인 것으로 가정하면 도수분포표에서 분산을 구하는 식은 다음과 같이 나타낼 수 있다.

도수분포표 자료의 분산

모분산 $$\sigma_g^2 = \frac{\sum_{i=1}^{k} \left(m_i - \mu_g\right)^2 \cdot f_i}{N}$$

표본분산 $$S_g^2 = \frac{\sum_{i=1}^{k}\left(m_i - \bar{X}_g\right)^2 \cdot f_i}{n-1}$$

표본분산 식은 계산부담이 적은 다음과 같은 간편공식으로 구할 수도 있다.

도수분포표 자료 표본분산의 간편공식

$$S_g^2 = \frac{1}{n-1}\left[\sum_{i=1}^{k} m_i^2 f_i - \frac{1}{n}\left(\sum_{i=1}^{k} m_i f_i\right)^2\right]$$

[예제 3.11] 품질검사 소요시간 자료의 평균, 분산, 표준편차

다음은 50개 제품의 품질검사에 소요된 시간(단위: 분)의 도수분포표이다.

계급	도수
0~5	8
5~10	22
10~15	12
15~20	5
20~25	3
	50

이 표로부터 평균, 분산, 표준편차를 구하시오.

풀이

다음은 각 계급별로 중간점과 도수의 곱($m_i f_i$), 중간점제곱과 도수의 곱($m_i^2 f_i$)을 계산한 결과와 그 합을 나타낸 표이다.

계급번호(i)	계급	도수(f_i)	중간점(m_i)	$m_i f_i$	$m_i^2 f_i$
1	0~5	8	2.5	20.0	50.00
2	5~10	22	7.5	165.0	1237.50
3	10~15	12	12.5	150.0	1875.00
4	15~20	5	17.5	87.5	1531.25
5	20~25	3	22.5	67.5	1518.75
	합계	50		490.0	6212.50

평균($\bar{X}_g$), 분산(S_g^2), 표준편차(S_g)는 각각 다음과 같이 구할 수 있다.

$$\bar{X}_g = \frac{\sum_{i=1}^{k} m_i f_i}{n} = \frac{490}{50} = 9.8$$

$$S_g^2 = \frac{1}{n-1}\left[\sum_{i=1}^{k} m_i^2 f_i - \frac{1}{n}\left(\sum_{i=1}^{k} m_i f_i\right)^2\right] = \frac{1}{50-1}\left[6212.5 - \frac{1}{50}\left(490\right)^2\right] = 28.79$$

$$S_g = \sqrt{S_g^2} = \sqrt{28.79} = 5.37$$

제7절 Excel의 활용

Excel의 [데이터 분석]에 포함되어 있는 [기술 통계법]을 사용하면 표본자료의 평균, 중앙값, 최빈값, 표준편차, 분산, 첨도, 왜도, 범위, 최소값, 최대값 등을 구할 수 있다. 각각의 요약 숫자를 구하기 위한 Excel함수를 사용할 수도 있다.

3.7.1 [기술 통계법]을 활용한 요약 숫자 계산

<그림 3.10>는 [예제 3.1]의 영업사원 판매실적과 [예제 3.5]의 나사지름 자료를 워크시트에 입력하고 [데이터 분석]에 포함되어 있는 [기술 통계법]으로 판매실적과 나사지름의 요약지표들을 구한 결과이다.

	A	B	C	D	E	F	G	H
1	판매실적	나사지름		판매실적		나사지름		
2	2	1.2						
3	6	1.6		평균	5	평균	1.4	
4	1	1.1		표준 오차	1	표준 오차	0.1304	
5	10	1.3		중앙값	5	중앙값	1.3	
6	7	1.8		최빈값	5	최빈값	#N/A	
7	5			표준 편차	2.8284	표준 편차	0.2915	
8	4			분산	8	분산	0.085	
9	5			첨도	0.35	첨도	-1.5986	
10				왜도	0.3536	왜도	0.6053	
11				범위	9	범위	0.7	
12				최소값	1	최소값	1.1	
13				최대값	10	최대값	1.8	
14				합	40	합	7	
15				관측수	8	관측수	5	
16								

<그림 3.10> [기술 통계법]의 출력결과

Excel의 [데이터]탭에 있는 [데이터 분석]을 선택하면 <그림 3.11>과 같은 [통계 데이터 분석] 대화상자가 나타난다. 여기서 [기술 통계법]을 선택하면 <그림 3.12>과 같은 [기술 통계법] 대화상자가 나타난다. 여기서 [입력 범위(I):]에 자료가 입력되어 있는 범위주소 $A$1:$B$9을 입력하고 [첫째 행 이름표 사용(L)]의 앞의 작은 상자를 클릭하여 체크표시가 나타나도록 한다. [출력 범위(O):]에는 $D$1을 입력하고 [요약 통계량(S)] 앞의 상자를 클릭하여 체크표시가 나타나도록 한 후 [확인]을 누르면 <그림 3.10>에서처럼 요약지표들이 출력된다.

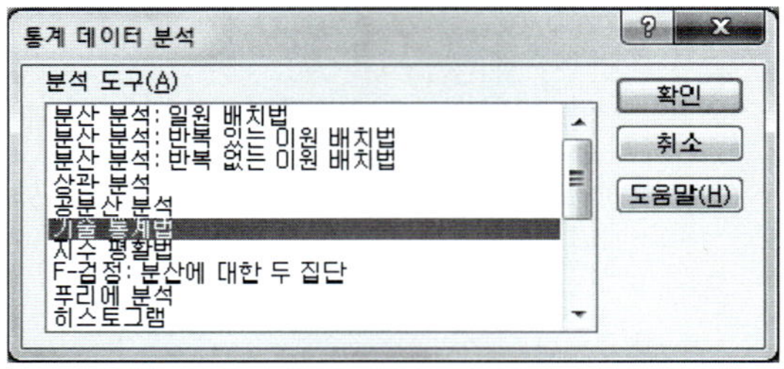

<그림 3.11> [통계 데이터 분석] 대화상자

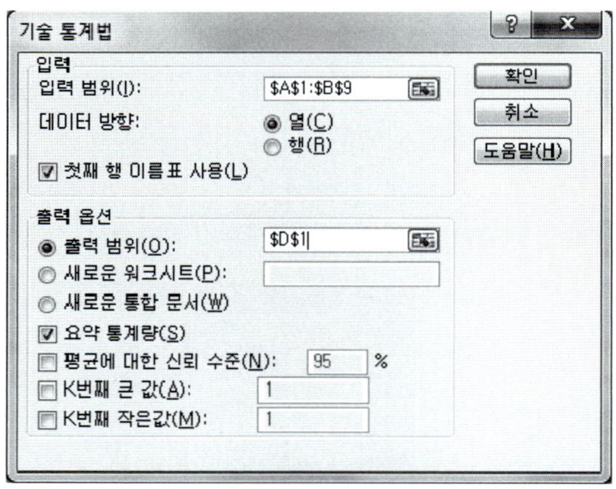

<그림 3.12> [기술 통계법] 대화상자

<그림 3.10>에서 '표준 오차'는 '평균'의 표준오차를 말하며 '표준편차'를 '관측수'의 제곱근으로 나눈 값이다. 표준오차는 표본분포에서 자세히 다루게 된다. '관측수'는 관측값의 수를 나타낸다.

3.7.2 Excel함수를 활용한 요약 숫자 계산

<그림 3.13>는 Excel함수로 여러 가지 요약 숫자를 계산한 것이다.

	A	B	C	D	E	F	G	H
1	경력(X)	판매량(Y)		X의 평균 =	2.833333	X의 표본왜도 =	0.418072	
2	3	7		X의 중앙값 =	2.5	X의 표본첨도 =	-0.85917	
3	2	6		X의 최빈값 =	2	X의 제1사분위수 =	2	
4	4	10		X의 모분산 =	1.805556	X의 제3사분위수 =	3.75	
5	5	9		X의 표본분산 =	2.166667	X의 제43백분위수 =	2.15	
6	2	4		X의 모표준편차 =	1.34371	X와 Y의 모공분산 =	3.083333	
7	1	3		X의 표본표준편차 =	1.47196	X와 Y의 표본공분산 =	3.7	
8				X의 평균편차 =	1.166667	X와 Y의 표본상관계수 =	0.917857	
9								

<그림 3.13> Excel함수를 활용한 숫자 요약

[표 3.9]는 <그림 3.13>에서 각각의 요약 숫자를 계산하는데 사용된 Excel함수 및 관련 공식을 나타낸 것이다.

[표 3.9] 〈그림 3.13〉에서 사용된 Excel함수 및 관련공식

셀주소	Excel함수	관련공식	요약 숫자
E1	=AVERAGE(A2:A7)		평균
E2	=MEDIAN(A2:A7)		중앙값
E3	=MODE(A2:A7)		최빈값
E4	=VAR.P(A2:A7)		모분산
E5	=VAR.S(A2:A7)		표본분산
E6	=STDEV.P(A2:A7)		모표준편차
E7	=STDEV.S(A2:A7)		표본표준편차
E8	=AVEDEV(A2:A7)		평균편차
G1	=SKEW(A2:A7)		표본왜도
G2	=KURT(A2:A7)		표본첨도
G3	=QUARTILE.INC(A2:A7,1)		제1사분위수
G4	=QUARTILE.INC(A2:A7,3)		제3사분위수
G5	=PERCENTILE.INC(A2:A7,0.43)		제43백분위수
G6	=COVARIANCE.P(A2:A7,B2:B7)		모공분산
G7	=COVARIANCE.S(A2:A7,B2:B7)		표본공분산
G8	=CORREL(A2:A7,B2:B7)		표본상관계수

연습문제

3.1 다음의 표본 자료에 대하여 물음에 답하시오.

6 3 9 11 7 10 8 6

(1) 평균을 구하시오.

(2) 중앙값을 구하시오.

(3) 최빈값을 구하시오.

3.2 다음은 우리나라를 포함한 10개국의 최근 파트타임근로자(주당30시간 미만 근로자)비율이다.

한국	9.3	일본	19.6	미국	12.2	캐나다	18.4	프랑스	13.4
영국	22.9	독일	22.1	호주	23.8	터키	8.4	이탈리아	16.3

(1) 평균을 구하시오.

(2) 중앙값을 구하시오.

(3) 최빈값을 구하시오.

3.3 작업자의 숙련도가 생산량에 미치는 영향이 큰 부품을 생산하는 A산업은 작업자의 숙련도를 향상시키기 위한 인센티브를 각 공장마다 다른 방법으로 지급하고 있다. 1공장 작업자의 1인당 인센티브의 평균은 50만원이고 중앙값은 34만원이다. 2공장의 인센티브 평균은 38만원이고 중앙값은 43만원이다. 두 공장 작업자의 전체적인 숙련도가 같다고 할 때 다음 물음에 답하시오.

(1) 숙련도가 높은 작업자는 어떤 공장에서 일하는 것이 더 많은 인센티브를 얻을 수 있는가? 그 이유를 설명하시오.

(2) 평범한 숙련도의 작업자는 어떤 공장에서 일하는 것이 더 많은 인센티브를 얻을 수 있는가? 그 이유를 설명하시오.

3.4 다음 수익률 자료의 중심위치를 가장 잘 나타낼 수 있는 평균 수익률을 구하시오.

0.50 0.32 −0.35 0.18

3.5 다음의 표본자료에 대하여 물음에 답하시오.

27 46 55 43 49 53 61 49 40

(1) 범위를 구하시오.

(2) 평균편차를 구하시오.

(3) 분산을 구하시오.

(4) 표준편차를 구하시오.

(5) 변동계수를 구하시오.

3.6 종형 히스토그램을 갖는 어떤 자료의 평균과 표준편차가 각각 25와 7일 때 다음을 구하시오.

(1) 18과 32 사이에 속하는 관측값의 비율

(2) 11과 32 사이에 속하는 관측값의 비율

(3) 11과 39 사이에 속하는 관측값의 비율

3.7 평균이 65.8이고 표준편차가 9.4일 때 [42.3, 89.3]에 속하는 관측값의 최소비율을 구하시오.

3.8 다음의 모집단자료에 대하여 물음에 답하시오(소수점 아래 넷째 자리 미만을 반올림하여 계산하시오).

39.9 26.1 11.8 21.3 15.9

(1) 왜도를 구하시오.

(2) 첨도를 구하시오.

3.9 다음의 표본자료에 대하여 물음에 답하시오(소수점 아래 넷째 자리 미만을 반올림하여 계산하시오).

15 24 38 43 60 75

(1) 왜도를 구하시오.

(2) 첨도를 구하시오.

3.10 다음은 어떤 제조업체의 조립라인에서 중요한 작업을 수행하는데 소요되는 시간(단위: 초)의 분포이다.

계급	도수
30~31	24
31~32	7
32~33	6
33~34	4
34~35	6
35~36	1
36~37	1
37~38	1
	50

(1) 평균을 구하시오.

(2) 분산을 구하시오.

(3) 중앙값을 구하시오.

(4) 제1사분위수를 구하시오.

04 확률의 이해

통계학은 기술통계학과 추론통계학으로 구분할 수 있다. 기술통계학은 자료를 표나 도표 또는 숫자로 요약하는 방법을 다루는 분야이며 제2장과 제3장에서 설명하였다. 추론통계학은 모집단에서 추출한 표본을 분석하고 그 결과를 근거로 모집단의 특성을 유추하는 방법을 다루는 분야이다. 표본으로부터 모집단에 관한 정보를 얻기 위한 추리통계학 이론에서 확률은 매우 중요한 요소이다.

제1절 확률의 개념

4.1.1 확률

확률(probability)은 어떤 결과가 발생할 가능성을 일정한 조건이 만족되는 0과 1 사이의 숫자로 나타낸 것이다. 0은 발생가능성이 전혀 없음을 나타내며 1은 반드시 발생함을 나타낸다. 0에 가까울수록 발생가능성이 낮고 1에 가까울수록 발생가능성이 높다는 것을 나타낸다. <그림 4.1>은 발생가능성과 확률을 그림으로 나타낸 것이다.

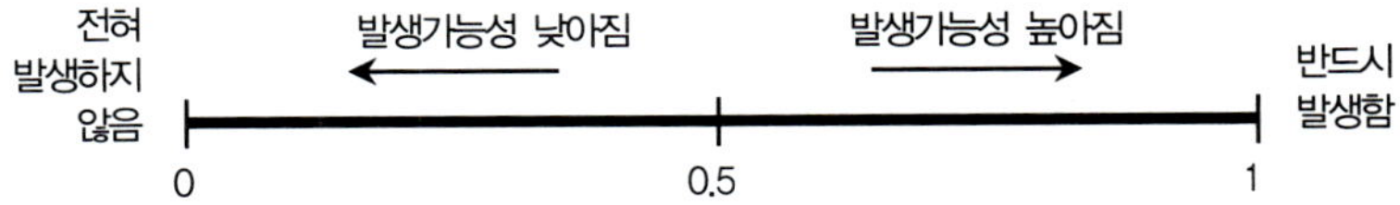

<그림 4.1> 발생가능성과 확률

동전을 던졌을 때 앞면이 나올 확률은 0.5이다. 주사위를 던졌을 때 3보다 작

은 수가 나올 확률은 1/3이다. 발생 가능성을 나타낸 0과 1 사이의 숫자가 확률이 되기 위해서는 어떤 조건을 만족시켜야 한다. 이 조건을 설명하기 위해서는 표본공간과 사건의 개념이 필요하다.

4.1.2 표본공간과 사건

동전던지기나 주사위던지기처럼 여러 가지 가능한 결과(outcome)들 중 하나를 발생시키는 과정을 확률실험(random experiment)이라 한다. 다수의 후보가 출마한 시장선거도 여러 명의 후보 중 한 명이 당선되는 과정이라는 점에서 확률실험이라 할 수 있다. 외환시장에서 달러를 원화로 매매할 때의 가격 즉 원달러환율이 결정되는 과정 역시 여러 가지 가능한 가격들 중 하나로 결정된다는 점에서 확률실험이라 할 수 있다.

확률실험에서 발생할 수 있는 모든 가능한 결과들을 상호배반의 완전한 형태로 나열한 집합을 표본공간(sample space)이라 하며 보통 S 로 나타낸다. 표본공간이 완전(exhaustive)하게 나열되었다는 것은 발생 가능한 모든 결과가 누락됨 없이 나열되었음을 말하며, 상호배반(mutually exclusive)이라는 것은 나열된 결과들 중 어떤 두 가지 결과가 동시에 발생할 수 없음을 말한다.

동전을 던지면 앞면(H)과 뒷면(T)이 나타날 수 있고 이들은 동시에 발생할 수 없다. 이 결과들을 누락됨 없이 나열하여 묶은 집합 { H, T }은 동전던지기의 표본공간이 된다. 원달러환율은 소수점아래 두 자리까지 나타낸 0.00, 0.01, 0.02, … 등의 숫자(단위: 원) 중 하나로 결정된다. 이 숫자들을 나열하여 묶은 집합 { 0.00, 0.01, 0.02 … }는 원달러환율 결정과정의 표본공간이 된다.

표본공간의 임의의 부분집합을 사건(event)이라 하며 보통 대문자 A, B, C … 등으로 나타낸다. 원달러환율이 1100원대로 결정되는 사건 A는 1100.00와 1199.99 사이에 속하는 숫자들의 집합

$$A = \{\ 1100.00,\ 1100.01,\ 1100.02,\ \cdots\ ,\ 1199.98,\ 1199.99\ \}$$

으로 정의할 수 있다. 같은 방식으로 1200원대이상으로 결정되는 사건 B는

$$B = \{\ 1200.00,\ 1200.01,\ 1200.02,\ \cdots\ \}$$

와 같이 나타낼 수 있다.

표본공간을 구성하는 개별 결과는 단순사건(simple event)이라 한다. 동전던지기의 표본공간 { H, T }은 H와 T의 두 단순사건으로 구성되어 있다. 원달러환율

결정과정의 표본공간 { 0.00, 0.01, 0.02, ⋯ }은 0.00, 0.01, 0.02 등 무한개의 단순 사건으로 구성되어 있다.

4.1.3 확률의 조건

확률실험을 수행하면 표본공간을 구성하는 결과들 중 하나만이 발생한다. 확률실험에서 발생한 결과가 사건 A에 속한 것이면 사건 A가 발생했다고 말한다. 예를 들어 외환시장에서 원달러환율이 1100원대로 결정되는 사건을 A라 하고 1200원대이상으로 결정되는 사건을 B라 하자. 어느 날 원달러환율이 1133.49원으로 결정되었다면 사건 A가 발생한 것이다.

사건 A가 발생할 확률은 $P(A)$로 나타낸다. 모든 사건 A에 대하여 **$0 \leq P(A) \leq 1$**을 만족한다.

가능성을 나타내는 0과 1 사이의 숫자가 확률이 되려면 다음과 같은 조건을 만족시켜야 한다.

확률의 조건

표본공간 S에 속하는 모든 결과에 대한 확률의 합은 1과 같다. 표본공간이 $S = \{ o_1, o_2, \cdots, o_N \}$이면 이 조건은 다음과 같이 나타낼 수 있다.

$$P(S) = \sum_{i=1}^{N} P(o_i) = 1$$

4.1.4 확률부여방법

식 (4.1)의 조건을 만족하도록 사건에 확률을 부여하는 방법은 고전적 방법과 상대도수방법으로 구분할 수 있다. 고전적 방법(classical approach)은 확률실험의 결과로 나타나는 모든 가능한 결과의 발생가능성이 같다는 가정하에서 확률을 다음과 같이 정의한다.

고전적 확률

$$P(A) = \frac{\text{사건 A에 속하는 결과의 수}}{\text{표본공간에 속하는 결과의 수}}$$

고전적 방법은 동전던지기나 주사위던지기처럼 모든 가능한 결과의 발생가능성이 같다고 가정할 수 있는 확률실험에 적용할 수 있다. 이러한 확률실험에서는 실제로 실험을 수행하지 않고도 표본공간이나 사건에 속한 결과의 수를 파악 할 수 있다. 예를 들어 주사위던지기의 표본공간은 $S=\{$ ⚀=1, ⚁=2, ⚂=3, ⚃=4, ⚄=5, ⚅=6 $\}$이며 모든 면의 면적이 같은 정상적인 주사위를 던질 경우 표본공간의 각 결과가 발생할 가능성은 같다고 가정할 수 있다. 주사위를 던져 홀수가 나오는 사건 $A=\{\ 1,\ 3,\ 5\ \}$의 고전적 확률 $P(A)$는 사건 A에 속하는 결과의 수 3을 표본공간에 속하는 결과의 수 6으로 나눈 0.5($=3/6$)가 된다.

<그림 4.2>와 같이 한 쪽 모서리가 절단된 주사위를 던질 경우에는 모든 결과의 발생가능성이 같지 않아 고전적 방법으로 확률을 부여하기 어렵다. 야구선수가 타석에서 안타를 치게 될 확률도 고전적 방법으로 부여하기 어렵다. 이러한 경우 과거의 관측으로부터 확률을 부여하는 상대도수방법(relative frequency approach)을 적용할 수 있다. 이 방법에서는 실제 관측을 통해 구한 상대도수를 확률의 근사값으로 정의한다.

상대도수확률

$$P(A) \approx \frac{\text{사건 A의 발생수}}{\text{전체관측}}$$

<그림 4.2> 한 쪽 모서리가 절단된 주사위

어떤 야구선수가 50타석에서 15번의 안타를 쳤을 경우 전체타석수에 대한 안타수의 상대도수는 30%이다. 30%는 이 야구선수가 안타를 치게 될 확률의 근사값이며 관측 타석수가 클수록 더 정확한 확률에 접근한다. 이론적으로 상대도수확률은 무한대의 관측에서 구한 상대도수이다.

[예제 4.1] 성공확률

석유탐사 전문업체인 C사는 지난 2년간 140개의 광구를 시추하여 35개의 광구에서 경제성 있는 유전을 개발하였다. 이 정보를 기초로 앞으로 C사가 유전개발에 성공할 확률은 얼마인가?

풀이

전체관측광구수는 140개이고 이 중 성공한 광구는 35개이므로 구하고자 하는 성공확률 $P(A)$의 근사값은

$$P(A) \approx \frac{35}{140} = 0.25$$

이다.

4.1.5 복합실험

둘 이상의 확률실험을 연속적으로 또는 동시에 수행하는 실험을 복합실험(compound experiment)이라고 한다. 동전이나 주사위를 2번 또는 그 이상으로 던지는 확률실험은 복합실험이라 할 수 있다. 어느 날 두 대의 트랙터가 가용상태에 있는지를 관찰하는 과정도 복합실험이라 할 수 있다.

첫 번째 확률실험에서 m 가지의 결과 중 하나가 발생하고 두 번째 확률실험에서 n 가지의 결과 중 하나가 발생하는 복합실험의 결과는 첫 번째 실험과 두 번째 실험의 결과로 만들어지는 mn 가지의 순서쌍이다. 이는 셋 이상의 확률실험을 수행하는 복합실험으로 쉽게 확장할 수 있다.

정상적인 동전을 던지면 발생가능성이 동등하다고 가정할 수 있는 앞면(H)과 뒷면(T)의 2가지 결과가 나타날 수 있다. 따라서 동전을 2번 던지는 확률실험에서는 발생가능성이 같은 4가지의 순서쌍 (H,H), (H,T), (T,H), (T,T)이 결과로 나타날 수 있다. 동전 2번 던지기의 표본공간은 { (H,H), (H,T), (T,H), (T,T) }이다.

복합실험의 모든 가능한 결과가 동등한 발생가능성을 가진 경우 고전적 방법으로 확률을 부여할 수 있다. 동전을 2번 던져서 적어도 한 번 앞면이 나타나는 사건 A는 { (H,H), (H,T), (T,H) }이며 이 사건의 확률 $P(A)$는 고전적 확률의 정의로부터

$$P(A) = \frac{3}{4}$$

이다.

[예제 4.2] 두 상자에서 카드 선택하기

첫 번째 상자에는 1, 2의 번호가 적혀 있는 2장의 카드가 들어있고 두 번째 상자에는 1, 2, 3의 번호가 적혀 있는 3장의 카드가 들어있다. 두 상자에서 선택한 카드의 번호의 합이 3이하로 나타나는 사건 A의 확률 $P(A)$를 구하시오.

풀이

첫 번째 상자에는 1, 2의 번호가 적힌 카드가 각각 1장씩 들어 있기 때문에 선택한 카드의 번호가 1이 될 가능성과 2가 될 가능성은 같다. 두 번째 상자에는 1, 2, 3의 번호가 적힌 카드가 각각 1장씩 들어 있기 때문에 선택한 카드의 번호가 1, 2, 3이 될 가능성은 모두 같다. 따라서 두 상자에서 카드를 선택하는 확률실험의 결과는 첫 번째 상자에서의 결과 1, 2와 두 번째 상자에서의 결과 1, 2, 3으로 만들어지는 6개의 순서쌍 (1,1), (1,2), (1,3), (2,1), (2,2), (2,3)이며 이들의 발생가능성은 모두 같다. 이 복합실험의 표본공간은

$$\{ (1,1), (1,2), (1,3), (2,1), (2,2), (2,3) \}$$

이고 두 상자에서 선택한 카드의 번호의 합이 3이하로 나타나는 사건 A는

$$A = \{ (1,1), (1,2), (2,1) \}$$

이다. 따라서 사건 A의 확률 $P(A)$는 고전적 확률의 정의로부터

$$P(A) = \frac{3}{6} = \frac{1}{2}$$

이다.

<그림 4.2>와 같이 한 쪽 모서리가 절단된 주사위를 던질 경우에는 모든 결과의 발생가능성이 같지 않아 고전적 방법으로 확률을 부여하기 어렵다. 어느 날 트랙터가 고장 상태에 있을 확률도 고전적 방법으로 부여하기 어렵다. 이처럼 모든 사건의 발생가능성이 같다고 가정할 수 없는 복합실험에서는 교차표(cross tabulation)로 요약한 사건수 자료에 상대도수방법을 적용하여 확률을 부여할 수 있다. 교차표는 예제 4.3의 트랙터 상태 관찰의 경우처럼 복합실험을 반복적으로 수행한 결과를 관측하여 작성할 수도 있고 연습문제 4.5의 트럼프 카드 선택의 경우처럼 복합실험의 내용을 이론적으로 분석하여 작성할 수도 있다.

[예제 4.3] 인경농장의 트랙터 상태

인경농장은 가끔 고장이 나는 두 대의 트랙터를 보유하고 있다. 아래의 교차표는 두 트랙터가 가용 상태에 있던 날짜수와 고장 상태에 있던 날짜수를 관측하여 요약한 것이다.

첫 번째 트랙터	두 번째 트랙터	
	가용	고장
가용	195	48
고장	42	15

어느 날 두 트랙터의 상태를 관찰하는 과정을 복합실험으로 보았을 때 적어도 한 트랙터가 가용할 사건 A의 확률 $P(A)$를 구하시오.

풀이

어느 날 트랙터가 고장 상태에 있을 가능성과 가용 상태에 있을 가능성이 같다고 가정하기 어렵다. 따라서 고전적 방법으로 확률을 부여하기 어려우며 상대도수방법을 적용할 수 있다. 적어도 한 트랙터가 가용할 사건 A는

$$A = \{\ (\text{가용,가용}),\ (\text{가용,고장}),\ (\text{고장,가용})\ \}$$

이다. 교차표로부터 전체관측일수는 300(= 195+48+42+15)일이고 사건 A가 발생한 날짜수는 285(= 195+48+42)일이므로 확률 $P(A)$는 상대도수확률의 정의로부터

$$P(A) = \frac{285}{300} = 0.95$$

이다.

제2절 확률법칙

앞 절에서는 확률의 개념과 조건 그리고 사건의 확률을 구하는 2가지 방법에 대하여 살펴보았다. 종종 둘 이상의 사건이 관련되어 있는 교사건 및 합사건 등의 확률을 구할 필요가 있다. 본 절에서는 이러한 사건의 확률을 계산하는데 필요한 기본적인 확률법칙을 설명한다.

4.2.1 여사건과 여사건법칙

여사건

사건 A의 여사건(complement)은 사건 A가 발생하지 않는 사건을 의미하며 A^C로 나타낸다.

주사위던지기의 표본공간은 $S = \{$ ⚀=1, ⚁=2, ⚂=3, ⚃=4, ⚄=5, ⚅=6 $\}$이며 홀수가 나오는 사건 $A = \{ 1, 3, 5 \}$의 여사건은 $A^C = \{ 2, 4, 6 \}$이다. <그림 4.3>은 이를 벤다이어그램(Venn diagram)으로 나타낸 것이다.

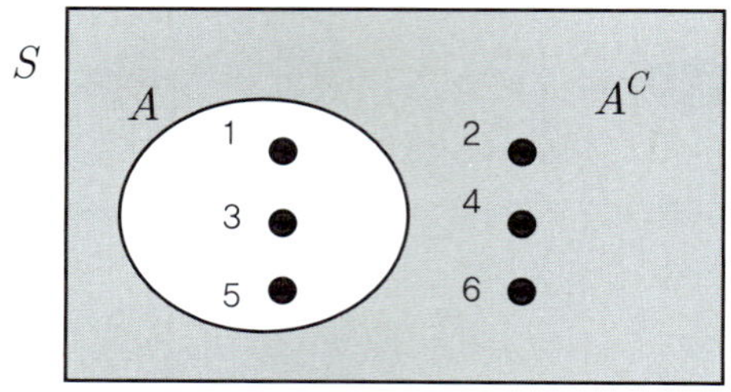

<그림 4.3> 여사건

어떤 확률실험의 경우라도 사건 A와 그의 여사건 A^C중 하나는 반드시 발생한다. 즉 $P(A) + P(A^C) = 1$이며 이로부터 다음과 같은 여사건법칙(complement rule)을 얻을 수 있다.

여사건법칙

$$P(A^C) = 1 - P(A)$$

주사위던지기에서 홀수가 나오는 사건 $A = \{ 1, 3, 5 \}$의 확률은 $P(A) = 0.5$이므로 여사건 $A^C = \{ 2, 4, 6 \}$의 확률은

$$P(A^C) = 1 - P(A) = 1 - 0.5 = 0.5$$

이다.

4.2.2 교사건과 합사건

교사건

사건 A와 사건 B가 모두 발생하는 사건을 사건 A와 B의 교사건(intersection)이라 하며 $A \cap B$로 나타낸다.

동전 2번 던지기의 표본공간은 { (H,H), (H,T), (T,H), (T,T) }이다. 동전을 2번 던져 첫 번째 동전과 두 번째 동전이 모두 앞면으로 나오는 사건 { (H,H) }은 첫 번째 동전이 앞면으로 나오는 사건 $A=$ { (H,T), (H,H) }와 두 번째 동전이 앞면으로 나오는 사건 $B=$ { (H,H), (T,H) }의 교사건 $A \cap B$이다. <그림 4.4>는 동전 2번 던지기에서 교사건 $A \cap B$를 벤다이어그램으로 나타낸 것이다.

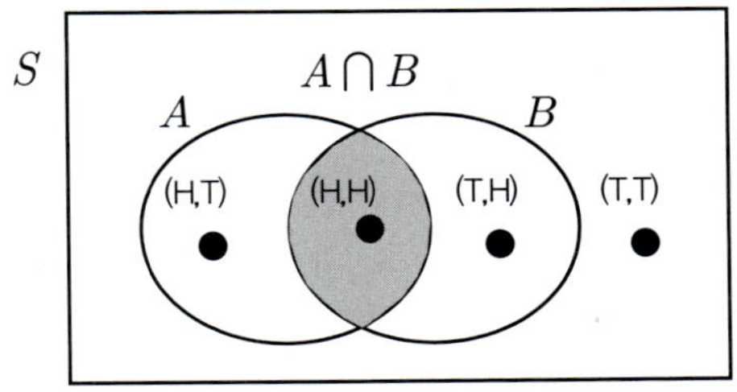

<그림 4.4> 교사건

두 사건에 모두 속하는 결과 즉 교사건에 속하는 결과가 없어 두 사건이 동시에 발생할 수 없을 때 이들 두 사건은 상호배반(mutually exclusive)이라 한다. 주사위던지기에서 짝수가 나오는 사건 $A=$ { 2, 4, 6 }와 홀수가 나오는 사건 $B=$ { 1, 3, 5 }는 상호배반이다. 외환시장에서 원달러환율이 1100원대로 결정되는 사건 $A=$ { 1100.00, ⋯ , 1199.99 }와 1200원대로 결정되는 사건 $B=$ { 1200.00, ⋯, 1299.99 }은 상호배반이다.

교사건 $A \cap B$가 발생할 확률 $P\left(A \cap B\right)$은 사건 A와 B의 결합확률(joint probability)이라 한다. 동전 2번 던지기에서 첫 번째 동전이 앞면으로 나오는 사건 A와 두 번째 동전이 앞면으로 나오는 사건 B의 결합확률은 교사건 $A \cap B$이 발생할 확률 $P\left(A \cap B\right)=1/4$이다. 한편 상호배반인 두 사건의 교사건에 속하는 결과는 없으며 이들의 결합확률은 0이 된다.

합사건

사건 A 또는 사건 B가 발생하거나 또는 사건 A와 B가 모두 발생하는 사건을 사건 A와 B의 합사건(union)이라 하며 $A \cup B$로 나타낸다.

동전을 2번 던져서 첫 번째 동전이 앞면으로 나오거나 또는 두 번째 동전이 앞면으로 나오거나 또는 모두 앞면으로 나오는 사건 즉 적어도 한 번의 앞면이 나오는 사건 { (H,T), (H,H), (T,H) }은 첫 번째 동전이 앞면으로 나오는 사건 A = { (H,T), (H,H) }와 두 번째 동전이 앞면으로 나오는 사건 B = { (H,H), (T,H) }의 합사건 $A \cup B$이다. <그림 4.5>는 동전 2번 던지기에서 합사건 $A \cup B$를 벤다이어그림으로 나타낸 것이다.

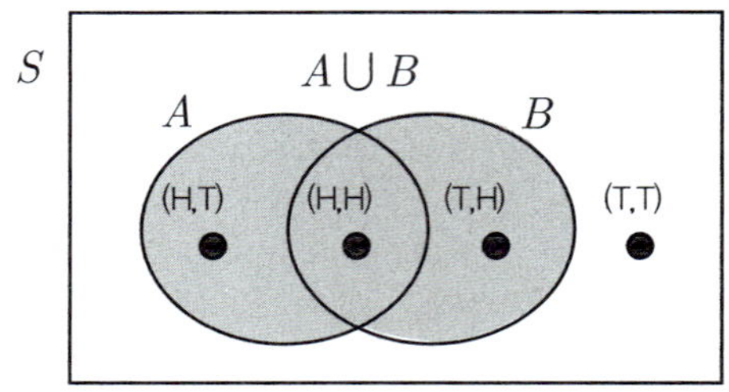

<그림 4.5> 합사건

4.2.3 확률의 덧셈법칙

가장 기본이 되는 확률법칙은 두 사건 A와 B의 합사건의 확률 $P(A \cup B)$을 계산할 수 있도록 해주는 확률의 덧셈법칙(addition rule)이며 다음과 같이 나타낼 수 있다.

확률의 덧셈법칙

$$P(A \cup B) = P(A) + P(B) - P(A \cap B)$$

사건 A와 B가 상호배반일 경우 두 사건의 결합확률 $P(A \cap B)$은 0이며 확률의 덧셈법칙은 다음과 같이 나타낼 수 있다.

확률의 덧셈법칙 (상호배반사건)

$$P(A \cup B) = P(A) + P(B)$$

동전 2번 던지기에서 첫 번째 동전이 앞면으로 나오는 사건 { (H,T), (H,H) }을 A라 하고 두 번째 동전이 앞면으로 나오는 사건 { (H,H), (T,H) }을 B라 하자. 사건 A가 발생할 확률은 $P(A) = 2/4$이고 사건 B가 발생할 확률은 $P(B) = 2/4$이다. 두 사건의 교사건 $A \cap B$은 { (H,H) }이며 결합확률은 $P(A \cap B) = 1/4$이다. 따라서 두 사건의 합사건 $A \cup B$이 발생할 확률은

$$\begin{aligned} P(A \cup B) &= P(A) + P(B) - P(A \cap B) \\ &= (2/4) + (2/4) - (1/4) = 3/4 \end{aligned}$$

이다.

[예제 4.4] 체크카드 및 신용카드 보유현황

한국은행이 전국의 금융기관 이용자 806명을 대상으로 '지급수단 이용현황'을 조사한 결과 신용카드를 가지고 있는 사람은 710명이었고 체크카드를 가지고 있는 사람은 596명이었으며 체크카드와 신용카드를 모두 가지고 있는 사람은 527명이었다. 금융기관 이용자중에서 신용카드나 체크카드 중 적어도 하나를 가지고 있는 사람의 비율은 얼마인가?

풀이

이 비율은 임의로 선택된 한 사람이 신용카드를 가지고 있거나 또는 체크카드를 가지고 있거나 또는 신용카드와 체크카드를 모두 가지고 있을 확률로 나타낼 수 있다. 신용카드를 가지고 있다는 사실이 체크카드를 가지고 있지 않다는 뜻을 내포하고 있지 않기 때문에 신용카드를 갖는 사건 A와 체크카드를 갖는 사건 B는 상호배반이 아니다. 따라서 두 사건의 합사건의 확률 $P(A \cup B)$이며 다음과 같이 계산할 수 있다.

$$P(A \cup B) = P(A) + P(B) - P(A \cap B) = \frac{710}{806} + \frac{596}{806} - \frac{527}{806} = \frac{779}{806} = 0.9665$$

4.2.4 조건부확률과 독립사건

어떤 사건이 발생할 것이라는 조건 또는 어떤 사건이 발생했다는 조건 하에서 다른 사건이 발생할 확률을 조건부확률(conditional probability)이라 한다. 사건 A의 발생이 조건으로 주어진 상태에서 사건 B의 조건부확률은 $P(B \mid A)$로 나타내며 다음과 같이 정의한다.

조건부확률

$$P(B \mid A) = \frac{P(A \cap B)}{P(A)} \quad (\text{단 } P(A) > 0)$$

어떤 대학 경영학부 학생은 모두 1,000명이고 남학생은 600명이며 4학년은 200명이라고 하자. 그리고 4학년인 남학생은 100명이라 하자. 임의로 선택한 학생이 남학생이라는 조건 하에서 그 학생이 4학년일 확률은 P(4학년|남학생)으로 나타내며, 임의로 선택한 학생이 4학년이라는 조건 하에서 그 학생이 여학생일 확률은 P(여학생|4학년)으로 나타낸다. 각 확률은

$$P(\text{4학년}|\text{남학생}) = \frac{P(\text{4학년} \cap \text{남학생})}{P(\text{남학생})} = \frac{0.1}{0.6} = 0.1667$$

$$P(\text{여학생}|\text{4학년}) = \frac{P(\text{4학년} \cap \text{여학생})}{P(\text{4학년})} = \frac{0.1}{0.2} = 0.5$$

이다.

조건부확률을 통해서 두 사건이 갖는 관련성을 알 수 있다. 특히 두 사건이 독립사건인지를 할 수 있다.

독립사건

$P(B \mid A) = P(B)$ 또는 $P(A \mid B) = P(A)$이면 A와 B는 독립사건이다.

독립사건의 조건에서 $P(B \mid A) = P(B)$는 사건 B의 확률이 사건 A의 발생으로 달라지지 않음을 의미한다. 마찬가지로 $P(A \mid B) = P(A)$는 사건 A의 확률

이 사건 B의 발생으로 달라지지 않음을 의미한다. 이처럼 한 사건의 확률이 다른 사건의 발생으로 영향을 받지 않을 경우 이들 두 사건은 독립사건(independent events)이라 한다. 한편 한 사건의 확률이 다른 사건의 발생으로 달라질 경우 이들 두 사건은 종속사건(dependent events)이라 한다.

앞의 학생선택문제에서 임의로 선택한 학생이 여학생인 사건의 확률은 P(여학생) = 0.4이고 4학년이라는 조건 하에서 여학생인 사건의 확률은 P(여학생|4학년) = 0.5이다. 즉 임의로 선택한 학생이 여학생인 사건의 확률이 4학년인 사건의 발생으로 달라진다. 따라서 여학생이 뽑히는 사건과 4학년이 뽑히는 사건은 종속사건이다. 두 사건 A와 B가 상호배반일 경우 A가 발생하면 B는 발생하지 않는다. 즉 B의 확률은 A의 발생으로 0이 된다. 마찬가지로 A의 확률은 B의 발생으로 0이 된다. 따라서 상호배반의 두 사건 A와 B는 한 사건의 확률이 다른 사건의 발생으로 달라지는 종속사건이다.

[예제 4.5] 대출고객의 신용평점과 대출금 상환

SB은행에서 분석한 대출고객 1,000명 중 690명은 신용평점이 60점 이상이고 300명은 60점 미만이었다. 대출고객 중 840명은 정상적으로 대출금을 상환하였으나 나머지 150명은 그렇지 못하였다. 신용평점이 60점 이상이고 정상적으로 대출금을 상환한 고객은 660명이었다.

1) 신용평점이 60점 미만인 대출고객이 정상적으로 대출금을 상환할 확률은 얼마인가?
2) 신용평점이 60점 미만인 사건과 정상적으로 대출금을 상환하는 사건은 독립사건인가?

풀이

1) 대출고객이 신용평점이 60점 미만인 사건을 A라 하고 정상적으로 대출금을 상환하는 사건을 B라 하자. 신용평점이 60점 미만인 대출고객이 정상적으로 대출금을 상환할 확률은 조건부확률 $P(B \mid A)$이다. $P(A) = 0.3$이고 $P(B) = 0.84$이다. 신용평점이 60점 미만이고 정상적으로 대출금을 상환한 고객은 180명이므로 $P(A \cap B) = 0.18$이다. 따라서

$$P(B \mid A) = \frac{P(A \cap B)}{P(A)} = \frac{0.18}{0.3} = 0.6$$

이다.

2) $P(B) = 0.84$이고 $P(B \mid A) = 0.6$이다. 이는 사건 B의 확률이 사건 A의 발생으로 달라짐을 보여주며 따라서 두 사건은 독립사건이라 할 수 없다.

4.2.5 확률의 곱셈법칙

확률의 곱셈법칙(multiplication rule)은 두 사건이 동시에 발생할 가능성 즉 두 사건 A와 B의 결합확률 $P(A \cap B)$을 계산에 사용되며 다음과 같이 나타낼 수 있다.

확률의 곱셈법칙

$$P(A \cap B) = P(A)P(B \mid A) = P(B)P(A \mid B)$$

사건 A와 B가 독립사건일 경우 A가 주어졌을 때 B의 조건부확률 $P(B \mid A)$는 $P(B)$와 같고 B가 주어졌을 때 A의 조건부확률 $P(A \mid B)$는 $P(A)$와 같다. 따라서 확률의 곱셈법칙은 다음과 같이 나타낼 수 있다.

확률의 곱셈법칙 (독립사건)

$$P(A \cap B) = P(A)P(B)$$

[예제 4.6] 농구선수의 자유투 성공률

KBL에서 활약하고 있는 어떤 프로농구선수의 자유투 1구 성공률은 0.8이고 2구 성공률은 1구가 성공했을 때 0.9, 1구가 실패했을 때 0.6이다. 이 선수가 자유투 1구와 2구 모두 성공할 확률은?

풀이

자유투 1구에서 성공하는 사건을 A라 하고 2구에서 성공하는 사건을 B라 하자. 자유투 1구에서 성공할 확률은 $P(A) = 0.8$이고 1구가 성공했을 때 2구가 성공할 확률은 $P(B \mid A) = 0.9$이므로 1구와 2구 모두 성공할 확률 $P(A \cap B)$은

$$P(A \cap B) = P(B \mid A)P(A) = 0.9 \times 0.8 = 0.72$$

이다.

제3절 확률법칙의 활용

앞 절에서 살펴본 확률의 덧셈법칙과 곱셈법칙을 활용하면 결합확률표, 확률나무, 베이즈법칙 등에 적용되는 전확률법칙을 만들 수 있다. 결합확률표는 두 가지로 구분되는 확률실험에서 사건의 조건부확률을 구하거나 두 사건이 독립사건임을 판단할 때 유용한 도구이다. 확률나무는 여러 단계로 구분되는 확률실험에서 결과를 누락 없이 나열하고 확률을 계산할 때 편리한 도구이다. 베이즈법칙은 결과를 관측한 후 원인의 확률을 구하는데 사용된다.

4.3.1 전확률법칙

어떤 대학의 경영학부 학생은 모두 1,000명이고 남학생은 600명이며 4학년은 200명이라고 하자. 그리고 4학년인 남학생은 100명이라 하자. 임의로 선택한 4학년 학생은 남학생일 수도 있고 여학생일 수도 있다. 이처럼 어떤 사건 B (4학년)는 다른 사건 A (남학생)와 함께 발생할 수도 있고 A^C (여학생)와 함께 발생할 수도 있다. <그림 4.6>은 이를 벤다이어그램으로 나타낸 것이다.

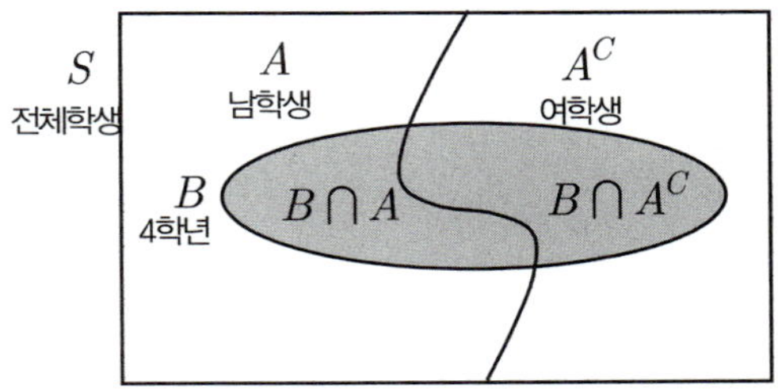

<그림 4.6> 전확률법칙

<그림 4.6>에서 사건 B는 상호배반인 $B \cap A$와 $B \cap A^C$의 합사건이며 여기에확률의 덧셈법칙과 곱셈법칙을 활용하여 다음과 같은 전확률법칙(rule of total probability)을 만들 수 있다.

전확률법칙

$$P(B) = P(B \cap A) + P(B \cap A^C)$$
$$= P(A)P(B \mid A) + P(A^C)P(B \mid A^C)$$

사건 A_1, A_2, ⋯ , A_n 이 표본공간을 완전하게 나타내는 상호배반사건이고 표본공간 $\boldsymbol{S}=\boldsymbol{A}_1\cup\cdots\cup\boldsymbol{A}_n$일 때 사건 A_1, A_2, ⋯ , A_n 을 **S**의 분할이라고 한다. 전확률법칙은 다음과 같이 나타낼 수 있다. <그림 4.7>은 식 (4.9)의 전확률법칙을 벤다이어그램으로 나타낸 것이다.

전확률법칙

$$
\begin{aligned}
P(B) &= P(B\cap A_1)+\cdots+P(B\cap A_n) \\
&= P(A_1)P(B\mid A_1)+\cdots+P(A_n)(B\mid A_n)
\end{aligned}
$$

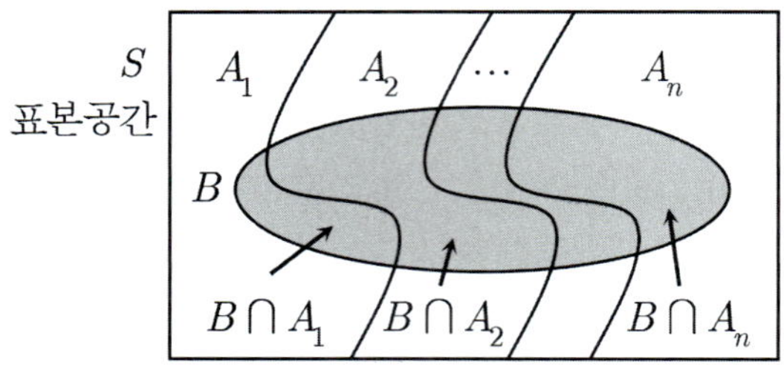

<그림 4.7> 전확률법칙

[예제 4.7] 핵심부품 불량률

어떤 제조업체의 핵심부품 중 35%는 제1공장에서 생산되고, 40%는 제2공장에서 생산되며 나머지 25%는 제3공장에서 생산되고 있다. 핵심부품공장의 불량률은 각각 2%, 3%, 1%로 알려져 있다. 이 회사 제품 중 하나를 임의로 추출하였을 때 이 제품의 핵심부품이 불량일 확률을 구하시오.

풀이

주어진 정보로부터 P(불량|제1공장) = 0.02, P(불량|제2공장) = 0.03, P(불량|제3공장) = 0.01이고, P(제1공장) = 0.35, P(제2공장) = 0.40, P(제3공장) = 0.25이다. 전확률법칙을 적용하면 임의로 추출한 제품의 핵심부품이 불량일 확률은

$$
\begin{aligned}
P(\text{불량}) &= P(\text{제1공장})P(\text{불량}|\text{제1공장}) + P(\text{제2공장})P(\text{불량}|\text{제2공장}) \\
&\quad + P(\text{제3공장})P(\text{불량}|\text{제3공장}) \\
&= 0.35\times0.02+0.40\times0.03+0.25\times0.01 \\
&= 0.0215
\end{aligned}
$$

이다.

4.3.2 결합확률표

우리는 종종 관측한 자료를 두 범주변수의 도수분포를 하나의 표에 나타낸 교차표(cross-tabulation)로 요약하고 이를 활용하여 여러 가지 확률을 계산할 수 있다. 어떤 대학의 경영학부 학생이 모두 1,000명, 남학생은 600명, 4학년은 200명, 그리고 4학년인 남학생이 100명일 때 이를 요약한 교차표는 다음의 [표 4.1]과 같이 나타낼 수 있다.

[표 4.1] 교차표

행변수	열변수(학년구분)		
(성별)	B_1(4학년)	B_2(3학년이하)	합계
A_1(남자)	100	500	600
A_2(여자)	100	300	400
합계	200	800	1,000

교차표의 행범주(A_1, A_2)는 첫 번째 확률실험(학생의 성별을 관찰하는 실험)의 결과를 완전하게 나타낸 상호배반사건으로 볼 수 있으며 열범주(B_1, B_2)는 두 번째 확률실험(학생의 학년구분을 관찰하는 실험)의 결과를 완전하게 나타낸 상호배반사건으로 볼 수 있다. 교차표에서 계산된 각 셀의 전체상대도수(= 셀도수 ÷ 셀도수의 전체합계)는 행사건(행범주)과 열사건(열범주)의 결합확률이다. 결합확률만 별도로 나타낸 표를 결합확률표(joint probability table)라 한다. [표 4.2]는 [표 4.1]의 교차표로부터 계산된 결합확률표이다.

[표 4.2] 결합확률표

행변수	열변수	(학년구분)	
(성별)	B_1(4학년)	B_2(3학년이하)	합계
A_1(남자)	$P(A_1 \cap B_1) = 0.1$	$P(A_1 \cap B_2) = 0.5$	$P(A_1) = 0.6$
A_2(여자)	$P(A_2 \cap B_1) = 0.1$	$P(A_2 \cap B_2) = 0.3$	$P(A_2) = 0.4$
합계	$P(B_1) = 0.2$	$P(B_2) = 0.8$	1.0

[표 4.2]의 결합확률표에서 첫 번째 열사건 B_1의 확률 $P(B_1)$은 식 (4.9)의 전확률법칙을 적용하여

$$P(B_1) = P(A_1 \cap B_1) + P(A_2 \cap B_1) = 0.1 + 0.1 = 0.2$$

으로 구할 수 있다. 다른 열사건 및 행사건의 확률도 전확률법칙을 적용하여 다음과 같이 구할 수 있다.

$$P(B_2) = P(A_1 \cap B_2) + P(A_2 \cap B_2) = 0.5 + 0.3 = 0.8$$

$$P(A_1) = P(A_1 \cap B_1) + P(A_1 \cap B_2) = 0.1 + 0.5 = 0.6$$

$$P(A_2) = P(A_2 \cap B_1) + P(A_2 \cap B_2) = 0.1 + 0.3 = 0.4$$

이렇게 구한 열사건과 행사건의 확률은 결합확률표의 아래쪽과 오른쪽 끝에 나타내고 주변확률(marginal probability)이라 부른다. 주변확률은 [표 4.1]의 교차표에서 셀도수의 열합계 또는 행합계를 전체합계로 나누어 구할 수 있다. 예를 들어 첫 번째 열사건 B_1의 확률 $P(B_1)$은 열합계 200을 전체합계 1,000으로 나눈 값과 같다.

[예제 4.8] 성별과 승진

LK그룹의 인사담당 S부장은 최근 5년간 입사 4년차 직원의 성별과 대리승진여부를 조사하여 다음과 같은 교차표를 작성하였다.

성별	대리승진 여부		합계
	승진	탈락	
여성	209	256	465
남성	1101	934	2035
합계	1310	1190	2500

이 교차표를 활용하여 다음 물음에 답하시오.

(1) 주변확률을 함께 나타낸 결합확률표를 작성하시오.

(2) 입사 4년차 여성 직원이 대리로 승진할 확률을 구하시오.

(3) 입사 4년차 직원이 여성인 사건과 승진하는 사건이 독립인지 판단하시오.

풀이

(1)

성별	대리승진	여부	합계
	승진	탈락	
여성	0.0836	0.1024	0.186
남성	0.4404	0.3736	0.814
합계	0.524	0.476	1.000

(2) 결합확률표로부터 입사 4년차 직원이 여성이고 승진할 확률은 P(여성∩승진) = 0.0836이고 입사 4년차 직원이 여성일 확률은 P(여성) = 0.186이므로 입사 4년차 여성 직원이 대리로 승

진할 확률은 P(승진|여성) = P(여성∩승진) / P(여성) = 0.0836 / 0.186 = 0.4495이다.

(3) 결합확률표로부터 P(여성) = 0.186이고 P(여성|승진) = P(여성∩승진) / P(승진) = 0.0836 / 0.524 = 0.1595이다. 따라서 A와 B는 종속사건이다.

4.3.3 확률나무

확률나무는 여러 단계로 구분되는 확률실험 즉 복합실험에서 결과를 누락 없이 나열하고 확률을 계산할 때 유용하게 사용할 수 있는 도구이다. 확률나무(probability tree)는 사건을 나타내는 직선으로 표현된 가지에 사건의 확률을 표시해 놓은 나무모양의 그림이다. 어떤 프로농구선수의 자유투 1구 성공률은 0.8이고 2구 성공률은 1구가 성공했을 때 0.9, 1구가 실패했을 때 0.6이라고 하자. <그림 4.8>은 이 선수의 자유투 던지기를 확률나무로 나타낸 것이다.

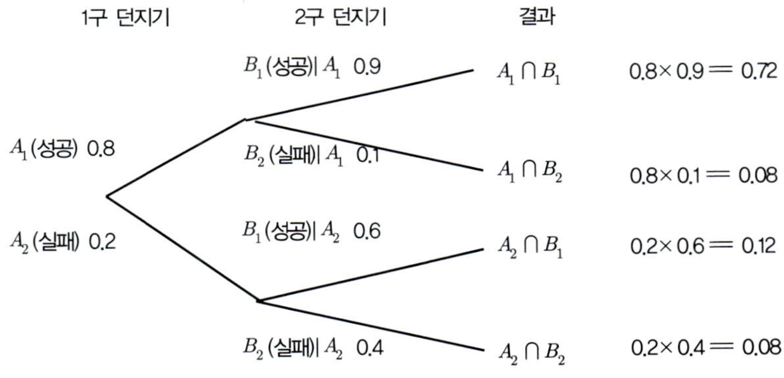

<그림 4.8> 자유투 던지기의 확률나무

확률나무의 1단계 가지는 첫 번째 확률실험(1구 던지기)의 결과(A_1(성공), A_2(실패))를 나타내며 각 가지에는 결과의 확률을 적는다. 2단계 가지는 두 번째 확률실험(2구 던지기)의 결과(B_1(성공), B_2(실패))를 나타내며 각 가지에는 첫 번째 확률실험 결과를 조건으로 갖는 두 번째 확률실험 결과의 조건부확률을 적는다. 마지막 단계 가지의 끝은 복합실험(1구와 2구 던지기)의 결과를 나타내며 그 확률(1구 결과와 2구 결과의 결합확률)은 연결된 가지의 확률을 곱하여 구한다. 확률나무는 복합실험의 모든 가능한 결과를 누락 없이 모두 나열하며 따라서 확률나무에서 계산된 모든 결합확률의 합은 1이 된다.

확률나무의 한 점에서 시작된 가지들은 그 점에서 발생할 수 있는 결과들을 완전하게 나타내는 상호배반사건들이다. 따라서 2구 던지기에서 성공하는 사건 B_1과 실패하는 사건 B_2의 확률 $P(B_1)$과 $P(B_2)$는 식 (4.9)의 전확률법칙을 적용하여

$$P(B_1) = P(A_1 \cap B_1) + P(A_2 \cap B_1) = 0.72 + 0.12 = 0.84$$
$$P(B_2) = P(A_1 \cap B_2) + P(A_2 \cap B_2) = 0.08 + 0.08 = 0.16$$

으로 구할 수 있다.

4.3.4 베이즈법칙

우리나라의 HB바이러스(B형간염바이러스) 감염율은 6%로 알려져 있다. 아직 완벽하지 않은 어떤 새로운 진단방법이 감염자를 감염으로 정확히 진단하는 비율은 90%이고 비감염자를 감염으로 잘못 진단하는 비율은 15%라고 하자. 이 방법에 의해 감염으로 진단된 사람이 실제 감염자일 확률은 베이즈법칙으로 구할 수 있다.

베이즈법칙(Bayes' law)은 어떤 사건 A(어떤 사람이 감염자인 사건)와 A^C(어떤 사람이 감염자가 아닌 사건)의 확률 $P(A) = 0.06$, $P(A^C) = 0.94$, 그리고 다른 사건 B(감염으로 진단되는 사건)의 조건부확률 $P(B \mid A) = 0.9$(감염자가 감염으로 진단되는 사건의 확률)와 $P(B \mid A^C) = 0.15$(비감염자가 감염으로 진단되는 사건의 확률)를 알고 있을 때 조건부확률 $P(A \mid B)$(감염으로 진단된 사람이 감염자일 사건의 확률)를 구하는 방법이며 다음의 공식으로 나타낼 수 있다.

베이즈법칙

$$P(A \mid B) = \frac{P(A)P(B \mid A)}{P(A)P(B \mid A) + P(A^C)P(B \mid A^C)}$$

$P(A)$와 $P(A^C)$는 새로운 진단방법의 적용 이전에 결정되기 때문에 사전확률(prior probability)이라 부른다. 사전확률과 함께 추가정보로서 주어지는 조건부확률 $P(B \mid A)$와 $P(B \mid A^C)$는 우도확률(likelihood probability)이라 한다. 그리

고 베이즈법칙을 적용하여 구하고자 하는 조건부확률 $P(A \mid B)$는 새로운 진단방법의 적용 이후에 결정되기 때문에 사후확률(posterior probability)이라 한다.

앞의 HB바이러스문제에서 새로운 진단방법에 의해 감염으로 진단된 사람이 실제 감염자일 확률 $P(A \mid B)$는

$$P(A \mid B) = \frac{P(A)P(B \mid A)}{P(A)P(B \mid A) + P(A^C)P(B \mid A^C)}$$

$$= \frac{0.06 \times 0.9}{0.06 \times 0.9 + 0.94 \times 0.15} = 0.2769$$

이다.

사전확률이 알려져 있는 사건이 n개의 완전하며 상호배반인 사건 $A_1, A_2, \cdots, A_n$일 경우 베이즈법칙은 다음과 같이 나타낼 수 있다.

베이즈법칙

$$P(A_i \mid B) = \frac{P(A_i)P(B \mid A_i)}{P(A_1)P(B \mid A_1) + \cdots + P(A_n)P(B \mid A_n)}$$

[예제 4.9] 핵심부품 불량률

어떤 제조업체의 핵심부품 중 35%는 제1공장에서 생산되고, 40%는 제2공장에서 생산되며 나머지 25%는 제3공장에서 생산되고 있다. 핵심부품공장의 불량률은 각각 2%, 3%, 1%로 알려져 있다. 임의로 추출한 이 회사 제품의 핵심부품이 불량일 때 이 부품이 제1공장에서 생산된 것일 확률을 구하시오.

풀이

임의로 추출한 제품의 핵심부품이 제1공장에서 생산되는 사건을 A_1, 제2공장에서 생산되는 사건을 A_2, 제3공장에서 생산되는 사건을 A_3이라 하자. 그리고 임의로 추출한 제품의 핵심부품이 불량인 사건을 B라 하자. 임의로 추출한 제품의 핵심부품이 불량일 때 이 부품이 제1공장에서 생산된 것일 확률은 $P(A_1 \mid B)$으로 나타낼 수 있다. 주어진 정보로부터 사전확률은

$$P(A_1) = 0.35, \quad P(A_2) = 0.40, \quad P(A_3) = 0.25$$

이고 우도확률은

$$P(B \mid A_1) = 0.02, \quad P(B \mid A_2) = 0.03, \quad P(B \mid A_3) = 0.01$$

임을 알 수 있다. 사전확률과 우도확률을 식 (4.11)의 베이즈법칙의 공식에 대입하면 사후확률

$P(A_1 \mid B)$는

$$P(A_1 \mid B) = \frac{P(A_1)P(B \mid A_1)}{P(A_1)P(B \mid A_1) + P(A_2)P(B \mid A_2) + P(A_3)P(B \mid A_3)}$$

$$= \frac{0.35 \times 0.02}{0.35 \times 0.02 + 0.40 \times 0.03 + 0.25 \times 0.01} = 0.3256$$

이 된다.

연|습|문|제

4.1 상자에 3, 4, 5, 6, 7, 8의 번호가 적혀있는 6개의 공이 들어있다. 이 상자에서 한 개의 공을 선택하는 확률실험에 대해 다음 물음에 답하시오.

(1) 표본공간을 구하시오.

(2) 홀수가 적혀 있는 공을 선택하는 사건 A와 확률 $P(A)$를 구하시오.

(3) 짝수가 적혀 있는 공을 선택하는 사건 B와 확률 $P(B)$를 구하시오.

(4) 5보다 작은 수가 적혀 있는 공을 선택하는 사건 C와 확률 $P(C)$를 구하시오.

(5) 위의 확률을 구하는데 사용한 확률부여방법은?

4.2 3명의 시장후보 A, B, C에 대한 선호도를 100명의 유권자로부터 조사한 결과는 다음과 같다.

후보	지지자수
A	27
B	42
C	31

(1) 시장이 선출되는 과정을 확률실험으로 볼 때의 표본공간을 구하시오.

(2) 위의 선호도 조사결과를 근거로 A후보가 선출될 확률을 구하시오.

(3) 위의 선호도 조사결과를 근거로 B후보가 선출될 확률을 구하시오.

(4) 위의 확률을 구하는데 사용된 확률부여방법은?

4.3 어떤 제조업체에서 품질관리를 담당하고 있는 K과장이 매일 발생하는 불량품수에 관한 기록을 기초로 불량품수별 조업일수를 요약한 도수분포표이다.

불량품수	조업일수
4	70
5	54
6	36
7	26
8	14

내일 발생되는 불량품수의 관찰을 확률실험으로 보고 물음에 답하시오.

(1) 표본공간을 나타내시오.

(2) 불량품이 4개 발생하는 사건 A와 확률 $P(A)$를 구하시오.

(3) 불량품이 5개 이하로 발생하는 사건 B와 확률 $P(B)$를 구하시오.

(4) 위의 확률을 구하는데 사용된 확률부여방법은?

4.4 다음과 같은 결합확률표로부터 물음에 답하시오.

행변수	열변수	
	B_1	B_2
A_1	0.23	0.36
A_2	0.11	0.30

(1) $P(A_1)$와 $P(B_1)$를 구하시오.

(2) $P(A_1 \mid B_1)$를 구하시오.

(3) $P(B_1 \mid A_1)$를 구하시오.

(4) A_1과 B_1은 독립인가?

(5) $P(A_1 \cup B_1)$을 구하시오.

4.5 다음 물음에 답하시오.

행변수	열변수		합계
	B_1	B_2	
A_1	0.12		
A_2		0.66	
합계	0.21		1.0

(1) 결합확률표의 빈셀을 채우시오.

(2) $P(A_1 \mid B_1)$를 구하시오.

(3) $P(B_1 \mid A_1)$를 구하시오.

(4) A_1과 B_1은 독립인가?

4.6 태경화학은 X사와 Y사로부터 공급받은 원료를 사용하여 제품을 생산하고 있다. 제품의 품질은 원료의 품질에 의해 결정되고 제품의 특성 때문에 원료의 품질을 사전에 검사할 수 없다. 현재 원료는 불량률이 10%인 X사가 60%를 공급하고 있고 불량률이 15%인 Y사가 40%를 공급하고 있다.

(1) 확률실험을 나타내는 확률나무를 작성하시오.

(2) 결합확률표를 작성하시오.

(3) 어떤 제품의 불량이 X사의 원료로 인해 발생할 확률을 구하시오.

(4) 어떤 제품의 불량이 Y사의 원료로 인해 발생할 확률을 구하시오.

4.7 연습문제 4.6의 상황에 베이즈법칙을 적용하고자 한다. 물음에 답하시오.

(1) 필요한 사건을 정의하시오.

(2) 사전확률을 제시하시오.

(3) 우도확률을 제시하시오.

(4) 어떤 제품의 불량이 X사의 원료로 인해 발생할 확률을 구하시오.

05 이산확률분포

확률실험의 결과는 동전던지기의 앞면(H)과 뒷면(F)처럼 정성적일 수도 있고 외환시장에서의 원달러환율 1100원, 1200원처럼 정량적일 수도 있다. 앞 장에서 설명한 확률부여방법과 확률법칙은 확률실험의 결과가 정성적이건 정량적이건 관계없이 사건의 확률을 계산하는데 사용된다.

제1장에서 설명한 것처럼 정량자료(quantitative data)는 정성자료보다 많은 정보를 포함하고 있으며 더 다양한 연산을 적용하여 분석할 수 있다. 본 장에서 소개하는 확률변수는 확률실험의 결과를 정량자료로 나타낼 수 있도록 해준다. 정량자료는 이산자료와 연속자료로 구분할 수 있다. 같은 방식으로 확률변수는 이산확률변수와 연속확률변수로 구분할 수 있다.

정량자료로 나타낸 확률실험의 결과에서 확률분포는 통계적 추론에 필요한 사건의 확률을 계산하는데 중요한 역할을 한다. 본 장에서는 이산확률변수의 확률분포를 살펴보고 연속확률변수의 확률분포에 대해서는 다음 장에서 논의한다.

제1절 확률변수와 확률분포

5.1.1 확률변수

확률실험의 결과는 숫자로 나타나는 경우도 있고 그렇지 않은 경우도 있다. 외환시장에서 원달러환율은 1100, 1200, 1300처럼 숫자로 결정된다. 한편 동전을 던지면 앞면과 뒷면이 결과로 나타난다. 동전던지기의 결과를 앞면의 수로 볼 수도 있다. 이 경우 동전던지기의 결과는 1과 0이 된다. 동전을 던져 앞면이 나오면 100원을 얻고 뒷면이 나오면 100원을 잃는 규칙을 정할 수도 있다. 이 경우 동전던지기의 결과는 100과 -100이 된다.

> **확률변수**
>
> 확률실험의 결과에 실숫값을 대응시키는 함수를 확률변수(random variable)라 하며 보통 $X, Y, \cdots$등으로 표시한다.

원달러환율은 외환시장의 환율결정과정이라는 확률실험의 결과를 숫자로 나타내는확률변수이다. 앞면의 수 그리고 앞면이면 100원을 얻고 뒷면이면 100원을 잃는 규칙 등은 동전던지기라는 확률실험의 결과를 숫자로 나타내는 확률변수이다. [표 5.1]은 확률실험, 결과, 확률변수 등의 예를 구분하여 나타낸 것이다.

[표 5.1] 확률변수의 예

<table>
<tr><th>확률실험</th><th>결과</th><th>확률변수</th><th>확률변수의 값</th></tr>
<tr><td>외환시장
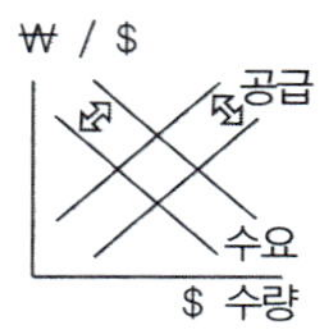
</td><td>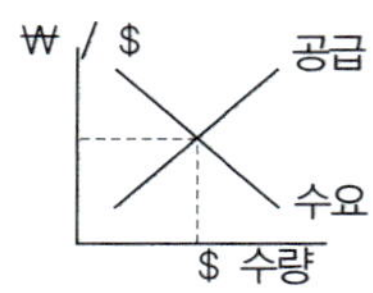
</td><td>원달러환율</td><td>1100, 1200, …</td></tr>
<tr><td rowspan="2">동전던지기
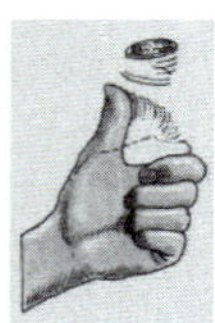</td><td rowspan="2">앞면
뒷면</td><td>앞면의 수</td><td>0, 1</td></tr>
<tr><td>앞면이면
100원 얻고
뒷면이면 100원 잃는 칙</td><td>100, −100</td></tr>
</table>

5.1.2 이산확률변수와 연속확률변수

확률변수는 취하는 값의 특성에 따라 이산확률변수와 연속확률변수로 구분할 수 있다. 이산확률변수(discrete random variable)는 정수(integer number)처럼 숫자 사이에 간격이 있어 셀 수 있는 수를 값으로 갖는 확률변수이다. 예를 들어 동전 3번 던지기에서 앞면의 수는 0, 1, 2, 3 등의 정수를 값으로 갖는 이산확률변수이다. 여행회수, 가족구성원수, KTX일일탑승객수 등도 이산확률변수의 예로 들 수 있다.

연속확률변수(continuous random variable)는 실수(real number)처럼 숫자 사이에 간격이 없어 셀 수 없는 수를 값으로 갖는 확률변수이다. 숫자 사이에 간격이 없다는 것은 어떤 숫자와 그 숫자에 매우 가까운 다른 숫자 사이에 항상 또 다른 숫자가 존재함을 의미한다. 예를 들어 몸무게가 60kg인 사람도 있고 61kg인 사람도 있다. 매우 정밀한 체중계를 사용할 경우 사람의 몸무게는 60과 61 사이에 있는 60.5일 수도 있고, 60과 60.5 사이에 있는 60.25일 수도 있다. 60과 60.25 사이에도 60.125, 60.0625, 60.03125, … 등 무한개의 실수가 존재한다. 사람 몸무게는 숫자 사이에 간격이 없는 무한개의 실수 중 하나가 될 수 있는 연속확률변수이다. 길이, 넓이, 속도, 시간 등도 연속확률변수의 예로 들 수 있다.

이산확률변수와 연속확률변수는 변수값의 특성이 매우 달라 확률을 나타내는 방식도 다르다. 숫자 사이에 간격이 있는 수를 값으로 갖는 이산확률변수의 경우는 확률변수 X가 어떤 특정한 숫자 x를 값으로 갖는 사건의 확률을 $P(X=x)$ 또는 간단히 $P(x)$로 나타내고 이를 사용하여 여러 가지 다른 확률을 계산한다. 한편 숫자 사이에 간격이 없는 수를 값으로 갖는 연속확률변수의 경우는 확률변수 X가 가진 값이 어떤 특정한 구간(숫자 a와 b의 사이)에 속하는 사건의 확률을 $P(a \le X \le b)$로 나타내고 이를 사용하여 여러 가지 다른 확률을 계산한다.

이산확률변수와 연속확률변수의 확률을 나타내는 방식의 특징과 차이점은 그림으로 좀 더 분명하게 살펴볼 수 있다. 숫자 사이에 간격이 있는 수를 값으로 갖는 이산확률변수는 확률변수가 가질 수 있는 모든 값 $x_1, x_2, \cdots, x_n$과 그 값의 확률 $P(x_1), P(x_2), \cdots, P(x_n)$을 <그림 5.1>(a)와 같은 선도표로 나타낼 수 있다. 반면 숫자 사이에 간격이 없는 수를 값으로 갖는 연속확률변수는 확률변수가 값을 가질 수 있는 전체 구간(숫자 l과 u의 사이)과 확률변수가 가진 값이 어떤 특정 구간(숫자 a와 b의 사이)에 속할 확률 $P(a \le X \le b)$를 <그림 5.1>(b)와 같이 나타낼 수 있다.

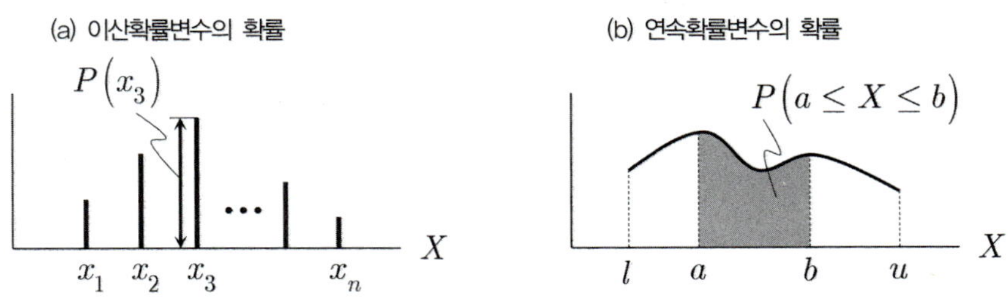

<그림 5.1> 이산 · 연속확률변수의 확률 표현방법

이산확률변수는 수직방향 직선의 길이로 확률을 나타내는 반면 연속확률변수는 곡선과 수평축 사이의 면적으로 확률을 나타낸다. <그림 5.1>(a)에서 이산확률변수 X가 변수값으로 x_3을 가질 확률 $P(x_3)$은 x_3의 위치에서 수직방향으로 그린 직선의 길이로 나타낸다. <그림 5.1>(b)에서 연속확률변수 X가 가진 변수값이 a와 b 사이에 속할 확률 $P(a \le X \le b)$은 수평축과 곡선 사이의 영역 중에서 a와 b 사이에 속하는 부분의 면적으로 나타낸다.

<그림 5.1>에서 살펴본 바와 같이 연속확률변수에서 확률을 나타내는 방식은 이산확률변수에서 확률을 나타내는 방식과 아주 다르다. 본 장에서는 이산확률변수의 확률을 나타내는 방법에 대해서 살펴본다. 연속확률변수의 확률을 나타내는 방법은 다음 장에서 논의한다.

5.1.3 이산확률분포

이산확률분포(discrete probability distribution)는 이산확률변수가 가질 수 있는 모든 값과 그 값의 확률을 나타낸 표, 공식, 그래프 등을 말한다. 이산확률변수 X가 가질 수 있는 값을 $x_1, x_2, \cdots, x_n$이라 할 때 X의 이산확률분포는 아래의 [표 5.2]처럼 나타내거나 또는 <그림 5.1>(a)과 같은 그래프로 나타낼 수 있다.

[표 5.2] 표로 나타낸 이산확률분포

x	$P(x)$
x_1	$P(x_1)$
x_2	$P(x_2)$
$\vdots$	$\vdots$
x_n	$P(x_n)$
합계	1.0

확률은 사건의 발생 가능성을 나타내는 0과 1사이의 숫자이다. 그리고 확률변수가 가질 수 있는 모든 값은 확률실험의 표본공간이므로 모든 값의 확률을 합하면 1이 되어야 한다.

이산확률분포의 조건

이산확률변수 X가 가질 수 있는 값을 $x_1, x_2, \cdots, x_n$이라 할 때,

(1) 모든 x_i에 대해서 $0 \le P(x_i) \le 1$이고,

(2) $P(x_1) + P(x_2) + \cdots + P(x_n) = \sum_{i=1}^{n} P(x_i) = 1$이다.

이산확률분포는 표 또는 그래프 이외에 공식으로 나타낼 수 있는 경우도 있다. 예를 들어 주사위던지기에서 윗면에 나타난 점의 수 X는 1, 2, 3, 4, 5, 6 중의 하나를 값으로 가지며 그럴 확률은 1/6이다. 즉 X가 값으로 x를 가질 확률 $P(x)$는

$$f(x) = \frac{1}{6}, \text{ 여기서 } x = 1,\ 2,\ \cdots,\ 6$$

와 같은 공식으로 나타낼 수 있다. 식 (5.1)처럼 확률변수 X가 값으로 x를 가질 확률 $P(x)$을 나타내 주며 이산확률분포의 조건을 만족하는 공식 $f(x)$를 확률함수(probability function) 또는 확률질량함수(probability mass function)라고 한다. 이산확률분포는 확률실험의 결과를 관측해서 상대도수방법으로 구하거나 또는 확률실험을 수행하지 않고 고전적 방법을 적용하여 이론적으로 구할 수도 있다. 고전적 방법으로 확률분포를 구할 때 앞 장에서 소개한 확률나무를 사용하여 가능한 모든 결과를 누락 없이 나열 할 수 있다.

[예제 5.1] 당구게임 승리회수의 확률분포

어떤 사람이 친구와 당구를 세 게임 하기로 하였다. 과거의 승리확률은 40%이다. 전 게임의 결과가 후 게임의 결과에 영향을 주지 않는다고 가정하고 이 사람이 세 게임에서 승리하는 회수의 확률분포를 구하시오.

풀이

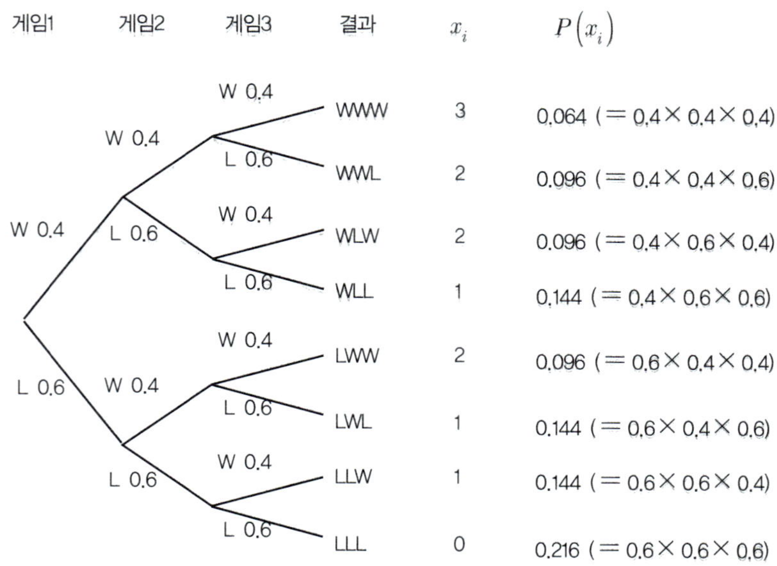

<그림 5.2> 당구게임의 확률나무

승리하는 사건을 W, 패하는 사건을 L로 나타내면 당구 세 게임의 확률나무는 〈그림 5.2〉와 같이 작성할 수 있다. 확률나무로부터 발생할 수 있는 사건은 모두 8개임을 알 수 있다. 3게임 모두 승리할 확률은 $P(3) = 0.064$ 이다. 그리고 3게임에서 모두 패할 확률은 $P(0) = 0.216$ 이다. 2게임에서 승리할 확률은 덧셈법칙을 사용하여 WWL, WLW, LWW의 3가지 결과의 확률을 더하여 $P(2) = 0.096 + 0.096 + 0.096 = 0.288$ 이고, 1게임에서 승리할 확률도 마찬가지로 덧셈법칙을 사용하여 WLL, LWL, LLW의 3가지 결과의 확률을 더하여 $P(1) = 0.144 + 0.144 + 0.144 = 0.432$ 이 된다. 이로부터 당구 세 게임에서 승리하는 회수 X 의 확률분포는 다음과 같은 표로 나타낼 수 있다.

x_i	$P(x_i)$
0	0.216
1	0.432
2	0.288
3	0.064
합계	1.000

[예제 5.2] **TV판매량의 확률분포**

매직전자 인천지역 대리점 L사장은 과거 100일간 35인치 LED TV의 1일판매량 자료를 다음 표로 요약하였다. 이 자료로부터 1일판매량의 확률분포를 구하시오.

일일판매량	일수
4	10
5	20
6	30
7	20
8	20
합계	100

풀이

수집한 자료에 상대도수방법을 적용하여 회수의 상대도수를 확률로 사용할 수 있다. 100일간을 조사한 결과 4대를 판매한 날이 10일이므로 어느 날 4대를 판매할 확률은 10/100=0.1이 된다. 마찬가지로 5대, 6대, 7대, 8대를 판매할 확률은 각각 0.2, 0.3, 0.2, 0.2가 된다. 일일판매량 X 의 확률분포는 다음 표로 나타낼 수 있다.

x_i	$P(x_i)$
4	0.1
5	0.2
6	0.3
7	0.2
8	0.2
합계	1.0

5.1.4 이산확률분포의 특성

우리는 제3장에서 정량자료의 중심위치와 변동성을 평균과 분산으로 요약할 수 있음을 살펴보았다. 이와 유사하게 확률분포의 중심위치와 변동성도 평균과 분산으로 요약할 수 있다. 정량자료의 평균은 모집단의 평균과 표본의 평균을 각각 μ 와 $\bar{X}$ 로 구분하여 나타낸다. 분산의 경우도 모집단의 분산과 표본의 분산을 각각 σ^2 와 S^2 로 구분하여 나타낸다. 일반적으로 확률분포는 모집단을 나타내는데 사용되며 이 때문에 확률분포의 평균과 분산은 각각 μ 와 σ^2 으로 나타낸다.

이산확률변수가 가질 수 있는 모든 값에 대하여 개별 값과 그 값의 확률을 곱하고 이를 모두 더한 결과를 이산확률분포의 평균(mean)이라 하고 μ로 나타낸다. 이산확률분포의 평균은 발생할 것으로 기대할 수 있는 가능성의 정도인 확률을 가중치로 사용하여 구한 가중합계라는 점을 나타내어 기대값(expected value)으로 부르고 $E(X)$으로 표기하기도 한다.

이산확률분포의 평균(기대값)

$$E(X) = \mu = \sum_{i=1}^{n} x_i P(x_i)$$

이산확률변수가 가질 수 있는 모든 값에 대하여 개별 값의 평균중심편차제곱에 확률을 곱하고 이를 모두 더한 결과를 이산확률분포의 분산(variance) 또는 X의 분산이라 하고 σ^2 또는 $Var(X)$로 나타낸다.

이산확률분포의 분산

$$Var(X) = \sigma^2 = \sum_{i=1}^{n} (x_i - \mu)^2 P(x_i)$$

이산확률분포의 분산은 다음과 같은 간편공식으로 나타낼 수도 있다.

이산확률분포의 분산 (간편공식)

$$Var(X) = \sigma^2 = \sum_{i=1}^{n} x_i^2 P(x_i) - \mu^2$$

분산의 양의 제곱근 $\sigma = \sqrt{\sigma^2}$ 은 분포의 표준편차(standard deviation) 또는 X의 표준편차라고 한다.

[예제 5.3] TV판매량의 확률분포의 평균과 분산

예제 5.2의 TV 1일판매량의 평균과 분산을 구하시오.

풀이

1일판매량의 평균 μ과 분산 σ^2을 구하는데 필요한 계산과정은 다음 표와 같이 나타낼 수 있다.

x_i	$P(x_i)$	$x_iP(x_i)$	$x_i^2P(x_i)$
4	0.1	−2.2	1.6
5	0.2	−1.2	5.0
6	0.3	−0.2	10.8
7	0.2	0.8	9.8
8	0.2	1.8	12.8
합계	1.00	$\mu = 6.2$	40.0

분산 σ^2은

$$\sigma^2 = \sum_{i=1}^{n} x_i^2 P(x_i) - \mu^2 = 40.0 - 6.2^2 = 1.56$$

이다.

이산확률분포의 기대값 공식은 다음과 같은 법칙을 만족한다.

기대값의 법칙

(1) 상수 a의 기대값은 a와 같다. $E(a) = a$

(2) 확률변수 X에 상수 a를 더한 $X + a$의 기대값은 X의 기대값에 a를 더한 것과 같다.

$$E(X+a) = E(X) + a$$

(3) 확률변수 X에 상수 a를 곱한 aX의 기대값은 X의 기대값에 a를 곱한 것과 같다.

$$E(aX) = aE(X)$$

이산확률분포의 분산 공식은 다음과 같은 법칙을 만족한다.

분산의 법칙

(1) 상수 a의 분산 0이다. $Var(a) = 0$

(2) 확률변수 X에 상수 a를 더한 $X + a$의 분산은 X의 분산과 같다.

$$Var(X+a) = Var(X)$$

(3) 확률변수 X에 상수 a를 곱한 aX의 분산은 X의 분산에 a^2를 곱한 것과 같다.

$$Var(aX) = a^2Var(X)$$

기대값의 법칙과 분산의 법칙을 활용하면 어떤 확률변수에 다른 수를 더하거나 곱하여 만든 새로운 확률변수의 기대값과 분산을 편리하게 계산할 수 있다. 예를 들어 확률변수 X에 상수 a를 곱하고 상수 b를 더하여 만든 새로운 확률변수를 Y라고 하자. 즉 $Y = aX + b$이라고 하자. 기대값의 법칙을 적용하면 확률변수 Y의 기댓값은

$$\begin{aligned} E(Y) &= E(aX + b) = E(aX) + b \\ &= aE(X) + b \end{aligned}$$

이고 분산은

$$\begin{aligned} Var(Y) &= Var(aX + b) = Var(aX) \\ &= a^2 Var(X) \end{aligned}$$

이다.

[예제 5.4] TV판매 1일 이익의 평균과 표준편차

예제 5.2에서 TV를 1대 판매할 경우 10만원의 이익이 발생하고 판매량과 관계없이 발생하는 고정비용이 1일 50만원이라고 하자. TV판매로부터 얻는 1일이익의 기대값과 표준편차를 구하시오.

풀이

예제 5.3에서 구한 TV 1일판매량 X의 기대값은 $E(X) = 6.2$ (대)이고 분산은 $Var(X) = 1.56$이다. 1일이익 Y는 1일판매량 X에 10만원을 곱하고 여기에 고정비용 50만원 뺀 값이다. 즉 $Y = 10X - 50$ 이다. 따라서 1일이익의 기대값 $E(Y)$는

$$\begin{aligned} E(Y) &= E(10X - 50) = 10E(X) - 50 \\ &= 10 \times 6.2 - 50 = 12 \text{(만원)} \end{aligned}$$

이다. 분산 $Var(Y)$는

$$\begin{aligned} Var(Y) &= Var(10X - 50) = 100Var(X) \\ &= 100 \times 1.56 = 156 \end{aligned}$$

이므로 표준편차는 $\sigma = \sqrt{Var(Y)} = \sqrt{156} = 12.49$ 이다.

제2절 결합확률분포

5.2.1 두 확률변수의 결합확률분포

확률변수 X가 값으로 x를 갖는 사건과 확률변수 Y가 값으로 y를 갖는 사건의 결합확률(joint probability)은 $P(X=x, Y=y)$ 또는 간단히 $P(x,y)$로 나타낸다. 두 확률변수의 결합확률분포(joint probability distribution)는 두 확률변수가 가질 수 있는 모든 값과 모든 결합확률을 나타낸 표, 공식, 그래프 등을 의미한다.

확률변수 X가 값으로 $x_1, x_2, \cdots, x_m$을 가질 수 있고 확률변수 Y가 값으로 $y_1, y_2, \cdots, y_n$을 가질 수 있을 때 X와 Y의 결합확률분포는 [표 5.3]과 같이 나타낼 수 있다. 이 표에서 결합확률의 행합계 $P(x_1), P(x_2), \cdots, P(x_m)$는 X의 확률분포이며, 열합계 $P(y_1), P(y_2), \cdots, P(y_n)$는 Y의 확률분포이다. 이렇게 구한 X와 Y의 확률분포는 결합확률분포와 구별하기 위해 주변확률분포(marginal probability distribution)라고 부른다.

[표 5.3] 표로 나타낸 X와 Y의 결합확률분포

X	Y				행합계
	y_1	y_2	$\cdots$	y_n	
x_1	$P(x_1, y_1)$	$P(x_1, y_2)$	$\cdots$	$P(x_1, y_n)$	$P(x_1)$
x_2	$P(x_2, y_1)$	$P(x_2, y_2)$	$\cdots$	$P(x_2, y_n)$	$P(x_2)$
$\vdots$	$\vdots$	$\vdots$	$\ddots$	$\vdots$	$\vdots$
x_m	$P(x_m, y_1)$	$P(x_m, y_2)$	$\cdots$	$P(x_m, y_n)$	$P(x_m)$
열합계	$P(y_1)$	$P(y_2)$	$\cdots$	$P(y_n)$	1.0

결합확률도 사건의 발생가능성을 0과 1사이의 수로 나타낸 확률이다. 그리고 두 확률변수가 가질 수 있는 값의 모든 결합 (x_i, y_j)은 확률실험의 표본공간이므로 모든 결합확률 $P(x_i, y_j)$을 합하면 1이 되어야 한다.

결합확률분포의 조건

확률변수 X가 가질 수 있는 값을 $x_1, x_2, \cdots, x_m$이라 하고 확률변수 Y가 가질 수 있는 값을 $y_1, y_2, \cdots, y_n$이라 할 때,

(1) 모든 (x_i, y_j)에 대해서 $0 \le P\left(x_i, y_j\right) \le 1$이고,

(2) $P\left(x_1, y_1\right) + P\left(x_1, y_2\right) + \cdots + P\left(x_m, y_n\right) = \sum_{i=1}^{m}\sum_{j=1}^{n} P\left(x_i, y_j\right) = 1$

예제 5.5의 주사위 게임 문제는 확률실험을 수행하지 않고 고전적 방법을 적용하여 이론적으로 결합확률분포를 구할 수 있다. 예제 5.6의 특수차량 판매대수 문제는 확률실험의 결과를 관측한 후 상대도수방법으로 결합확률분포를 구하는 경우이다.

[예제 5.5] 주사위 게임의 결합확률분포

두 사람이 주사위 게임에 참여하였다. 여러 가지 주사위 게임 중에서 첫 번째 사람은 ⚀이 나오면 10만원, ⚁, ⚂, ⚃, ⚄가 나오면 20만원, ⚅이 나오면 30만원을 받는 게임을 선택하였다. 그리고 두 번째 사람은 ⚁, ⚃, ⚅이면 15만원, ⚀, ⚂, ⚄이면 25만원을 받는 게임을 선택하였다. 첫 번째 사람이 받는 금액 X와 두 번째 사람이 받는 금액 Y의 결합확률분포 및 X와 Y의 주변확률분포를 구하시오.

풀이

주사위를 던져 ⚀, ⚁, ⚂, ⚃, ⚄, ⚅이 나올 확률은 각각 1/6이다. 게임의 규칙은 주사위를 던져 ⚀이 나오면 $X = 10$이고 $Y = 25$, ⚁ 또는 ⚃이 나오면 $X = 20$이고 $Y = 15$, ⚂ 또는 ⚄이 나오면 $X = 20$이고 $Y = 25$, ⚅이 나오면 $X = 30$이고 $Y = 15$이다. 이로부터 X와 Y의 결합확률분포와 주변확률분포는 다음 표로 나타낼 수 있다.

X	Y		행합계
	15	25	
10	0	1/6	1/6
20	2/6	2/6	4/6
30	1/6	0	1/6
열합계	3/6	3/6	1.0

[예제 5.6] 특수차량 판매대수의 결합확률분포

SJ중공업의 영업담당 L부장은 과거 판매실적자료를 분석하여 영업부 A팀과 B팀의 1일판매대수를 다음과 같은 교차표로 요약하였다. A팀의 1일판매대수 X와 B팀의 1일판매대수 Y의 결합확률분포 및 X와 Y의 주변확률분포를 구하시오.

A팀	B팀			
1일 판매대수	0	1	2	행합계
0	26	98	12	136
1	57	23	9	89
2	13	9	3	25
열합계	96	130	24	250

풀이

X와 Y의 결합확률분포와 주변확률분포는 다음 표로 나타낼 수 있다.

A팀	B팀			
1일 판매대수	0	1	2	행합계
0	0.104	0.392	0.048	0.544
1	0.228	0.092	0.036	0.356
2	0.052	0.036	0.012	0.100
열합계	0.384	0.520	0.096	1

5.2.2 결합확률분포의 특성

평균과 분산은 이산확률분포의 중심위치와 변동성을 보여주는 중요한 특성이다. 마찬가지로 두 변수 X와 Y의 평균과 분산은 결합확률분포의 중요한 특성이다. 확률변수 X의 평균 μ_X과 분산 σ_X^2은 이산확률분포의 평균과 분산을 구하기 위한 식들을 X의 주변확률분포에 적용하여 구한다. 같은 방식으로 확률변수 Y의 평균 μ_Y과 분산 σ_Y^2은 Y의 주변확률분포에 적용하여 구한다.

각 변수의 중심위치와 변동성을 보여주는 평균, 분산과 함께 두 변수의 관련성을 보여주는 공분산과 상관계수도 결합확률분포의 중요한 특성이다. 두 확률변수 X와 Y가 가질 수 있는 모든 값에 대하여 개별 값의 평균중심편차곱 $(x-\mu_X)(y-\mu_Y)$에 결합확률 $P(x,y)$을 곱한 후 이를 모두 더한 결과를 X와 Y의 공분산(covariance)이라 하고 σ_{XY} 또는 $Cov(X,Y)$로 나타낸다.

X와 Y의 공분산

$$Cov(X,Y)=\sigma_{XY}=\sum_{i=1}^{m}\sum_{j=1}^{n}(x_i-\mu_X)(y_j-\mu_Y)P(x_i,y_j)$$

공분산은 다음과 같은 간편공식으로 나타낼 수도 있다.

X와 Y의 공분산 (간편공식)

$$Cov(X,Y)=\sigma_{XY}=\sum_{i=1}^{m}\sum_{j=1}^{n}x_iy_jP(x_i,y_j)-\mu_X\mu_Y$$

두 확률변수 X와 Y의 공분산을 각 변수의 표준편차의 곱으로 나눈 값을 X와 Y의 상관계수correlation coefficient)라 하고 ρ 또는 $Corr(X,Y)$로 나타낸다.

X와 Y의 상관계수

$$Corr(X,Y)=\rho=\frac{Cov(X,Y)}{\sigma_X\sigma_Y}$$

[예제 5.7] 특수차량 판매대수의 공분산과 상관계수

예제 5.6에서 X(A팀의 1일판매대수)와 Y(B팀의 1일판매대수)의 공분산과 상관계수를 구하시오.

풀이

X와 Y의 공분산과 상관계수를 구하려면 각 변수의 평균과 표준편차를 먼저 구해야한다. 이를 위해 필요한 계산과정은 다음 표로 나타낼 수 있다.

x_i	$P(x_i)$	$x_iP(x_i)$	$x_i^2P(x_i)$	y_j	$P(y_j)$	$y_jP(y_j)$	$y_j^2P(y_j)$
0	0.544	0.000	0.000	0	0.384	0.000	0.000
1	0.356	0.356	0.356	1	0.520	0.520	0.520
2	0.100	0.200	0.400	2	0.096	0.192	0.384
합계	1.000	0.556	0.756	합계	1.000	0.712	0.904

X의 평균 μ_X, 분산 σ_X^2, 표준편차 σ_X, 그리고 Y의 평균 μ_Y, 분산 σ_Y^2, 표준편차 σ_Y는 다음과 같다.

$$\mu_X=\sum x_iP(x_i)=0.556$$

$$\sigma_X^2=\sum x_i^2P(x_i)-\mu_X^2=0.756-0.556^2=0.4469$$

$$\sigma_X=\sqrt{\sigma_X^2}=\sqrt{0.4469}=0.6685$$

$$\mu_Y = \sum y_j P(y_j) = 0.712$$

$$\sigma_Y^2 = \sum y_j^2 P(y_j) - \mu_Y^2 = 0.904 - 0.712^2 = 0.3971$$

$$\sigma_Y = \sqrt{\sigma_Y^2} = \sqrt{0.3971} = 0.6301$$

공분산과 상관계수를 구하기 필요한 계산과정은 다음 표로 나타낼 수 있다.

x_i	y_j	$P(x_i, y_j)$	$x_i y_j P(x_i, y_j)$
0	0	0.104	0.000
0	1	0.392	0.000
0	2	0.048	0.000
1	0	0.228	0.000
1	1	0.092	0.092
1	2	0.036	0.072
2	0	0.052	0.000
2	1	0.036	0.072
2	2	0.012	0.048
합계		1.000	0.284

X와 Y의 공분산 σ_{XY}과 상관계수 ρ는 다음과 같다.

$$\begin{aligned}\sigma_{XY} &= \sum\sum x_i y_j P(x_i, y_j) - \mu_X \mu_Y \\ &= 0.284 - 0.556 \times 0.712 \\ &= -0.1119\end{aligned}$$

$$\rho = \frac{\sigma_{XY}}{\sigma_X \sigma_Y} = \frac{-0.1119}{0.6685 \times 0.6301} = -0.2656$$

5.2.3 두 확률변수의 독립성

확률변수 X가 값으로 x를 갖는 사건($X = x$)과 확률변수 Y가 값으로 y를 갖는 사건($Y = y$)의 결합확률은 $P(X = x, Y = y)$ 또는 간단히 $P(x, y)$로 나타낸다. 두 사건이 독립일 때 확률의 곱셈법칙 식은 두 사건의 결합확률이 각 사건의 확률의 곱과 같다는 것이다. 두 확률변수가 가질 수 있는 모든 (x, y)에 대해서 두 사건 $X = x$와 $Y = y$의 결합확률이 각 사건의 확률의 곱과 같으면 두 변수는 상호독립(mutually independent)이라 한다.

두 확률변수의 독립성

확률변수 X가 가질 수 있는 값을 $x_1, x_2, \cdots, x_m$이라 하고 확률변수 Y가 가질 수 있는 값을 $y_1, y_2, \cdots, y_n$이라 할 때, 모든 (x_i, y_j)에 대해서

$$P\left(x_i, y_j\right) = P\left(x_i\right)P\left(y_j\right)$$

이면 두 확률변수 X와 Y는 상호독립이라 한다.

두 확률변수의 독립성과 공분산

두 확률변수 X와 Y가 상호독립이면 $Cov\left(X, Y\right) = 0$이다.

[예제 5.8] 동전 4번 던지기

동전 4번 던지기에서 첫 번째 및 두 번째 동전에서 나오는 앞면의 수를 X라 하고 세 번째 및 네 번째 동전에서 나오는 앞면의 수를 Y라 하자.

(1) X와 Y의 결합확률분포를 작성하시오.

(2) X와 Y의 독립성을 검토하시오.

(3) X와 Y의 공분산을 구하시오.

풀이

(1) 동전을 던져 나타나는 앞면을 H로 나타내고 뒷면을 T로 나타내면 동전을 4번 던져 나타나는 16가지 결과는 TTTT, TTTH, TTHT, ⋯, HHHH로 나타낼 수 있다. 이들 각 결과의 발생 확률은 모두 1/16로 같다. 16개의 결과는 다음 표처럼 분류할 수 있다.

첫 번째와 두 번째 동전	세 번째와 네 번째 동전			
	T T	TH	HT	HH
T T	T T T T	T T TH	T THT	T THH
TH	THT T	THTH	THHT	HTHH
HT	HT T T	HT TH	HTHT	HTHH
HH	HHT T	HHTH	HHHT	HHHH

위 분류결과로부터 X와 Y의 결합확률분포 및 X와 Y의 주변확률분포를 다음 표로 나타낼 수 있다.

X	Y			행합계
	0	1	2	
0	1/16	2/16	1/16	4/16
1	2/16	4/16	2/16	8/16
2	1/16	2/16	1/16	4/16
열합계	4/16	8/16	4/16	1.0

(2) $X=0$이고 $Y=0$일 때의 결합확률 $P(0,0)=1/16$은 대응되는 두 주변확률의 곱 $P(0)P(0)=(4/16)\times(4/16)=1/16$과 같다. 결합확률분포의 모든 (x,y)에 대해서 식 (5.8)의 독립성 조건이 만족된다. 따라서 두 확률변수 X와 Y는 상호독립이다.

(3) $\mu_X=\sum x_1 P(x_1)=0\times\frac{4}{16}+1\times\frac{8}{16}+2\times\frac{4}{16}=1$

$\mu_Y=\sum y_1 P(y_1)=0\times\frac{4}{16}+1\times\frac{8}{16}+2\times\frac{4}{16}=1$

$\mu_Y=\sum y_j P(y_j)=0\times\frac{4}{16}+1\times\frac{8}{16}+2\times\frac{4}{16}=1$

$$\sigma_{XY}=\sum\sum x_i y_j P(x_i,y_j)-\mu_X\mu_Y$$

$$=\left(1\times1\times\frac{4}{16}+1\times2\times\frac{2}{16}+2\times1\times\frac{2}{16}+2\times2\times\frac{1}{16}\right)-1\times1$$

$$=1-1=0$$

5.2.4 두 확률변수의 합

종종 두 확률변수 합의 평균과 분산을 구할 필요가 있다.

> **기대값의 법칙과 분산의 법칙 (두 확률변수 합)**
>
> 임의의 상수 a, b에 대하여
>
> (1) $E(aX+bY)=aE(X)+bE(Y)$
>
> (2) $Var(aX+bY)=a^2Var(X)+b^2Var(Y)+2abCov(X,Y)$

두 확률변수 X와 Y가 상호독립이면 $Cov(X,Y)=0$이고 따라서 $aX+bY$의 분산은 $a^2Var(X)+b^2Var(Y)$이 된다.

표본평균 $\bar{X}$의 확률분포

분산의 법칙 (상호독립인 두 확률변수 합)
임의의 상수 a, b에 대하여

$$Var(aX + bY) = a^2Var(X) + b^2Var(Y)$$

[예제 5.9] 특수차량 판매대수의 공분산과 상관계수

예제 5.6을 참조하여 물음에 답하시오.

(1) A팀과 B팀의 1일판매대수의 합 $X+Y$ 의 확률분포를 구하시오.

(2) $X+Y$ 의 확률분포를 사용하여 $X+Y$ 의 평균과 분산을 구하시오.

(3) 기대값의 법칙과 분산의 법칙을 사용하여 $X+Y$ 의 평균과 분산을 구하시오.

풀이

(1) 예제 5.6의 주어진 자료로부터 A팀과 B팀의 1일판매대수의 합 $X+Y$ 가 가질 수 있는 값은 0, 1, 2, 3, 4임을 알 수 있다. 각 값의 확률은 예제 5.6에서 구한 결합확률분포로부터 구할 수 있다. 예를 들어 $P(X+Y=2)$는 X와 Y의 결합확률분포에서 $P(X=0, Y=2)$, $P(X=1, Y=1)$, $P(X=2, Y=0)$의 합으로 구할 수 있다. 이렇게 구한 $X+Y$ 의 확률분포는 다음과 같다.

$x_i + y_i$	$P(x_i + y_i)$
0	0.104
1	0.620
2	0.192
3	0.072
4	0.012
합계	1.000

(2) $X+Y$ 의 평균과 분산을 구하는데 필요한 계산과정은 다음 표로 나타낼 수 있다.

$x_i + y_i$	$P(x_i + y_i)$	$(x_i + y_i)P(x_i + y_i)$	$(x_i + y_i)^2 P(x_i + y_i)$
0	0.104	0	0
1	0.620	0.620	0.620
2	0.192	0.384	0.768
3	0.072	0.216	0.648
4	0.012	0.048	0.192
합계	1.000	1.268	2.228

$X+Y$ 의 평균과 분산은 다음과 같다.

$$E(X+Y) = \sum (x_i + y_i) P(x_i + y_i) = 1.268$$

$$Var(X+Y) = \sum (x_i + y_i)^2 P(x_i + y_i) - \mu_{X+Y}^2$$
$$= 2.228 - 1.268^2 = 0.6202$$

(3) 예제 5.7에서 구한 X 의 평균은 $E(X) = 0.556$ 이고 Y 의 평균은 $E(Y) = 0.712$ 이다.

따라서 $X+Y$ 의 평균은

$$E(X+Y) = E(X) + E(Y)$$
$$= 0.556 + 0.712 = 1.268$$

이다. 예제 5.7에서 구한 X 의 분산은 $Var(X) = 0.4469$, Y 의 분산은 $Var(Y) = 0.3971$, X 와 Y 의 공분산은 $Cov(X,Y) = -0.1119$ 이다. 따라서 $X+Y$ 의 분산은

$$Var(X+Y) = Var(X) + Var(Y) + 2Cov(X,Y)$$
$$= 0.4469 + 0.3971 + 2 \times (-0.1119)$$
$$= 0.6202$$

이다.

제3절 이항분포

5.3.1 베르누이시행

동전을 던지면 앞면과 뒷면이 결과로 나타난다. 예제 5.1의 당구게임에서는 승리 또는 패배가 결과로 나타난다. 이처럼 동시에 발생할 수 없는 두 가지 사건을 결과로 가질 수 있는 확률실험을 베르누이시행(Bernoulli trial)이라고 한다. 주사위를 던져 나타난 점의 수가 1이면 승리하고 아니면 패배하는 게임도 베르누이시행으로 볼 수 있다. 선택한 제품이 정상 또는 불량으로 판정되는 품질검사, 그리고 어떤 유권자가 찬성 또는 반대로 의견을 표현하는 투표 등도 베르누이시행으로 볼 수 있다.

베르누이시행에서 발생할 수 있는 두 가지 사건 중 하나는 편의상 '성공', 다른 하나는 '실패'로 부른다. 동전던지기에서 앞면을 성공이라 할 때 성공확률과 실패확률 모두 0.5이다. 주사위게임에서 점수가 1로 나타나 승리하는 사건을 성공이라 할 때 성공확률은 1/6이고 실패확률은 5/6이다.

5.3.2 이항분포

성공확률이 π 인 베르누이시행을 독립적으로 n 회 수행하는 확률실험을 이항실험(binomial experiment)이라 하며 이 실험에서 성공이 나타난 회수를 이항확률변수(binomial random variable)라 한다. 여기서 문자 π 는 원주율 3.141592…이 아닌 베르누이시행의 성공확률을 나타낸다. 동전을 10번 던져 나타난 앞면의 수는 시행회수 $n = 10$, 성공확률 $\pi = 0.5$ 의 이항확률변수이다. 5회의 주사위게임에서 승리한 회수는 시행회수 $n = 5$, 성공확률 $\pi = 1/6$ 의 이항확률변수이다.

동전을 10번 던졌을 때 한 번도 앞면이 나타나지 않을 수 있다. 앞면이 1번 나타날 수도 있고 시행회수인 10번 모두 앞면이 나타날 수도 있다. 5회의 주사위게임에서 한 번도 승리하지 못할 수 있다. 1회 승리할 수도 있고 5회 모두 승리할 수도 있다. 이항확률변수 X 가 가질 수 있는 가장 작은 값은 0이고 가장 큰 값은 시행회수인 n 이다. 즉 이항확률변수 X 는 값으로 0, 1, 2,…, n 을 가질 수 있다.

이항확률변수가 가질 수 있는 모든 값과 그 값의 확률을 나타낸 표, 공식, 그래프 등을 이항확률분포 또는 간단히 이항분포(binomial distribution)로 부른다. 공식으로 나타낸 이항분포는 다음과 같다.

이항분포의 확률함수

시행회수 n, 성공확률 π 일 때 이항확률변수 X 가 x 를 값으로 가질 확률

$$P(X = x) = \frac{n!}{x!(n-x!)} \pi^x (1-\pi)^{n-x}$$

여기서 $x = 0, 1, 2, \cdots, n$

위의 식에서 계승(factorial) $n!$은 1부터 n 까지의 모든 정수를 곱한 값이다. 즉 $n! = 1 \times 2 \times \cdots \times n$이다. 시행회수 $n = 7$, 성공확률 $\pi = 0.3$ 일 때 이항확률변수 X 가 값으로 4를 가질 확률은

$$P(X = 4) = \frac{7!}{4!(7-4)!} 0.3^4 (1-0.3)^{7-4} = \frac{7!}{4!3!} 0.3^4 0.7^3$$

$$= \frac{1 \times 2 \times 3 \times 4 \times 5 \times 6 \times 7}{(1 \times 2 \times 3 \times 4)(1 \times 2 \times 3)} (0.3 \times 0.3 \times 0.3 \times 0.3)(0.7 \times 0.7 \times 0.7)$$

$$= 0.0972$$

이다.

<그림 5.3>은 $n = 7$, $\pi = 0.3$의 이항분포를 그래프와 표로 나타낸 것이다. 왼쪽 그래프는 이항확률변수가 가질 수 있는 모든 값 0, 1, 2,$\cdots$, 7을 수평축에 나타내고 수평축의 각 값에 대응되는 확률을 수직방향으로 그린 직선의 길이로 나타낸 것이다. 예를 들어 수평축의 값 4에서 수직방향으로 그린 직선의 길이는 확률 $P(X = 4)$를 나타낸 것이다. 오른쪽 표는 이항확률변수가 가질 수 있는 모든 값 0, 1, 2,$\cdots$, 7과 그 확률 $P(X=0), P(X=1), P(X=2), \cdots, P(X=7)$을 표로 나타낸 것이다.

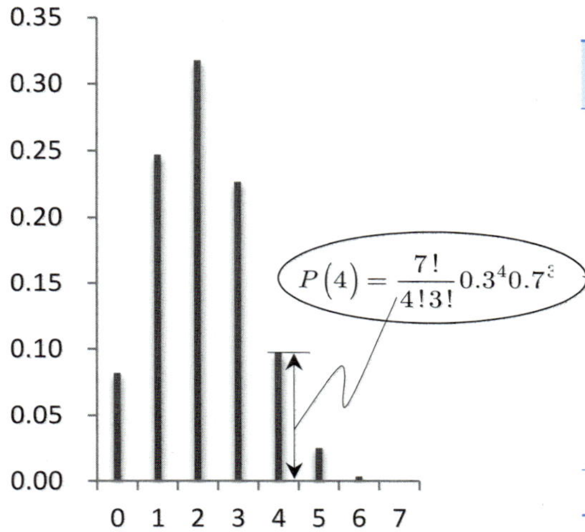

x	$P(X = x)$
0	0.0824
1	0.2471
2	0.3177
3	0.2269
4	0.0972
5	0.0250
6	0.0036
7	0.0002
합계	1.0000

<그림 5.3> 그래프와 표로 나타낸 이항분포

이항분포는 시행회수 n과 성공확률 π의 값에 따라 분포의 형태가 달라진다. n의 값이 적더라도 $\pi = 0.5$이면 좌우대칭을 이루며 $\pi \neq 0.5$이더라도 n이 커질수록 좌우대칭에 가까워진다. $n = 7$일 때 $\pi = 0.5$인 <그림 5.4>(a)는 대칭분포이다. 그러나 $\pi > 0.5$인 <그림 5.4>(b)는 왼쪽꼬리분포이며 $\pi < 0.5$인 <그림 5.3>은 오른쪽꼬리분포이다. <그림 5.4>(c)의 성공확률 π는 0.8로 (b)의 π와 같지만 시행회수 n은 30으로 (b)의 n보다 4배 이상 크며 분포의 형태는 (b)보다 좌우대칭에 더 근접해 있다.

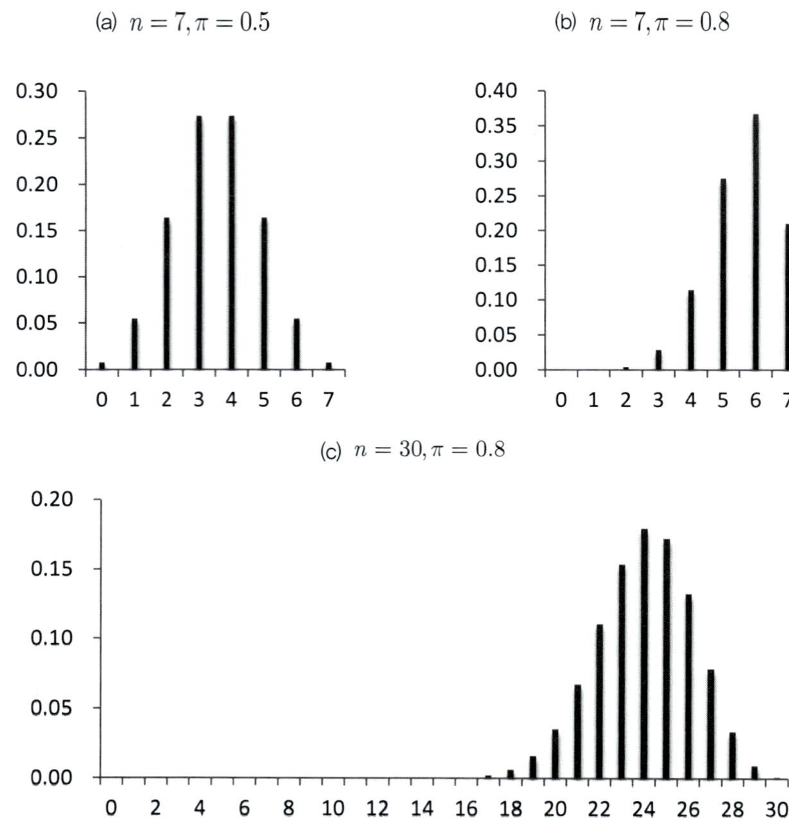

<그림 5.4> 이항분포의 형태

5.3.3 이항분포의 확률계산

확률변수 X의 값이 x 이하에 속할 확률 $P(X \le x)$은 누적확률(cumulative probability)이라 부른다. 이항확률변수 X가 가질 수 있는 가장 작은 값은 0이므로 x까지의 누적확률 $P(X \le x)$은 $P(X=0)+P(X=1)+P(X=2)+\cdots+P(X=x)$이다. 부록 표 II는 이항분포의 누적확률을 계산하여 제시한 표이다. [표 5.4]는 부록 표 II의 일부를 나타낸 것이다. 이 표의 숫자 0.6480은 $n=3$, $\pi=0.40$일 때 $x=1$까지의 누적확률 $P(X \le 1)$을 이항분포의 확률함수를 적용하여 다음과 같이 계산한 결과이다.

$$P\left(X \le 1\right) = P\left(X=0\right) + P\left(X=1\right)$$

$$= \frac{3!}{0!3!}0.4^0\left(1-0.4\right)^3 + \frac{3!}{1!2!}0.4^1\left(1-0.4\right)^{3-1}$$

$$= 0.2160 + 0.4320 = 0.6480$$

[표 5.4] 이항분포의 누적확률

		π										
n	x	0.05	0.10	0.15	0.20	0.30	0.40	0.50	0.60	0.70	0.80	···
1	0	0.9500	0.9000	0.8500	0.8000	0.7000	0.6000	0.5000	0.4000	0.3000	0.2000	···
1	1	1.0000	1.0000	1.0000	1.0000	1.0000	1.0000	1.0000	1.0000	1.0000	1.0000	···
2	0	0.9025	0.8100	0.7225	0.6400	0.4900	0.3600	0.2500	0.1600	0.0900	0.0400	···
2	1	0.9975	0.9900	0.9775	0.9600	0.9100	0.8400	0.7500	0.6400	0.5100	0.3600	···
2	2	1.0000	1.0000	1.0000	1.0000	1.0000	1.0000	1.0000	1.0000	1.0000	1.0000	···
3	0	0.8574	0.7290	0.6141	0.5120	0.3430	0.2160	0.1250	0.0640	0.0270	0.0080	···
3	1	0.9928	0.9720	0.9393	0.8960	0.7840	0.6480	0.5000	0.3520	0.2160	0.1040	···
3	2	0.9999	0.9990	0.9966	0.9920	0.9730	0.9360	0.8750	0.7840	0.6570	0.4880	···
3	3	1.0000	1.0000	1.0000	1.0000	1.0000	1.0000	1.0000	1.0000	1.0000	1.0000	···
4	0	0.8145	0.6561	0.5220	0.4096	0.2401	0.1296	0.0625	0.0256	0.0081	0.0016	···
4	1	0.9860	0.9477	0.8905	0.8192	0.6517	0.4752	0.3125	0.1792	0.0837	0.0272	···
4	2	0.9995	0.9963	0.9880	0.9728	0.9163	0.8208	0.6875	0.5248	0.3483	0.1808	···
4	3	1.0000	0.9999	0.9995	0.9984	0.9919	0.9744	0.9375	0.8704	0.7599	0.5904	···
4	4	1.0000	1.0000	1.0000	1.0000	1.0000	1.0000	1.0000	1.0000	1.0000	1.0000	···
⋮	⋮	⋮	⋮	⋮	⋮	⋮	⋮	⋮	⋮	⋮	⋮	

[예제 5.10] 생산기계의 고장 확률

P산업은 특수부품 생산에 사용되는 기계를 4대 보유하고 있다. 각 기계의 고장은 독립적으로 발생하며 1일고장확률은 15%이다.

(1) 어느 날 고장인 기계가 1대 이하일 확률을 구하시오.

(2) 어느 날 고장인 기계가 3대 이상일 확률을 구하시오.

(3) 어느 날 1대의 기계가 고장일 확률을 구하시오.

풀이

어느 날 고장인 기계의 대수 X는 시행회수 $n=4$, 성공확률 $\pi=0.15$의 이항확률변수이다.

(1) 어느 날 고장인 기계가 1대 이하일 확률은 $P\left(X \le 1\right) = 0.8905$이다.

(2) 어느 날 고장인 기계가 3대 이상일 확률은 여사건의 법칙을 적용하여

$$P\left(X \ge 3\right) = 1 - P\left(X \le 2\right) = 1 - 0.9880$$

$$= 0.0120$$ 이다.

(3) 어느 날 1대의 기계가 고장일 확률은

$P(X=2)=P(X\le 2)-P(X\le 1)=0.9880-0.8905$

$=0.0975$ 이다.

5.3.4 이항분포의 평균과 분산

이항분포의 평균과 분산은 이산확률분포의 평균과 분산을 정의한 식들을 사용하여 구할 수도 있고 다음 공식으로 구할 수도 있다.

이항분포의 평균과 분산

평균 $E(X)=\mu=n\pi$

분산 $Var(X)=\sigma^2=n\pi(1-\pi)$

표준편차 $\sigma=\sqrt{\sigma^2}=\sqrt{n\pi(1-\pi)}$

[예제 5.11] 고장난 생산기계 대수의 평균과 표준편차

예제 5.10을 참조하여 물음에 답하시오.

(1) 이산확률분포의 평균과 분산 공식을 활용하여 어느 날 고장인 기계대수의 평균과 표준편차를 구하시오.

(2) 이항분포의 평균과 분산 공식을 활용하여 어느 날 고장인 기계대수의 평균과 표준편차를 구하시오.

풀이

(1) 어느 날 고장인 기계의 대수 X는 $n=4$, $\pi=0.15$의 이항확률변수이다. 따라서 X가 가질 수 있는 값은 0, 1, 2, 3, 4 등이며 각 값의 확률은 이항분포이다. X의 평균과 표준편차를 이산확률분포의 평균과 표준편차 공식으로 구하는데 필요한 계산과정은 다음 표와 같이 나타낼 수 있다.

x_i	$P(x_i)$	$x_iP(x_i)$	$x_i^2P(x_i)$
0	0.5220	0.0000	0.0000
1	0.3685	0.3685	0.3685
2	0.0975	0.1950	0.3900
3	0.0115	0.0345	0.1035
4	0.0005	0.0020	0.0080
합계	1.0000	0.6000	0.8700

X 의 평균 μ와 표준편차 σ는 다음과 같다.

$$\mu = \sum x_i P(x_i) = 0.6$$

$$\sigma = \sqrt{\sigma^2} = \sqrt{\sum x_i^2 P(x_i) - \mu^2} = \sqrt{0.87 - 0.6^2} = \sqrt{0.51} = 0.7141$$

(2) 이항분포의 평균과 표준편차 공식으로 X 의 평균과 표준편차를 구한 결과는 다음과 같다.

$$\mu = n\pi = 4 \times 0.15 = 0.6$$

$$\sigma = \sqrt{\sigma^2} = \sqrt{n\pi(1-\pi)} = \sqrt{4 \times 0.15 \times (1-0.15)} = \sqrt{0.51} = 0.7141$$

제4절 포아송분포

5.4.1 포아송실험

시간, 거리, 공간 등의 구간에서 비교적 드물게 독립적으로 사건이 발생하는 현상을 포아송실험(Poisson experiment)이라 한다. 예를 들어 1분 동안 은행지점에 고객이 도착하는 현상, 1km의 도로에서 가로등의 고장이 발생하는 현상, $1m^2$의 판유리에 기포가 발생하는 현상 등은 포아송실험이다. 이 실험에서 고객도착, 고장발생, 기포발생 등의 사건은 이항분포에서처럼 편의상 '성공'으로 부른다.

어떤 현상이 포아송실험이 되기 위해서는 충분히 짧게 설정한 시간, 거리, 공간 등의 구간에서 성공회수와 성공확률이 다음과 같은 몇 가지 조건을 만족해야 한다. 첫째 어떤 구간의 성공회수는 다른 구간의 성공회수와 독립적이다. 둘째 크기가 같은 두 구간의 성공확률은 같다. 셋째 어떤 구간의 성공확률은 그 구간의 크기에 비례한다. 넷째 아주 작은 구간에서 2회 이상의 성공이 발생할 확률은 0에 가깝다.

5.4.2 포아송분포

포아송실험에서 성공이 발생하는 회수를 포아송확률변수(Poisson random variable)라고 한다. 1분 동안 은행지점에 도착하는 고객이 한 명도 없을 수 있다. 한 명이 도착할 수도 있고 두 명이 도착할 수도 있으며 가능성은 적지만 매우 많은 수의 고객이 도착할 수도 있다. 포아송확률변수 X가 가질 수 있는 가장 작은 값은 0이며 큰 값에는 이론적으로 제한이 없다. 즉 포아송확률변수 X는 값으로 0, 1,

2, 3,⋯을 가질 수 있다.

포아송확률변수가 가질 수 있는 모든 값과 그 값의 확률을 나타낸 표, 공식, 그래프 등을 포아송확률분포 또는 간단히 포아송분포(Poisson distribution)로 부른다. 포아송분포는 다음과 같은 공식으로 나타낼 수 있다.

포아송분포의 확률함수

단위구간에서 성공회수의 평균이 λ 일 때 포아송확률변수 X 가 x 를 값으로 가질 확률

$$P\left(X = x\right) = \frac{\lambda^x e^{-\lambda}}{x\,!}$$

여기서 $x = 0,1,2,3,\cdots$

$e = 2.718282$

$\lambda = 3$ 의 포아송확률변수 X 가 값으로 2를 가질 확률은

$$P\left(X = 2\right) = \frac{3^2 e^{-3}}{2!} = \frac{3^2}{2!\times e^3}$$

$$= \frac{3\times 3}{\left(1\times 2\right)\times\left(2.718282\times 2.718282\times 2.718282\right)}$$

$$= \frac{9}{2\times 20.0855} = 0.2240$$ 이다.

5.4.3 포아송분포의 확률계산

부록 표 III은 포아송분포의 누적확률 $P\left(X \le x\right)$을 나타낸 표이다. [표 5.5]는 부록 표 III의 일부를 나타낸 것이다. 이 표의 숫자 0.4232는 $\lambda = 3$ 일 때 $x = 2$까지의 누적확률 $P\left(X \le 2\right)$을 식 (5.10)의 확률함수를 적용하여 다음과 같이 계산한 결과이다. 이 계산과정에서 $0! = 1$이다.

$$P\left(X \le 2\right) = P\left(X = 0\right) + P\left(X = 1\right) + P\left(X = 2\right)$$

$$= \frac{3^0 e^{-3}}{0!} + \frac{3^1 e^{-3}}{1!} + \frac{3^2 e^{-3}}{2!}$$

$$= 0.0498 + 0.1494 + 0.2240$$

$$= 0.4232$$

[예제 5.12] 은행지점 방문 고객 수

오전 10시부터 11시까지의 시간대에 H은행의 강남지점을 방문하는 고객수는 포아송분포를 따른다. 1분 동안 방문하는 고객수의 평균은 0.3명으로 관측되었다. 다음 물음에 답하시오.

(1) 같은 시간대의 어떤 1분 동안 방문하는 고객이 1명 이하일 확률을 구하시오.

(2) 같은 시간대의 어떤 1분 동안 방문하는 고객이 1명일 확률을 구하시오.

(3) 같은 시간대의 어떤 10분 동안 방문하는 고객이 1명 이하 확률을 구하시오.

풀이

(1) 같은 시간대의 1분간 방문 고객수 X 의 확률분포는 평균 $\lambda = 0.3$ 의 포아송분포이다. 따라서 고객이 1명 이하일 확률은 $P(X \le 1) = 0.9631$ 이다.

(2) 고객이 1명일 확률은 다음과 같이 구할 수 있다.

$$P(X = 1) = P(X \le 1) - P(X \le 0)$$
$$= 0.9631 - 0.7408 = 0.2223$$

(3) 포아송실험에서 어떤 구간의 성공확률은 그 구간의 크기에 비례한다. 따라서 10분간 방문 고객수 X 의 평균은 1분간 방문 고객수 평균 0.3 의 10배인 3 이 된다. 따라서 10분간 방문 고객수 X 의 확률분포는 평균 $\lambda = 3$ 의 포아송분포이다. 여기서 고객이 1명 이하일 확률은 $P(X \le 1) = 0.1991$ 이다.

[표 5.5] 포아송분포표

x	λ								
	0.1	0.2	0.3	0.4	0.5	0.6	0.7	0.8	0.9
0	0.9048	0.8187	0.7408	0.6703	0.6065	0.5488	0.4966	0.4493	0.4066
1	0.9953	0.9825	0.9631	0.9384	0.9098	0.8781	0.8442	0.8088	0.7725
2	0.9998	0.9989	0.9964	0.9921	0.9856	0.9769	0.9659	0.9526	0.9371
3	1.0000	0.9999	0.9997	0.9992	0.9982	0.9966	0.9942	0.9909	0.9865
4	1.0000	1.0000	1.0000	0.9999	0.9998	0.9996	0.9992	0.9986	0.9977
5	1.0000	1.0000	1.0000	1.0000	1.0000	1.0000	0.9999	0.9998	0.9997
6	1.0000	1.0000	1.0000	1.0000	1.0000	1.0000	1.0000	1.0000	1.0000
x	λ								
	1.0	1.5	2.0	2.5	3.0	3.5	4.0	4.5	5.0
0	0.3679	0.2231	0.1353	0.0821	0.0498	0.0302	0.0183	0.0111	0.0067
1	0.7358	0.5578	0.4060	0.2873	0.1991	0.1359	0.0916	0.0611	0.0404
2	0.9197	0.8088	0.6767	0.5438	0.4232	0.3208	0.2381	0.1736	0.1247
3	0.9810	0.9344	0.8571	0.7576	0.6472	0.5366	0.4335	0.3423	0.2650
4	0.9963	0.9814	0.9473	0.8912	0.8153	0.7254	0.6288	0.5321	0.4405
⋮	⋮	⋮	⋮	⋮	⋮	⋮	⋮	⋮	⋮

5.4.4 이항분포와 포아송분포

예제 5.12에서 1분간 은행지점에 도착하는 고객수 X 의 확률분포는 평균이 0.3명인 포아송분포이다. 1분은 60개의 1초 구간으로 나눌 수 있고 1초간의 도착 고객수 평균은 0.005($=0.3 \div 60$)명이다. 각 1초 구간을 베르누이시행으로 보고 각 1초 구간에서 고객이 도착하는 사건을 성공으로 보면 1분간의 도착 고객수 X 의 확률분포는 시행회수가 60이고 성공확률이 0.005인 이항분포로 볼 수 있다. 따라서 1분간 도착 고객수가 1명일 확률은 이항분포의 확률함수를 적용하여 다음과 같이 구할 수 있다.

$$\begin{aligned} P(X=1) &= \frac{60!}{1!59!} 0.005^1 (1-0.005)^{60-1} \\ &= 60 \times 0.005 \times 0.744 = 0.2232 \end{aligned}$$

포아송확률변수의 구간을 더 세분하면 그 구간에서의 성공확률은 더 작아지고 여기서 이항분포의 확률함수로 구한 확률은 포아송분포의 확률함수로 구한 확률에 더 가까운 값이 된다. 앞의 예에서 1분을 3600개의 1/60초 구간으로 나누면 1/60초간의 도착 고객수 평균은 1/12000($=0.3 \div 3600$)명이다. $n=3600$, $\pi = 1/12000$ 의 이항분포 확률함수로 1분간 도착 고객수가 1명일 확률을 계산하면 다음과 같다.

$$\begin{aligned} P\left(X=1\right) &= \frac{3600!}{1!3599!}\left(\frac{1}{12000}\right)^1\left(1-\frac{1}{12000}\right)^{3600-1} \\ &= 3600 \times \left(1/12000\right) \times 0.7409 = 0.2223 \end{aligned}$$

일반적으로 $n \geq 20$, $\pi \leq 0.05$ 의 이항확률변수 X 가 값으로 x 를 가질 확률은 평균이 $\lambda = n\pi$ 인 포아송확률변수 X 가 값으로 x 를 가질 확률로 근사값을 구할 수 있다. 따라서 $n \geq 20$, $\pi \leq 0.05$ 의 조건이 만족되는 경우 이항분포 확률의 근사값을 포아송분포표에서 구할 수 있다.

[예제 5.13] 제조업체 불량률

P사의 제1공장의 불량률은 0.1%로 알려져 있다. 제품 100개들이 한 상자를 전량 검사할 경우에 대해서 다음 물음에 답하시오.

(1) 불량품이 하나도 없을 확률을 이항분포의 확률함수로 구하시오.

(2) 불량품이 하나도 없을 확률을 부록 표 III으로 구하시오.

풀이

(1) 불량품 수 X의 확률분포는 $n = 100$, $\pi = 0.001$의 이항분포이다. 불량품이 하나도 없을 확률은 이항분포의 확률함수를 사용하여 다음과 같이 구할 수 있다.

$$P(X=0) = \frac{100!}{0!100!} 0.001^0 0.999^{100} = 0.9048$$

(2) 불량품 수 X의 확률분포는 평균 $\lambda = n\pi = 100 \times 0.001 = 0.1$의 포아송분포로 볼 수 있다. 불량품이 하나도 없을 확률을 포아송분포표에서 구하면 $P(X=0) = 0.9048$이다.

5.4.5 포아송분포의 평균과 분산

포아송확률변수 X가 가질 수 있는 가장 작은 값은 0이지만 가장 큰 값에는 제한이 없어 포아송분포의 분산을 이산확률분포의 분산을 정의한 식 등을 사용하여 구하기는 쉽지 않다. 한편 평균이 λ인 포아송분포의 분산은 평균으로 주어진 λ와 같으며 이러한 성질을 활용하여 분산 및 표준편차를 간편하게 구할 수 있다.

포아송분포의 평균과 분산

평균 $E(X) = \mu = \lambda$

분산 $Var(X) = \sigma^2 = \lambda$

표준편차 $\sigma = \sqrt{\sigma^2} = \sqrt{\lambda}$

제5절 초기하분포

5.5.1 초기하실험

두 가지 종류로 구분되는 개체 N개가 들어 있는 모집단에서 n개를 뽑는 실험을 초기하실험(hypergeometric experiment)이라 한다. 예를 들어 빨간공 7개와 하얀공 3개가 들어 있는 상자에서 5개의 공을 뽑는 실험, 20개의 불량품이 포함된 100개 제품 중에서 10개를 선택하는 실험 등은 초기하실험이다.

모집단을 구성하는 두 종류의 개체 중 한 종류를 이항분포에서처럼 편의상 '성공'으로 부르고 성공 개체의 수를 s라 하자. 빨간공을 성공으로 보면 공뽑기 실험은 $N=10$, $s=7$, $n=5$의 초기하실험이 된다. 불량품을 성공으로 보면 제품선택 실험은 $N=100$, $s=20$, $n=10$의 초기하실험이 된다.

5.5.2 초기하분포

초기하실험에서 뽑힌 성공 개체의 수를 초기하확률변수(hypergeometric random variable)라 한다. 공뽑기실험에서는 뽑은 5개 공에 포함된 빨간공의 수가 초기하확률변수이다. 제품선택실험에서는 선택한 10개 제품에 포함된 불량품 수가 초기하확률변수이다.

초기하확률변수 X가 가질 수 있는 가장 작은 값과 가장 큰 값은 모집단크기 N, 모집단내 성공 개체 수 s, 표본크기 n 등의 값에 따라 달라진다. 공뽑기실험에서는 빨간공이 상자안에 7개 있기 때문에 뽑힌 5개 모두 빨간공일 수 있다. 이 경우 빨간공의 수 X는 값으로 5를 갖는다. 상자안에 있는 하얀공 3개가 모두 뽑히고 나머지 2개는 빨간공이 뽑힐 수도 있다. 이 경우 빨간공의 수 X는 값으로 2를 갖는다. 즉 $N=10$, $s=7$, $n=5$의 경우 빨간공의 수 X는 값으로 2, 3, 4, 5를 가질 수 있다. 만약 상자안에 빨간공 5개와 하얀공 5개가 들어 있다면 즉 $N=10$, $s=5$, $n=5$이라면 빨간공의 수 X는 값으로 0, 1, 2, 3, 4, 5를 가질 수 있다.

초기하확률변수 X가 가질 수 있는 값 x의 최소값은 0과 $s+n-N$중 큰 값이고 x의 최대값은 s와 n중 작은 값이다. 확률변수 X는 x의 최소값과 x의 최대값 사이의 정수를 가질 수 있다. 예를 들어 $N=10$, $s=7$, $n=5$일 경우 $s+n-N=7+5-10=2$이므로 X는 2와 5사이의 정수를 값으로 가질 수 있다. $N=10$, $s=5$, $n=5$일 경우에는 $s+n-N=5+5-10=0$이므로 X는 0과 5사이의 정수를 값으로 가질 수 있다.

초기하확률변수가 가질 수 있는 모든 값과 그 값의 확률을 나타낸 표, 공식, 그래프 등을 초기하확률분포 또는 간단히 초기하분포(hypergeometric distribution)로 부른다. 초기하분포는 다음과 같은 공식으로 나타낼 수 있다.

초기하분포의 확률함수

모집단크기는 N, 모집단의 성공 개체수는 s, 표본크기는 n 일 때 초기하확률변수 X가 x를 값으로 가질 확률

$$P(X=x)=\frac{{}_sC_x \times {}_{N-s}C_{n-x}}{{}_NC_n}$$

5.5.3 초기하분포의 확률계산

초기하확률변수 X가 값으로 x를 가질 확률 $P(X=x)$은 식 의 확률함수로 구할 수 있다. 확률함수에서 ${}_NC_n$은 N개의 개체 중에서 n개로 구성된 조합을 선택하는 경우의 수이며

$${}_NC_n=\frac{N!}{n!(N-n)!}$$

로 구할 수 있다. ${}_sC_x$와 ${}_{N-s}C_{n-x}$도 같은 방식으로 구할 수 있다. 예를 들어 $N=10$, $s=7$, $n=5$의 초기하확률변수 X가 값으로 3을 가질 확률 $P(X=3)$은 다음과 같이 구할 수 있다.

$$P(X=3)=\frac{{}_7C_3 \times {}_{10-7}C_{5-3}}{{}_{10}C_5}=\frac{\dfrac{7!}{3!(7-3)!}\times\dfrac{3!}{2!(3-2)!}}{\dfrac{10!}{5!(10-5)!}}$$

$$=\frac{35\times 3}{252}=\frac{105}{252}=0.4167$$

[예제 5.14] 협의회 구성

학익산업의 용현공장 생산1팀은 20명이다. 이 중 14명은 조합원이고 나머지 6명은 비조합원이다. 생산1팀에서는 회사측과 근무조건에 관해 논의할 협의회에 참여할 5명을 임의로 선발하기로 하였다. 선발된 5명 중 4명이 조합원일 확률을 구하시오.

풀이

선발된 5명에 포함된 조합원 수 X는 $N=20$, $s=14$, $n=5$의 초기하확률변수이다. 선발된 5명 중 4명이 조합원일 확률 $P(X=4)$은 식 (5.11)의 확률함수를 사용하여 다음과 같이 구할 수 있다.

$$P(X=4)=\frac{{}_{14}C_4 \times {}_{20-14}C_{5-4}}{{}_{20}C_5}=\frac{\dfrac{14!}{4!(14-4)!}\times\dfrac{6!}{1!(6-1)!}}{\dfrac{20!}{5!(20-5)!}}$$

$$= \frac{1001 \times 6}{15504} = \frac{6006}{15504} = 0.3874$$

5.5.4 초기하분포의 평균과 분산

초기하분포의 평균과 분산은 다음 공식으로 구할 수 있다.

초기하분포의 평균과 분산

평균 $E\left(X\right) = \mu = n\pi$

분산 $Var\left(X\right) = \sigma^2 = n\pi\left(1-\pi\right)\frac{N-n}{N-1}$

표준편차 $\sigma = \sqrt{\sigma^2} = \sqrt{n\pi\left(1-\pi\right)\frac{N-1}{N-n}}$

여기서 $\pi = s / N$ 으로 모집단에서 성공 개체의 비율

위의 공식을 살펴보면 초기하분포의 평균은 이항분포의 평균과 같다. 분산은 이항분포의 분산에 $\left(N-n\right)/\left(N-1\right)$을 곱하였다. $\left(N-n\right)/\left(N-1\right)$은 항상 1보다 작기 때문에 초기하분포의 분산은 이항분포의 분산보다 항상 작다. 모집단크기에 대한 표본크기의 비율 n / N 이 매우 작을 경우 $\left(N-n\right)/\left(N-1\right)$은 1에 가까워진다. 따라서 n / N 이 작을 경우 초기하분포 대신 이항분포를 사용하여 근사값을 구할 수도 있다.

제6절 Excel의 활용

5.6.1 이항분포의 확률계산 [BINOM.DIST]

시행회수와 성공확률이 n 과 π 인 이항확률변수 X 가 x 를 값으로 가질 확률 $P\left(X = x\right)$ 또는 x 까지의 누적확률 $P\left(X \le x\right)$ 은 BINOM.DIST로 구할 수 있다.

=BINOM.DIST(number_s , trials , probability_s , cumulative)

여기서 number_s = 성공회수 x

trials = 시행회수 n

probability_s = 성공확률 π

cumulative = 0이면 확률 $P(X=x)$를 계산함

1이면 누적확률 $P(X \le x)$를 계산함

<그림 5.5>는 $n=3,\ \ \pi=0.4$의 이항분포에서 확률 $P(X=1)$와 누적확률 $P(X \le 1)$를 BINOM.DIST로 계산한 것이다.

	A	B	C	D	E	F
1	n =	3		P(X=x) =	0.432	
2	π =	0.4		P(X<=x) =	0.648	
3	x =	1				
4						

=BINOM.DIST(B3,B1,B2,0)

=BINOM.DIST(B3,B1,B2,1)

<그림 5.5> BINOM.DIST를 활용한 이항분포의 확률계산

Excel2007에서 추가된 BINOM.DIST는 Excel2003의 BINOMDIST를 대체한 것이다. BINOM.DIST와 BINOMDIST는 함수이름만 변경되었고 사용방법은 동일하다.

5.6.2 포아송분포의 확률계산 [POISSON.DIST]

평균 λ의 포아송확률변수 X가 x를 값으로 가질 확률 $P(X=x)$ 또는 x까지의 누적확률 $P(X \le x)$은 POISSON.DIST로 구할 수 있다.

=POISSON.DIST(x , mean , cumulative)

여기서 x = 성공회수 x

mean = 평균 λ

cumulative = 0이면 확률 $P(X=x)$를 계산함

1이면 누적확률 $P(X \le x)$를 계산함

<그림 5.7>은 $\lambda=3$의 포아송분포에서 확률 $P(X=2)$와 누적확률 $P(X \le 2)$

을 POISSON.DIST로 계산한 것이다.

	A	B	C	D	E	F
1	λ =	3		P(X=x) =	0.2240	
2	x =	2		P(X<=x) =	0.4232	
3						

=POISSON.DIST(B2,B1,0)

=POISSON.DIST(B2,B1,1)

<그림 5.6> POISSON.DIST를 활용한 포아송분포의 확률계산

Excel2007에서 추가된 POISSON.DIST는 Excel2003의 POISSON를 대체한 것이다. POISSON.DIST와 POISSON는 함수이름만 변경되었고 사용방법은 동일하다.

5.6.3 초기하분포의 확률계산 [HYPGEOM.DIST]

모집단크기 N, 모집단의 성공 개체 수 s, 표본크기 n의 초기하확률변수 X가 x를 값으로 가질 확률 $P\left(X=x\right)$ 또는 X의 값이 x 이하에 속할 확률 $P\left(X \leq x\right)$은 HYPGEOM.DIST로 구할 수 있다.

=HYPGEOM.DIST(sample_s , number_sample , population_s ,
number_pop , cumulative)

여기서 sample_s = 표본의 성공 개체 수 x

number_sample = 표본크기 n

population_s = 모집단의 성공 개체 수 s

number_pop = 모집단크기 N

cumulative = 0이면 확률 $P\left(X=x\right)$를 계산함

1이면 누적확률 $P\left(X \leq x\right)$를 계산함

<그림 5.6>은 $N=10$, $s=7$, $n=5$의 초기하분포에서 확률 $P\left(X=3\right)$과 누적확률 $P\left(X \leq 3\right)$을 HYPGEOM.DIST로 계산한 것이다.

	A	B	C	D	E	F
1	N =	10		P(X=x) =	0.4167	
2	s =	7		P(X≤x) =	0.5000	
3	n =	5				
4	x =	3				
5						

=HYPGEOM.DIST(B4,B3,B2,B1,0)

=HYPGEOM.DIST(B4,B3,B2,B1,1)

<그림 5.7> HYPGEOM.DIST를 활용한 초기하분포의 확률계산

Excel2007에서 추가된 HYPGEOM.DIST는 Excel2003의 HYPGEOMDIST를 대체한 것이다. HYPGEOMDIST에는 cumulative이 없으며 확률 $P\left(X = x\right)$만을 계산하여 출력한다. 반면 Excel2007의 HYPGEOM.DIST는 cumulative를 1로 입력하여 누적확률 $P\left(X \le x\right)$도 출력할 수 있다.

연|습|문|제

5.1 어떤 이산확률변수 X의 확률분포가 다음가 같다. 물음에 답하시오.

x	$P(x)$
3	0.2
4	0.4
5	0.3
6	0.1
합계	1.0

(1) $P(X \leq 4)$를 구하시오.

(2) $P(X > 4)$를 구하시오.

(3) $P(4 \leq X \leq 5)$를 구하시오.

(4) $E(X)$를 구하시오.

(5) $Var(X)$를 구하시오.

(6) $2X-1$의 평균을 구하시오.

(7) $2X-1$의 분산을 구하시오.

5.2 서부관광㈜의 L부장은 과거 자료를 분석하여 토요일 버스수요의 확률분포를 다음 표와 같이 구하였다.

토요일 버스수요	확률
10	0.1
11	0.2
12	0.3
13	0.3
14	0.1
합계	1.0

(1) 토요일 버스수요 X가 12보다 크거나 같을 확률을 구하시오.

(2) X가 12보다 작거나 같을 확률을 구하시오.

(3) X의 평균을 구하시오.

(4) X의 표준편차를 구하시오.

(5) 버스 1대로부터 30만원의 이익이 발생한다. 서부관광㈜의 토요일 이익의 기대값을 구하시오.

(6) 서부관광㈜의 토요일 이익의 표준편차를 구하시오.

5.3 다음은 전자마트 학익점의 56인치 LED TV의 1일판매대수 X 와 800리터 양문형 냉장고의 1일판매대수 Y 를 과거 250일간의 자료에서 요약한 교차표이다.

TV판매대수	냉장고 판매대수			행합계
	0	1	2	
0	20	35	30	85
1	25	40	35	100
2	10	45	10	65
열합계	55	120	75	250

(1) X 와 Y 의 결합확률분포 및 X 와 Y 의 주변확률분포를 구하시오.

(2) X 의 평균과 분산을 구하시오.

(3) Y 의 평균과 분산을 구하시오.

(4) X 와 Y 의 공분산과 상관계수를 구하시오.

(5) X 와 Y 의 독립성을 검토하시오.

5.4 X 가 $n=8$, $\pi=0.7$ 의 이항확률변수라고 하자. 이항분포의 확률함수를 사용하여 다음 확률을 구하시오.

(1) $P(X=2)$ (2) $P(X=4)$ (3) $P(X=7)$

(4) $P(X \le 1)$ (5) $P(X < 1)$ (6) $P(X \le 7)$

5.5 1차 임상실험에서 새로운 치료법으로 어떤 병이 완치될 확률이 70%로 나타났다. 1차실험의 결과가 새로운 치료법의 실제 성과임을 가정하고 2차 임상실험에 지원한 10명의 환자에 대하여 다음 물음에 답하시오.

(1) 정확하게 8명이 완치될 확률을 구하시오.

(2) 8명 이상이 완치될 확률을 구하시오.

(3) 완치될 환자가 2명 이하일 확률을 구하시오.

(4) 완치될 환자 수의 기대값과 표준편차를 구하시오.

5.6 X가 $\lambda = 2$의 포아송확률변수라고 하자. 포아송분포의 확률함수를 사용하여 다음 확률을 구하시오.

(1) $P(X = 0)$ (2) $P(X = 1)$ (3) $P(X = 2)$

(4) $P(X \leq 2)$ (5) $P(X \geq 2)$

5.7 어떤 고속도로 휴게소의 주유소에 10분간 도착하는 고객수는 평균 1대의 포아송분포를 따른다. 다음 물음에 답하시오.

(1) 10분 동안 도착하는 고객수의 표준편차를 구하시오.

(2) 10분 동안 도착하는 고객이 한 대도 없을 확률을 구하시오.

(3) 1시간 동안 도착하는 고객이 한 대도 없을 확률을 구하시오.

5.8 X가 $N = 8$, $s = 6$, $n = 4$의 초기하확률변수라고 하자. 초기하분포의 확률함수를 사용하여 다음을 구하시오.

(1) $P(X = 2)$ (2) $P(X \leq 3)$ (3) $E(X)$ (4) $Var(X)$

5.9 A사 지원총괄팀 직원 30명 중 10명은 다른 부서로 옮기고 싶어 한다. 이 회사는 다음 인사에서 지원총괄팀 직원 중 5명을 다른 부서로 보낼 계획이다. 다음 물음에 답하시오.

(1) 전출될 5명에 전출을 원하는 직원이 한 명도 포함되어 있지 않을 확률을 구하시오.

(2) 전출될 5명에 포함될 전출희망직원이 2명 이하일 확률을 구하시오.

(3) 전출될 5명에 포함될 전출희망직원 수의 기대값을 구하시오.

06 연속확률분포

앞 장에서는 여러 가지 이산확률분포를 살펴보았다. 이산확률변수와 연속확률변수는 변수값의 특성이 달라 확률을 나타내는 방식이 다르다. 본 장에서는 연속확률변수의 확률을 나타내기 위해 사용되는 확률밀도함수의 개념을 설명하고 여러 종류의 연속확률분포를 살펴본다.

본 장에서는 균등분포, 정규분포, 지수분포 등 3가지 연속확률분포를 소개한다. 각 분포의 확률밀도함수는 그 형태나 특성이 다르지만 분포의 활용은 두 가지로 구분할 수 있다. 첫 번째 활용은 확률변수의 값이 속할 구간이 주어졌을 때 그 확률을 구하는 것이다.

제1절 연속확률분포의 정의

연속확률변수의 값은 측정(measurement)으로 수집되므로 일정한 범위 내의 모든 실수가 값이 될 수 있어 무수히 많은 수가 존재한다. 따라서 정확하게 측정이 이루어지면 같은 값은 나타나지 않는 특성을 가진다. 변수 값이 정수인 이산확률분포는 높이가 확률을 나타내는 막대그래프로 나타낼 수 있으나 모든 실수가 변수인 연속확률변수는 <그림 6.1>과 같이 곡선인 확률변수 X의 함수 즉 확률밀도함수(probability density function)로 나타낸다.

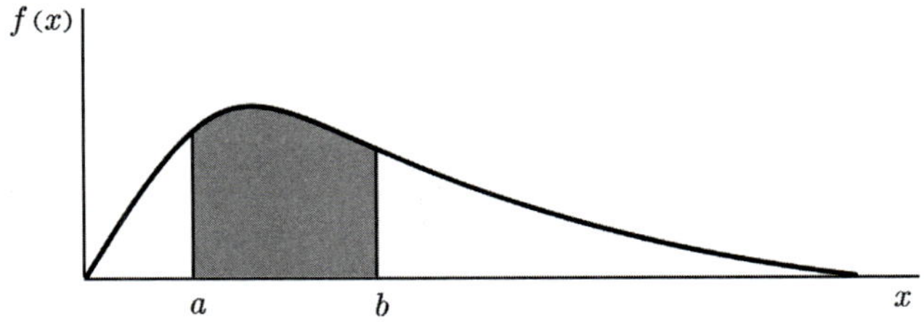

<그림 6.1> 확률밀도함수

이산확률분포를 나타낸 막대그래프는 높이가 확률이므로 P(X=x)를 구할 수 있다. 그러나 <그림 6.1>과 같은 연속확률분포는 높이가 확률을 나타내지 않고 확률밀도 f(x)를 나타낸다. 이 확률밀도는 X=x에서의 x값이 증가할 그 점에서의 확률의 변화률(rate of change in probability)을 나타낸다. 따라서 연속확률분포에서는 P(X=x)=0이므로 P(X=x) 같은 확률을 구하지 않고 <그림 6.1>에서와 같이 변수 값의 일정한 범위의 확률을 아래의 식을 이용하여 구한다.

$$P(a \le X \le b) = \int_a^b f(x)dx$$

<그림 6.1>과 같은 연속확률분포는 다음과 같은 특성을 가진다.

연속확률분포에 대한 확률밀도함수의 특성

1) 연속확률변수 X가 특정한 값 a를 가질 확률 $\boldsymbol{P(X=a)=0}$이다.
2) 연속확률분포의 $\boldsymbol{f(x)}$ 는 모든 x에 대하여 $\boldsymbol{f(x) \ge 0}$이다.
3) 연속확률밀도함수에서의 확률은 확률변수가 일정구간의 값을 가질 확률로 계산되며, $p(a \le x \le b)$은 확률밀도 함수 $f(x)$ 의 일정구간[a, b]와 사이의 면적 $\int_a^b f(x)dx$ 에 의하여 계산된다.
4) 확률밀도함수와 X축 사이의 면적은 항상 1이다. 즉 $\int_{-\infty}^{\infty} f(x)dx = 1$

6.1.1 균등분포

균등분포(uniform distribution)는 적분을 사용하지 않고도 쉽게 확률을 계산할 수 있다. 확률변수 X의 값의 하한과 상한의 값이 각각 l과 u이라고 하면, 이 범위 안에서 발생확률이 일정하므로 확률분포는 수평축과 평행인 일직선으로 아래의 <그림 6.2>와 같이 직사각형을 이룬다.

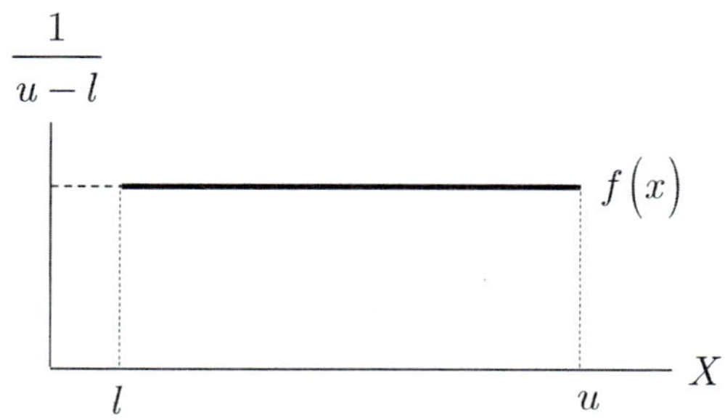

<그림 6.2> 균등분포

위에서 설명한 연속확률변수의 조건에 따라 확률밀도함수 아래의 면적은 1이 되어야 하므로, 높이를 나타내는 확률밀도함수는 확률변수 X의 범위 $(u-l)$의 역수가 된다.

균등분포의 확률밀도함수

$$f(x)=\frac{1}{u-l},\ \ l \le x \le u$$

균등확률변수의 평균과 분산은 다음과 같다.

균등분포의 평균과 분산

평균 $E(X)=\mu=(l+u)/2$

분산 $Var(X)=\sigma^2=(u-l)^2/12$

최소값 l과 최대값 u의 균등분포를 따르는 확률변수 X의 값 x가 a부터 b까지 구간에 속할 확률 $P(a \le X \le b)$은 <그림 6.3>에 나타낸 것처럼 밑변이 $b-a$이고 높이가 $1/(u-l)$인 직사각형의 면적이 된다.

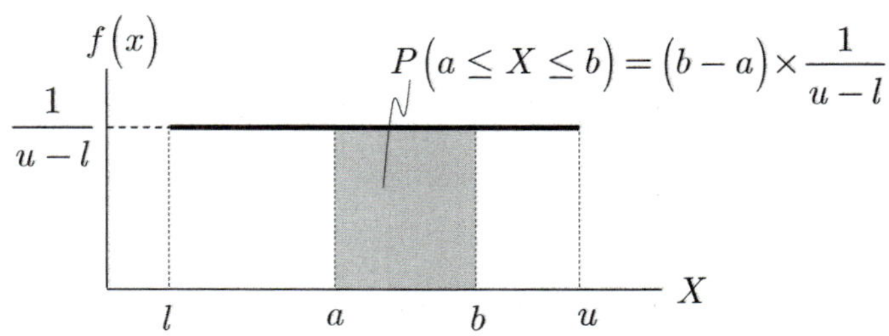

<그림 6.3> 균등분포의 확률계산

[예제 6.1] 1일 주가변동

A전자의 1일 주가변동은 최소 -500원과 최대 1,000원의 균등분포를 이룬다. 다음을 구하시오.

1) 내일 주가가 100원이상 500원 이하 상승할 확률
2) 내일 주가가 500원 이상 상승할 확률
3) 내일 주가가 하락할 확률
4) 내일 주가변동의 기대값과 표준편차

풀이

1일 주가변동 X 의 범위가 −500 ~1500 이므로

$$\text{확률밀도함수 } f(x) = \frac{1}{1000-(-500)} = \frac{1}{1500}$$

(1) $P(100 \le X \le 500) = (500-100) \times (1/1500) = 4/15 = 0.2667$

(2) $P(X \ge 500) = (1000-500) \times (1/1500) = 1/3 = 0.3333$

(3) $P(X \le 0) = (0-(-500)) \times (1/1500) = 1/3 = 0.3333$

(4) $E(X) = (l+u)/2 = (-500+1,000)/2 = 250$ (원)

$\sigma = \sqrt{Var(X)} = \sqrt{(u-l)^2/12} = \sqrt{(1,000+500)^2/12} = 433.01$ (원)

제2절 정규분포

6.2.1 정규분포

자연현상이나 사회·경제적 현상의 수 많은 특성은 그 분포가 정규분포에 가까운 것으로 알려져 있다. 예를 들어 강수량, 사람의 키, 측정오차, 주식 수익률, KTX고객수 등의 자료로 히스토그램을 작성하면 그 모양이 정규분포와 유사한 형태를 갖는다. 통계학에서 매우 중요한 역할을 하는 정규분포(normal distribution)의 확률밀도함수는 다음과 같다.

정규분포의 확률밀도함수

$$f(x) = \frac{1}{\sigma\sqrt{2\pi}} e^{-\frac{1}{2}\left(\frac{x-\mu}{\sigma}\right)^2}, \quad -\infty < x < \infty$$

$$e = 2.718282, \quad \pi = 3.141592$$

μ는 정규확률변수의 평균이고 σ는 표준편차다. 확률밀도함수의 값을 계산하기 위해서는 μ와 σ의 값이 주어져야 한다. 확률밀도함수의 거듭제곱에서 몇 가지 정규분포의 특성을 파악할 수 있다. 괄호 속의 값은 표준화 Z값이다. Z^2은 항상 양수이고, $-1/2$을 곱하였으므로 거듭제곱은 항상 음수다. 따라서 Z값이

0, 즉 $x=\mu$ 일 때 확률밀도가 가장 높으며, Z^2 이므로 평균을 중심으로 좌우가 대칭이 되며 확률변수 값이 평균에서 멀리 떨어질수록 확률밀도는 급격히 낮아진다는 것을 알 수 있다. 또한 확률변수 x 의 범위가 $-\infty < x < \infty$ 이므로 정규분포는 수평축과 닿지 않는다. 예를 들어 평균과 표준편차가 각각 $\mu=3$, $\sigma=1$ 일 경우 $x=0, 1, 2, 3$ 에서의 확률밀도 $f(0)$, $f(1)$, $f(2)$, $f(3)$ 은 다음과 같다.

$$f(0)=\frac{1}{1\times\sqrt{2\times 3.141592}}(2.718282)^{-0.5\times\left(\frac{0-3}{1}\right)^2}=0.004$$

$$f(1)=\frac{1}{1\times\sqrt{2\times 3.141592}}(2.718282)^{-0.5\times\left(\frac{1-3}{1}\right)^2}=0.054$$

$$f(2)=\frac{1}{1\times\sqrt{2\times 3.141592}}(2.718282)^{-0.5\times\left(\frac{2-3}{1}\right)^2}=0.242$$

$$f(3)=\frac{1}{1\times\sqrt{2\times 3.141592}}(2.718282)^{-0.5\times\left(\frac{3-3}{1}\right)^2}=0.399$$

$x=4, 5, 6$ 에서의 확률밀도는 $f(4)=0.242$, $f(5)=0.054$, $f(6)=0.004$ 이며 각각 $f(2)$, $f(1)$, $f(0)$ 의 값과 같다. 0부터 6까지의 구간에서 정규분포의 확률밀도함수를 곡선으로 나타내면 <그림 6.4>와 같다.

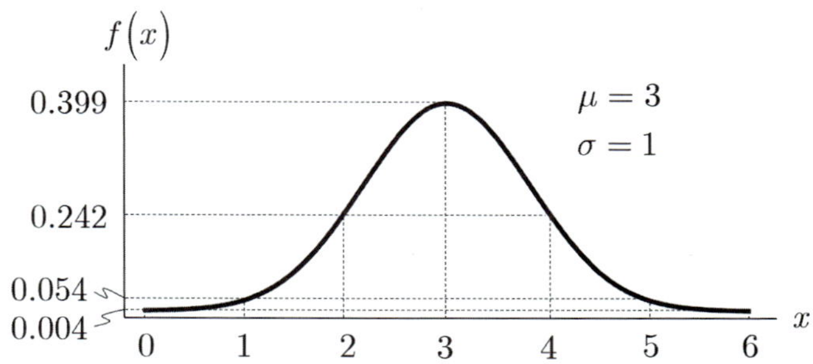

<그림 6.4> $\mu=3$, $\sigma=1$ 의 정규분포

정규곡선은 평균 μ 와 표준편차 σ 의 값에 따라 위치와 모양이 달라진다. μ 는 정규곡선의 위치를 결정하는 것으로, μ 가 커지면 정규곡선은 오른쪽으로 이동하고 μ 가 작아지면 왼쪽으로 이동한다. <그림 6.5>는 표준편차는 같지만 평균이 다른 세 경우의 정규곡선을 나타낸 것이다.

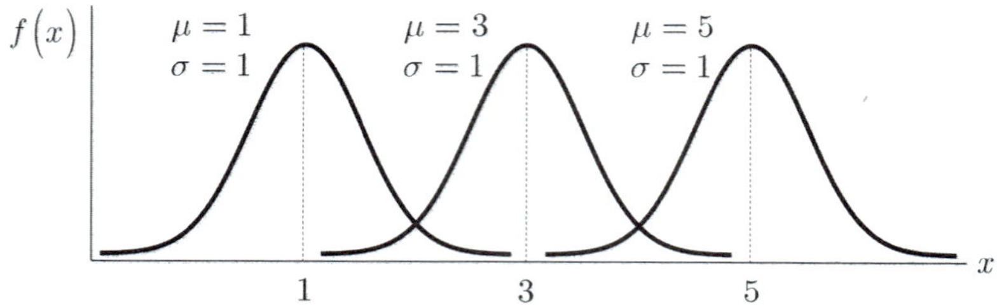

<그림 6.5> 표준편차는 같지만 평균이 다른 정규분포

σ는 정규곡선의 형태를 결정한다. σ의 값이 커질수록 정규곡선의 형태는 더 평평해진다. <그림 6.6>은 평균은 같지만 표준편차가 다른 세 경우의 정규곡선을 나타낸 것이다. 평균도 다르고 표준편차도 다른 정규곡선의 조합도 가능하기 때문에 정규곡선은 무수히 많이 존재한다.

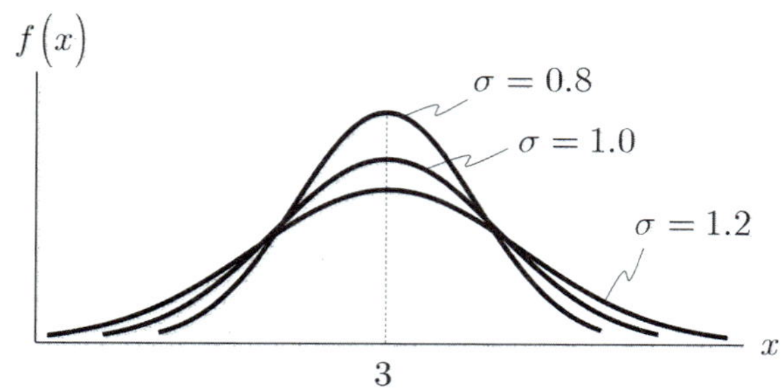

<그림 6.6> 평균은 같지만 표준편차가 다른 정규분포

6.2.2 정규분포의 확률계산

평균이 μ이고 표준편차가 σ인 정규확률변수 X의 값이 z 이하에 속할 확률 $P(X \leq z)$은 <그림 6.7>에 나타낸 것처럼 정규곡선과 수평축 사이에서 $-\infty$부터 z까지의 면적과 같다. 무수히 많은 종류의 정규곡선에서 이와 같은 면적을 적분으로 구한다는 것은 현실적으로 매우 어려운 일이다.

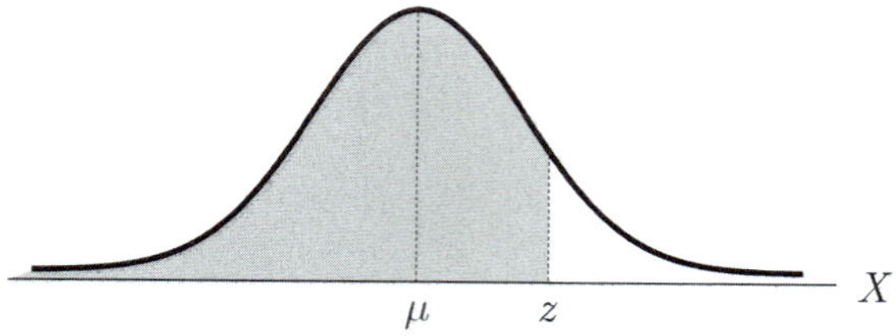

<그림 6.7> 정규분포에서의 확률

표준화 Z(standardized Z) 값은 확률변수 X의 값과 평균과의 차이를 확률변수 X의 표준편차로 나눈 몫이며 평균이 0, 표준편차 1이라고 설명한 바 있다. 이는 어떠한 확률변수도 표준화하면 평균이 0, 표준편차 1로 위치와 형태가 같아진다. 만약 확률변수 X가 정규확률변수라면 그 변수의 표준화 Z값 또한 정규확률변수이며, 이를 표준정규확률변수(standard normal random variable)라고 한다. 따라서 무수히 많은 정규곡선도 표준화하면 평균이 0, 표준편차 1인 정규분포를 이루는 동일한 곡선이 된다. 이를 표준정규분포(standard normal distribution)라 한다. 표준정규확률변수와 그 확률밀도함수는 다음과 같다.

표준정규확률변수 Z와 표준정규확률밀도함수

$$Z = \frac{X - \mu}{\sigma}$$

$$f(z) = \frac{1}{\sqrt{2\pi}} e^{-\frac{z^2}{2}}$$

X = 평균 μ와 표준편차 σ의 정규확률변수

표준정규확률밀도함수를 보면 확률밀도는 전적으로 Z값의 절대값에 의해 결정되고, Z의 절대값이 클수록 확률밀도는 낮아진다는 것을 알 수 있다. 정규확률변수가 표준정규확률변수로 전환되면 모든 정규분포에 대해 표준정규분포표 하나만 이용하여 확률과 관련된 계산을 용이하게 할 수 있다.

부록 표 Ⅳ의 표준정규분포표는 Z값이 0부터 z까지의 구간에 속할 확률 $P(0 \leq Z \leq z)$을 나타낸 표이며, 그 중 일부가 [표 6.1]에 제시되어 있다. 이 표의 첫 번째 열은 Z 값의 소수 첫째 자리까지의 값을, 첫 번째 행은 소수 둘째 자리에 해당하는 값을 나타내며, 첫 번째 열과 첫 번째 행이 교차하는 표 속의 숫자들은 Z값이 0부터 첫 번째 열의 값과 첫 번째 행의 값을 합한 z값까지의 면적을 나타낸다. 정규곡선과 수평축 사이의 면적은 1이므로 표준화 Z값이 0부터 표의 z값 사이의 범위에 속할 확률이 된다. 예를 들어 첫 번째 열의 1.4와 첫 번째 행의 0.03이 교차되는 위치의 숫자 0.4236은 <그림 6.8>에 나타나 있는 것처럼 평균이 0이고 표준편차가 1인 정규곡선에서 0부터 1.43까지의 면적을 계산한 결과로서 Z값이 0과 1.43 사이에 속할 확률 $P(0 \leq Z \leq 1.43)$을 뜻한다.

[표 6.1] 표준정규분포표

z	0.00	0.01	0.02	0.03	0.04	0.05	0.06	0.07	0.08	0.09
⋮	⋮	⋮	⋮	⋮	⋮	⋮	⋮	⋮	⋮	⋮
1.3	0.4032	0.4049	0.4066	0.4082	0.4099	0.4115	0.4131	0.4147	0.4162	0.4177
1.4	0.4192	0.4207	0.4222	0.4236	0.4251	0.4265	0.4279	0.4292	0.4306	0.4319
1.5	0.4332	0.4345	0.4357	0.4370	0.4382	0.4394	0.4406	0.4418	0.4429	0.4441
1.6	0.4452	0.4463	0.4474	0.4484	0.4495	0.4505	0.4515	0.4525	0.4535	0.4545
1.7	0.4554	0.4564	0.4573	0.4582	0.4591	0.4599	0.4608	0.4616	0.4625	0.4633
⋮	⋮	⋮	⋮	⋮	⋮	⋮	⋮	⋮	⋮	⋮

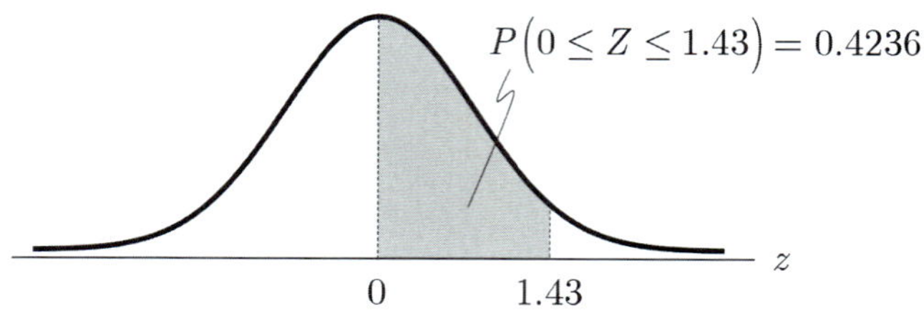

<그림 6.8> 정규분포의 확률계산

정규분포는 평균을 중심으로 좌우가 대칭이고 정규곡선과 수평축 사이의 전체 면적은 1이므로 <그림 6.7>의 정규곡선과 수평축 사이에서 $-\infty$ 부터 0 까지의 면적은 0.5 이며 표준정규확률변수 Z 가 1.43 이하에 속할 확률은 다음과 같다.

$$P(Z \le 1.43) = P(-\infty \le Z \le 0) + P(0 \le Z \le 1.43)$$
$$= 0.5 + 0.4236 \ = 0.9236$$

Z 가 1.43 이상에 속할 확률 $P(Z \ge 1.43)$ 은 다음과 같다.

$$P(Z \ge 1.43) = 1 - P(-\infty \le Z \le 1.43) = 1 - 0.9236$$
$$= 0.0764$$

정규곡선은 평균을 중심으로 좌우가 대칭이므로 Z 가 -1.43 이하에 속할 확률 $P(Z \le -1.43)$ 은 $P(Z \ge 1.43)$ 과 같으므로

$$P(Z \le -1.43) = P(Z \ge 1.43)$$
$$= 0.0764$$

[예제 6.2] 타이어 수명

HK타이어에서 생산하는 타이어의 수명은 평균이 40,000km이고 표준편차가 8,000km인 정규분포를 따른다.

1) 어떤 타이어의 수명이 50,000km 이하일 확률을 구하시오.

2) 어떤 타이어의 수명이 36,000km 이상 50,000 km이하일 확률을 구하시오.

풀이

1) 타이어 수명 X 의 확률분포는 $\mu = 40,000$, $\sigma = 8,000$ 의 정규분포이다. X 의 값 50,000km를 표준화 Z 값으로 나타내면;

$$\frac{50,000-\mu}{\sigma} = \frac{50,000-40,000}{8,000} = 1.25$$

따라서 타이어 수명 X 가 50,000km이하일 확률은 Z 가 1.25 이하일 확률과 같으므로 다음과 같다.

$$P(X \le 50,000) = P\left(Z \le \frac{50,000-40,000}{8,000}\right)$$
$$= P(Z \le 1.25) = P(-\infty < Z \le 0) + P(0 \le Z \le 1.25)$$
$$= 0.5 + 0.3944 = 0.8944$$ (〈그림 6.11〉 참조)

z	⋯	0.04	0.05	0.06	⋯
⋮		⋮	⋮	⋮	
1.1	⋯	0.3729	0.3749	0.3770	⋯
1.2	⋯	0.3925	0.3944	0.3962	⋯
1.3	⋯	0.4099	0.4115	0.4131	⋯
⋮		⋮	⋮	⋮	

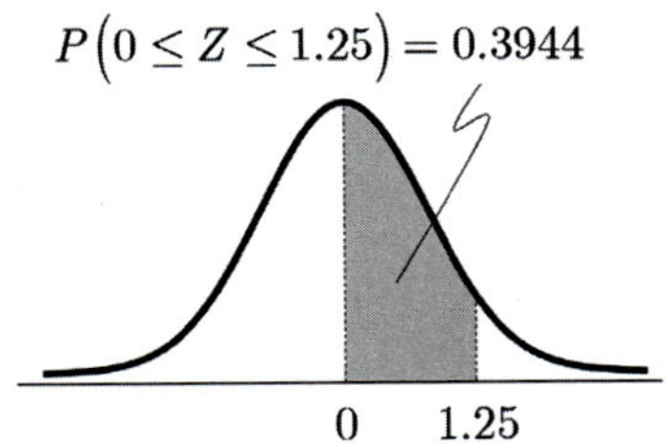

<그림 6.9> $P(0 \le Z \le 1.25)$

2) $\mu = 40,000$, $\sigma = 8,000$ 이므로 타이어 수명 X 가 36,000km이상 50,000km이하일 확률을 표준정규확률변수로 나타내면 다음과 같다. (〈그림 6.9〉참조)

$$P(36,000 \le X \le 50,000) = P\left(\frac{36,000-40,000}{8,000} \le Z \le \frac{50,000-40,000}{8,000}\right)$$
$$= P(-0.5 \le Z \le 1.25) = P(-0.5 \le Z \le 0) + P(0 \le Z \le 1.25)$$
$$= P(0 \le Z \le 0.5) + P(0 \le Z \le 1.25)$$
$$= 0.1915 + 0.3944 = 0.5859$$ (〈그림 6.11〉~〈그림 6.13〉 참조)

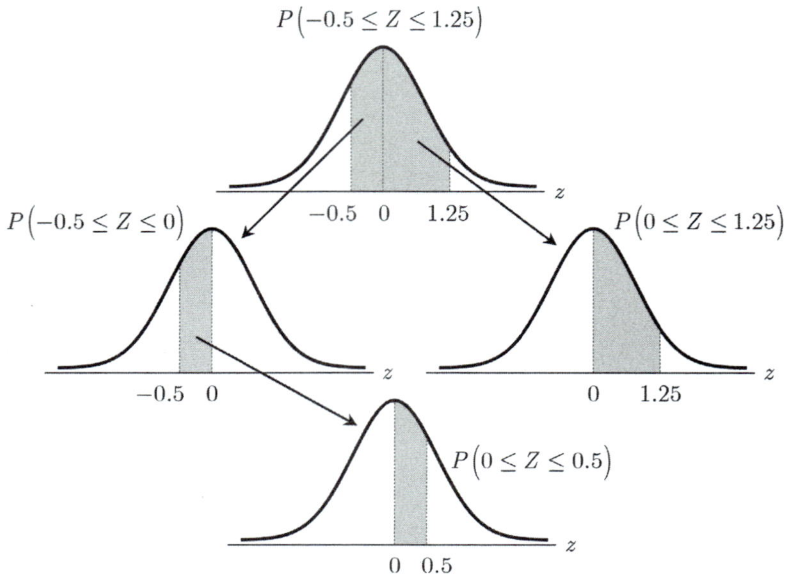

<그림 6.10> $P(-0.5 \le Z \le 1.25) = P(-0.5 \le Z \le 0) + P(0 \le Z \le 1.25)$

z	0.00	0.01	0.02	⋯
⋮	⋮	⋮	⋮	
0.4	0.1554	0.1591	0.1628	⋯
0.5	0.1915	0.1950	0.1985	⋯
0.6	0.2257	0.2291	0.2324	⋯
⋮	⋮	⋮	⋮	

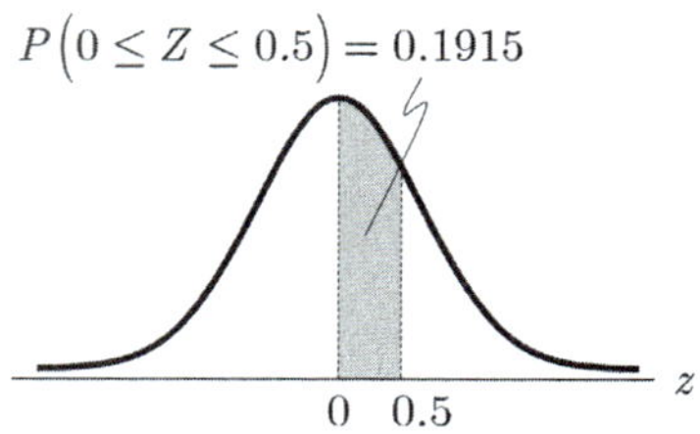

<그림 6.11> $P(0 \le Z \le 0.5)$

6.2.3 Z값의 계산

<그림 6.11>는 $P(Z \ge Z_\alpha) = \alpha$ 을 만족시키는 상위α 백분율점(percentage point) Z_α를 나타낸 것이다. Z_α는 표준정규분포에서 이 값의 오른쪽 면적이 α가 되는 Z(표준정규확률변수)값이다. 추론통계학에서는 주어진 확률 α에 대응하는 Z_α가 매우 중요한 역할을 한다. 일반적으로 사용되는 α는 0.005, 0.01, 0.025, 0.05, 0.1 등이다.

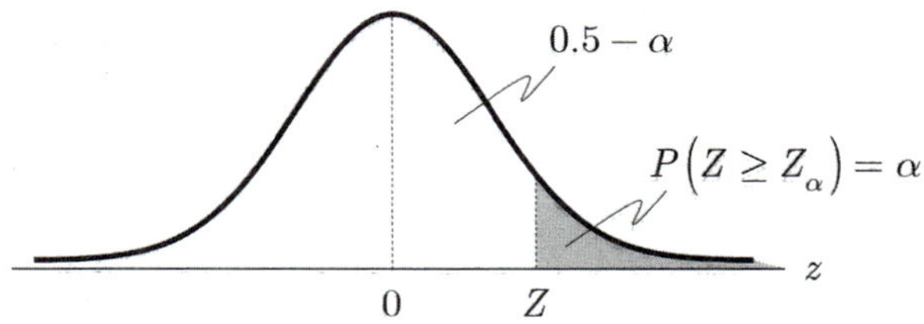

<그림 6.12>

Z값이 Z_α이상에 속할 확률이 α이므로 Z값이 0부터 Z_α까지의 구간에 속할 확률은 $0.5-\alpha$이다. 부록 표 Ⅳ의 표준정규분포표는 Z값이 0부터 Z_α까지의 구간에 속할 확률 $P(0 \le Z \le Z_\alpha)$을 나타낸 것이므로 주어진 α에 대하여 $P(0 \le Z \le Z_\alpha) = 0.5-\alpha$을 만족하는 Z_α를 이 표에서 찾을 수 있다. 예를 들어 $\alpha = 0.025$이면 $0.5-\alpha = 0.475$이고 <그림 6.13>에 나타낸 것처럼 표준정규분포표에서 확률 0.475에 상응하는 $Z_{0.025}$의 값 $1.96 (= 1.9 + 0.06)$을 찾을 수 있다.

z	⋯	0.05	0.06	0.07	⋯
⋮		⋮	⋮	⋮	
1.8	⋯	0.4678	0.4686	0.4693	⋯
1.9	⋯	0.4744	0.4750	0.4756	⋯
2.0	⋯	0.4798	0.4803	0.4808	⋯
⋮		⋮	⋮	⋮	

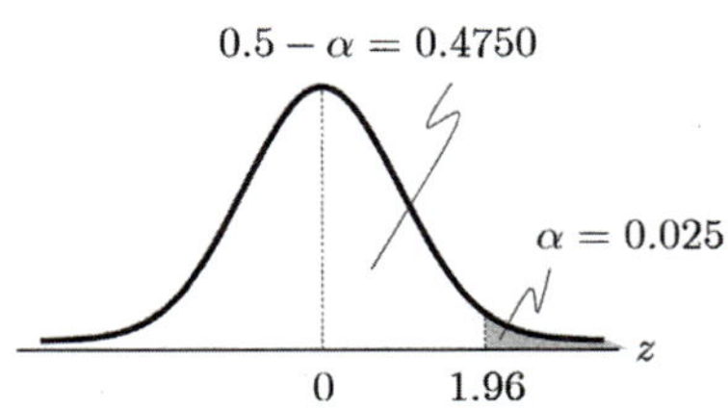

<그림 6.13> $Z_{0.025} = 1.96$

[예제 6.3] 타이어 반품 기준

예제 6.2의 HK타이어에서는 수명이 일정한 수준에 미치지 못하는 타이어에 대한 반품정책을 추진하려고 한다. 반품되는 물량이 전체 생산량의 1%이하가 되게 하려면 반품기준을 몇 km로 해야 하는가?

풀이

타이어 수명은 X라 하고 반품기준은 C라고 하자. 반품되는 물량이 전체 생산량의 1%가 되게 하려면 타이어수명 X가 반품기준 C를 초과할 확률이 0.99이어야 한다. 즉 반품기준 C는 $P(X \ge C) = 0.99$을 만족해야 한다. 타이어 수명 X의 확률분포는 $\mu = 40{,}000$, $\sigma = 8{,}000$의 정규분포이므로 계산과정은 다음과 같다.

$$P(X \ge C) = P\left(Z \ge \frac{C-40{,}000}{8{,}000}\right) = 0.99, \qquad \frac{C-40{,}000}{8{,}000} = Z_{0.99}$$

반품기준 $C = Z_{0.99} \times 8{,}000 + 40{,}000$

표준정규곡선은 평균인 0을 중심으로 좌우가 대칭이므로 〈그림 6.14〉에 나타낸 것처럼 $Z_{0.99}$는 $-Z_{0.01}$과 같다.

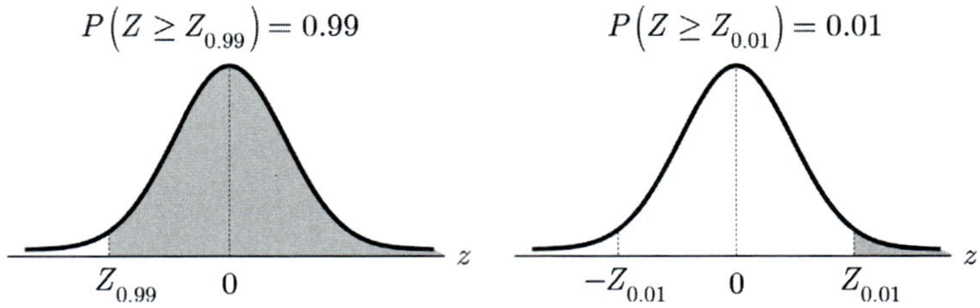

<그림 6.14> $Z_{0.99}=-Z_{0.01}$

$\alpha=0.01$이면 $0.5=0.49$이다. 〈그림 6.15〉에 나타낸 것처럼 표준정규분포표에서 0.49에 가장 가까운 확률은 Z값 $2.33(=2.3+0.03)$에 있는 0.4901이고, 이를 $Z_{0.01}$의 근사값이 된다.

z	⋯	0.02	0.03	0.04	⋯
⋮		⋮	⋮	⋮	
2.2	⋯	0.4868	0.4871	0.4875	⋯
2.3	⋯	0.4898	0.4901	0.4904	⋯
2.4	⋯	0.4922	0.4925	0.4927	⋯
⋮		⋮	⋮	⋮	

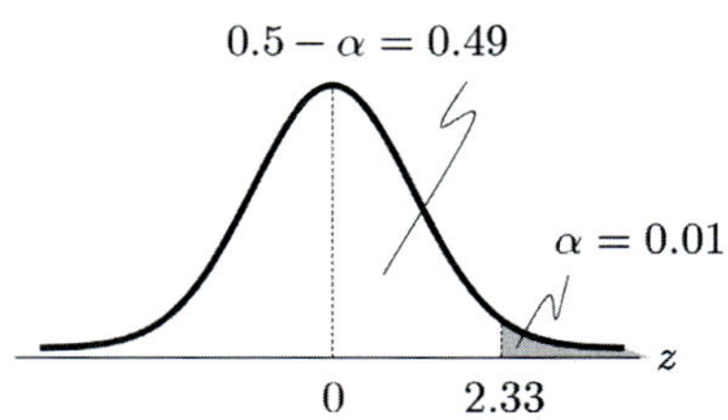

<그림 6.15> $Z_{0.01}$=2.33

따라서 반품기준 $C=Z_{0.99}\times 8,000+40,000=-Z_{0.01}\times 8,000+40,000$

$$=-2.33\times 8,000+40,000=21,360$$

6.2.4 이항분포와 정규분포

시행회수가 n이고 성공확률이 π인 이항분포는 $n\pi\geq 5$와 $n(1-\pi)\geq 5$을 모두 만족할 경우 평균이 $\mu=n\pi$이고 표준편차가 $\sigma=\sqrt{n\pi(1-\pi)}$인 정규분포와 유사한 형태를 갖는다. 그리고 π가 0.5에 가까울수록, n이 커질수록 두 분포의 형태는 더욱 비슷해진다. 이러한 특성을 활용하면 이항분포 확률의 근사값을 정규분포로 계산할 수 있다. 예를 들어 $n=20$이고 $\pi=0.5$이면 $n\pi=20\times 0.5=10$, $n(1-\pi)=20\times 0.5=10$으로 모두 5보다 크다. 따라서 $n=20$, $\pi=0.5$인 이항분포의 확률은 $\mu = 20 \times 0.5 = 10$, $\sigma = \sqrt{20 \times 0.5 \times (1-0.5)} = \sqrt{5}$ 의 정규분포로 근사값을 구할 수 있다. <그림 6.16>에서 선도표는 $n = 20$, $\pi = 0.5$ 의 이항분포를 나타낸 것이고 정규곡선은 $\mu = 10$, $\sigma = \sqrt{5}$ 의 정규분포를 나타낸 것이다. 선도표에서 각각의 수직방향 직선의 끝점을 곡선으로 연결하면 그 형태가 정규곡선과 거의 같아진다.

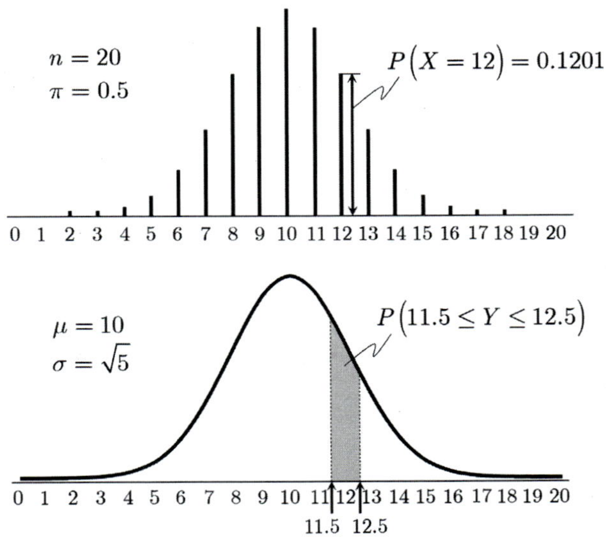

<그림 6.16> 이항분포와 정규분포

n, π 의 이항확률변수 X 의 값이 a일 확률 $P(X = a)$의 근사값은 $\mu = n\pi$, $\sigma = \sqrt{n\pi(1-\pi)}$ 의 정규확률변수 Y 의 값이 $a - 0.5$ 부터 $a + 0.5$ 까지에 속할 확률 $P(a - 0.5 \le Y \le a + 0.5)$로 구할 수 있다. 이러한 근사값 계산은 이항확률변수의 값 a가 $a - 0.5$ 부터 $a + 0.5$ 까지에 속하는 모든 숫자들을 반올림하여 정수로 나타낸 것이라는 가정을 전제로 하고 있다. 이 가정에서 사용된 숫자 0.5 를 연속성수정계수(continuity correction factor)라고 한다.

<그림 6.16>의 선도표에서 숫자 12 위의 수직방향 직선의 길이는 $n = 20$, $\pi = 0.5$ 의 이항확률변수 X 가 12를 값으로 가질 확률 $P(X = 12)$을 나타내며 그 값은 0.1201 이다. 이 값의 근사값은 정규곡선과 수평축 사이에서 11.5 부터 12.5 까지의 면적으로 구할 수 있다. 이 면적은 $\mu = 10$, $\sigma = \sqrt{5}$ 의 정규확률변수 Y

의 값이 11.5부터 12.5까지에 속할 확률 $P(11.5 \le Y \le 12.5)$이며 다음과 같이 구할 수 있다.

$$\begin{aligned} P(11.5 \le Y \le 12.5) &= P\left(\frac{11.5-\mu}{\sigma} \le \frac{Y-\mu}{\sigma} \le \frac{12.5-\mu}{\sigma}\right) \\ &= P\left(\frac{11.5-10}{\sqrt{5}} \le Z \le \frac{12.5-10}{\sqrt{5}}\right) \\ &= P(0.67 \le Z \le 1.12) \\ &= P(0 \le Z \le 1.12) - P(0 \le Z \le 0.67) \\ &= 0.3686 - 0.2486 \\ &= 0.12 \end{aligned}$$

[예제 6.4] K항공사 수익관리

K항공사는 미주노선 이코노미 좌석 180석에 대하여 20석을 초과하여 200석의 예약을 접수하고 있다. 과거의 자료를 검토한 결과 예약자 중 실제로 탑승하는 사람은 87%, 탑승하지 않고 예약부도(豫約不渡, no show)인 사람은 13%로 나타났다. 예약은 완료되고 예약자의 탑승여부는 각각 독립적으로 이루어진다고 가정하고 탑승고객수가 181명 이상일 확률의 근사값을 정규분포로 구하시오.

풀이

탑승고객수는 시행회수 $n = 200$, 성공확률 $\pi = 0.87$의 이항확률변수이다. $n\pi = 200 \times 0.87 = 174$, $n(1-\pi) = 200 \times (1-0.87) = 26$으로 모두 5보다 크다. 따라서 탑승고객수가 181명 이상일 확률의 근사값은

$$\mu = n\pi = 174$$

$$\sigma = \sqrt{n\pi(1-\pi)} = \sqrt{200 \times 0.87 \times (1-0.87)} = 4.756$$

의 정규확률변수 Y의 값이 180.5보다 클 확률 $P(Y \ge 180.5)$로 구할 수 있으며 그 값은 다음과 같다.

$$\begin{aligned} P(Y \ge 180.5) &= P\left(\frac{Y-\mu}{\sigma} \ge \frac{180.5-\mu}{\sigma}\right) = P\left(Z \ge \frac{180.5-174}{4.756}\right) \\ &= P(Z \ge 1.37) = 0.5 - P(0 \le Z \le 1.37) \\ &= 0.5 - 0.4147 = 0.0853 \end{aligned}$$

6.3.1 지수분포

지수분포는 은행창구에서 서비스를 받기 위해 사람들이 줄을 서는 현상, 고장난 기계들이 수리를 받기 위해 순서를 기다리는 현상 등 어떤 목적을 달성하기 위하여 기다리는 대기행렬(queue)을 분석하는데 유용하게 사용된다. 지수분포는 포아송분포와 밀접한 관계를 가지고 있다. 성공횟수가 평균 λ 인 포아송분포를 따르면 성공과 성공 사이의 간격은 평균이 $1/\lambda$ 인 지수분포를 따른다. 예를 들어 1시간에 평균 6명의 고객이 포아송분포를 이루며 도착한다는 것은 평균 1/6시간(= 10분) 간격으로 지수분포를 이루며 도착하고 있다는 것과 같다. 지수분포(exponential distribution)의 확률밀도함수는 다음과 같다.

지수분포의 확률밀도함수

$$f(x) = \lambda e^{-\lambda x},\ \ 0 < x < \infty$$

$$e = 2.718282$$

λ 는 포아송분포의 평균이며 이 값의 역수 $1/\lambda$ 는 지수확률변수의 평균이며 또한 표준편차이다.

지수분포의 평균과 표준편차

평균 $$E(X) = \mu = \frac{1}{\lambda}$$

표준편차 $$\sigma = \sqrt{Var(X)} = \frac{1}{\lambda}$$

<그림 6.16>는 지수분포의 확률밀도함수를 곡선으로 나타낸 것이다. 지수곡선은 다음과 같은 특징을 갖는다. 지수확률변수는 0과 ∞ 사이에서 값을 가지며 지수곡선과 수평축 사이의 전체 면적은 1이다. $x = 0$ 에서 확률밀도가 가장 크며 그 값은 $f(0) = \lambda$ 이다. x 가 0에서 오른쪽으로 멀어질수록 확률밀도는 0에 접근한다.

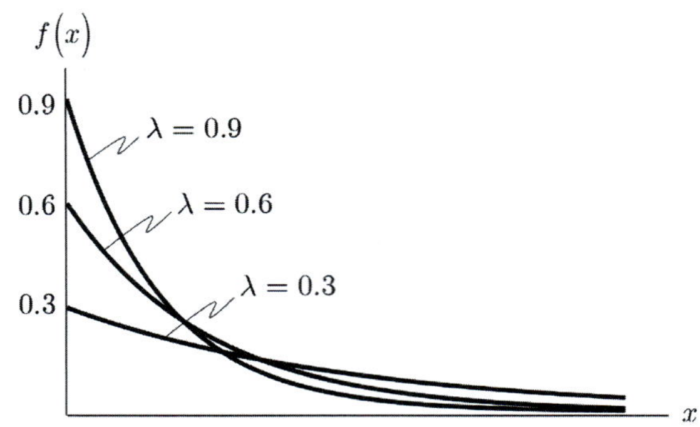

<그림 6.17> 곡선으로 나타낸 지수분포

6.3.2 지수분포의 확률계산

포아송확률변수의 평균이 λ 인 지수확률변수 X 의 값이 x 이하에 속할 사건의 확률 $P(X \le x)$ 은 <그림 6.18>에 나타낸 것처럼 지수곡선과 수평축 사이에서 0부터 x 까지의 면적과 같다.

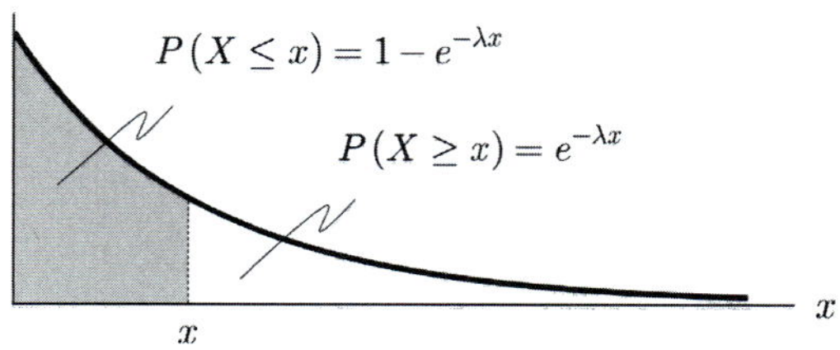

<그림 6.18> 지수분포의 확률계산

이 면적은 다음 공식을 이용하거나 부록 표 V의 지수분포표를 이용하여 구할 수 있다.

지수분포의 확률계산

$$P(X \le x) = 1 - e^{-\lambda x}$$
$$P(X \ge x) = e^{-\lambda x}$$

부록 표 V는 지수확률변수 X 가 특정 값 x 이하일 확률 즉 $P(X \le x) = 1 - e^{-\lambda x}$ 를 계산한 값으로 <그림 6.17>에 음영으로 표시된 면적 즉 확률이다. [표 6.2]는 부록 표 V 지수분포표의 일부이다. 지수분포표를 이용하는 방법은 표준정규분포표를 이용하는 방법과 유사하나 Z 값 대신에 λx 값을 사용한다.

[표 6.2] 지수분포표

λx	.00	.01	.02	.03	.04	.05	.06	.07	.08	.09
⋮	⋮	⋮	⋮	⋮	⋮	⋮	⋮	⋮	⋮	⋮
1.3	0.7275	0.7302	0.7329	0.7355	0.7382	0.7408	0.7433	0.7459	0.7484	0.7509
1.4	0.7534	0.7559	0.7583	0.7607	0.7631	0.7654	0.7678	0.7701	0.7724	0.7746
1.5	0.7769	0.7791	0.7813	0.7835	0.7856	0.7878	0.7899	0.7920	0.7940	0.7961
1.6	0.7981	0.8001	0.8021	0.8041	0.8060	0.8080	0.8099	0.8118	0.8136	0.8155
1.7	0.8173	0.8191	0.8209	0.8227	0.8245	0.8262	0.8280	0.8297	0.8314	0.8330
⋮	⋮	⋮	⋮	⋮	⋮	⋮	⋮	⋮	⋮	⋮

[예제 6.5] 119구조대 신고전화

K시의 119구조대에는 걸려오는 신고전화는 시간당 평균 10건으로 포아송분포를 따른다고 할 때 다음을 구하시오.

1) 다음 신고전화가 5분 이내에 걸려올 확률
2) 다음 신고전화가 10분 이내에 없을 확률
3) 다음 신고전화가 5분 초과 10분 이내에 걸려올 확률

풀이

1시간당 평균 신고전화 건수가 10 건이므로 1분당 평균건수는 $1/6$ 건이다. 따라서 다음 신고전화까지의 시간(단위: 분) X 는 $\lambda = 1/6$ 인 지수확률변수이다.

1) $P(X \le 5) = 1 - e^{-\lambda \times 5} = 1 - (2.718282)^{-5/6}$

$$= 1 - 0.4346 = 0.5654$$

$\lambda = 1/6$, $x = 5$ 이므로 $\lambda x = 5/6 \approx 0.83$. 지수분포표에서 $\lambda x = 0.83$ 에 해당하는 값은 0.5640이므로 $P(X \le 5) \approx 0.5640$.

2) $P(X \ge 10) = e^{-\lambda \times 10} = (2.718282)^{-10/6} = 0.1889$

$\lambda = 1/6$, $x = 10$ 이므로 $\lambda x = 10/6 \approx 1.67$. 지수분포표에서 $\lambda x = 1.67$ 에 해당하는 값은 0.8118이므로

$$P(X \ge 10) = 1 - P(X \le 10) = 1 - 0.8118 = 0.1882$$

3) $P(5 \le X \le 10) = P(X \le 10) - P(X \le 5)$

$$= (1 - e^{-\lambda \times 10}) - (1 - e^{-\lambda \times 5}) = e^{-\lambda \times 5} - e^{-\lambda \times 10}$$

$$= (2.718282)^{-5/6} - (2.718282)^{-10/6}$$

$$= 0.4346 - 0.1889 = 0.2457$$

$$P(5 \le X \le 10) = P(X \le 10) - P(X \le 5)$$

$$= 0.8118 - 0.5640 = 0.2478$$

제4절 Excel의 활용

6.4.1 정규분포의 확률계산 [NORM.DIST]

평균이 μ이고 표준편차가 σ인 정규확률변수 X의 값이 x이하에 속할 사건의 확률 $P(X \le x)$은 NORM.DIST로 구할 수 있다.

=NORM.DIST(x , mean , standard_dev , cumulative)

여기서 x = 확률변수의 값 x

mean = 평균 μ

standard_dev = 표준편차 σ

cumulative = 0이면 확률밀도를 계산함

1이면 확률 $P(X \le x)$을 계산함

<그림 6.28>은 $\mu = 500$, $\sigma = 50$의 정규분포에서 $x = 600$의 확률밀도 $f(600)$과 확률 $P(X \le 600)$을 나타낸 것이다. <그림 6.29>는 NORM.DIST로 확률밀도 $f(600)$과 확률 $P(X \le 600)$을 계산하기 위한 입력내용과 출력결과를 보여준다.

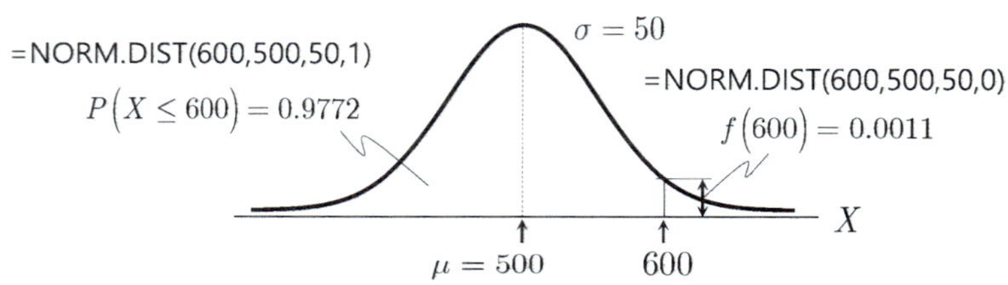

<그림 6.19> 정규분포의 확률밀도와 확률

	A	B	C	D	E	F
1	μ =	500		확률밀도	f(x) =	0.0011
2	σ =	50		확률	P(X≤x) =	0.9772
3	x =	600				
4						

=NORM.DIST(B3,B1,B2,0)

=NORM.DIST(B3,B1,B2,1)

<그림 6.20> NORM.DIST를 활용한 정규분포의 확률계산

Excel2010에서 추가된 NORM.DIST는 Excel2007의 NORMDIST를 대체한 것이며 두 함수의 사용방법은 동일하다. 그 밖에 NORM.S.DIST는 $\mu = 0$, $\sigma = 1$

인 표준정규분포의 확률을 계산한다. STANDARDIZE는 정규확률변수의 값을 표준화하여 돌려준다.

6.4.2 Z값의 계산 [NORM.S.INV]

$P(Z \ge Z_\alpha) = \alpha$ 을 만족시키는 Z_α 는 NORM.S.INV로 구할 수 있다.

=NORM.S.INV(probability)

여기서 probability = 왼쪽 확률 $1-\alpha$

<그림 6.21>은 표준정규분포에서 $\alpha = 0.05$ 일 때의 Z 값 $Z_{0.05}$ 를 나타낸 것이다. <그림 6.22>는 NORM.S.INV로 $Z_{0.05}$ 를 구하기 위한 입력내용과 출력결과를 보여주고 있다.

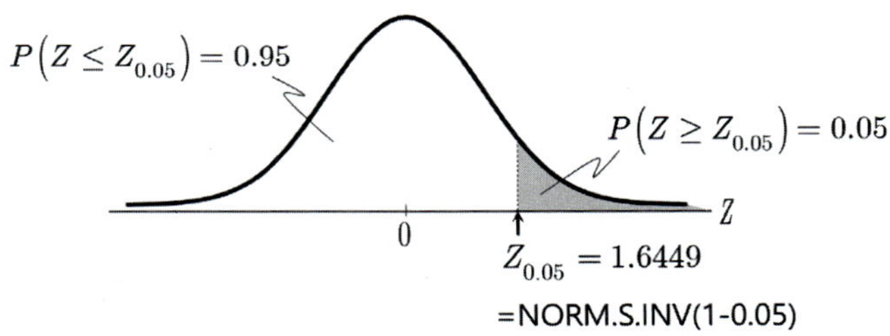

<그림 6.21> $Z_{0.05}$

	A	B	C
1	α =	0.05	
2	Z_α =	1.6449	
3			

=NORM.S.INV(1-B1)

<그림 6.22> NORM.S.INV를 활용한 Z값 계산

Excel2010에서 추가된 NORM.S.INV는 Excel2007의 NORMSINV를 대체한 것이며 두 함수의 사용방법은 동일하다. 그 밖에 NORM.INV는 평균이 μ 이고 표준편차가 σ 인 정규확률변수 X 에 대해서 $P(X \ge X_\alpha) = \alpha$ 을 만족시키는 X_α 를 구해준다.

연습문제

6.1 확률변수 X는 최소값 10와 최대값 30의 균등분포를 따른다. 물음에 답하시오.

(1) $P(X \geq 35)$을 구하시오.

(2) $P(15 < X < 20)$을 구하시오.

(3) $P(X > 20)$을 구하시오.

(4) $P(X \geq a) = 0.2$일 때 a를 구하시오.

(5) $E(X)$을 구하시오.

(6) $Var(X)$을 구하시오.

6.2 확률변수 X는 평균 $\mu = 100$이고 표준편차 $\sigma = 10$인 정규확률변수이다. 다음 물음에 답하시오.

(1) $P(X \leq 85)$을 구하시오.

(2) $P(85 \leq X \leq 95)$을 구하시오.

(3) $P(X \geq K) = 0.05$을 만족하는 K의 값을 구하시오.

(4) $P(X \leq K) = 0.9$을 만족하는 K의 값을 구하시오.

6.3 확률변수 X는 시행회수가 $n = 400$이고 성공확률이 $\pi = 0.7$인 이항확률변수이다. 표준정규분포표를 사용하여 다음 물음에 답하시오.

(1) $P(X \leq 270)$을 구하시오.

(2) $P(270 \leq X \leq 290)$을 구하시오.

(3) $P(X \leq 285)$을 구하시오.

6.4 HN화학의 핵심원료 주간 소비량은 평균이 25톤이고 표준편차가 5톤이며 정규분포이다.

(1) 이 원료의 주간 소비량이 20톤 이하일 확률을 구하시오.

(2) 이 원료의 주간 소비량이 20톤 이상 35톤 이하일 확률을 구하시오.

(3) 이 원료의 주간 소비량이 정확하게 30톤일 확률을 구하시오.

6.5 X는 $\lambda = 0.5$의 지수확률변수이다. 다음 확률을 구하시오.

(1) $P(X \geq 1)$ (2) $P(X = 1)$

(3) $P(X \geq 1)$ (4) $P(1 \leq X \leq 2)$

6.6 어떤 제조업체의 기계에서 다음 고장이 발생할 때까지의 시간은 평균이 20시간인 지수분포를 따른다.

(1) 다음 고장이 15시간 이내에 발생할 확률을 구하시오.

(2) 다음 고장이 25시간 이내에 발생하지 않을 확률을 구하시오.

(3) 다음 고장이 15시간 이후 그리고 25시간 이내에 발생할 확률을 구하시오.

(4) 다음 고장이 발생할 때까지의 소요시간의 표준편차를 구하시오.

6.7 다음을 구하기 위해 입력해야 하는 Excel수식과 출력결과를 적으시오.

(1) 표준정규분포에서 $z = 0.3$의 확률밀도

(2) $P(Z \leq 0.5269)$ (3) $P(0 \leq Z \leq 0.5269)$

(4) $P(Z \geq 0.2647)$ (5) $Z_{0.01}$

(6) $Z_{0.43}$ (7) $Z_{0.995}$

6.8 다음을 구하기 위해 입력해야 하는 Excel수식과 출력결과를 적으시오.

(1) $\mu = 20$, $\sigma = 15$의 정규분포에서 $x = 30$의 확률밀도

(2) $\mu = 20$, $\sigma = 15$의 정규분포에서 $x = 30$의 표준화 값

(3) $P(-13 \leq X \leq 28)$, 여기서 X는 $\mu = 20$, $\sigma = 15$의 정규확률변수

(4) $P(X \geq 23)$, 여기서 X는 $\mu = 20$, $\sigma = 15$의 정규확률변수

(5) $P(X \geq X_{\alpha}) = 0.05$을 만족시키는 X_{α}, 여기서 X는 $\mu = 20$, $\sigma = 15$의 정규확률변수

(6) $P(X \geq X_{\alpha}) = 0.95$을 만족시키는 X_{α}, 여기서 X는 $\mu = 20$, $\sigma = 15$의 정규확률변수

엑셀을 이용한 경영통계학

07 표본분포

실제로 조사자나 의사결정자들의 관심은 모집단의 특성인 모수에 있다. 현실적으로 모수를 파악하기는 어렵거나 불가능한 경우가 많아 표본을 추출하여 표본의 특성 즉 통계량을 구하여 모수를 유추하여 사용한다. 앞에서 이를 추리통계학 또는 통계적 추론이라고 설명한 바 있으며, 이는 현대 통계학의 핵이다. 본 장의 주제인 표본분포는 통계량과 모수를 연결하는 고리이므로 통계적 추론을 이해하는 데 필수적인 요소다.

제1절 표본분포의 개념

7.1.1 표본분포의 정의

표본분포란 표본조사를 하여 정리 요약한 것을 의미하지는 않는다. 모집단에서 일정한 크기의 표본을 추출 가능한 모든 방법으로 추출한다는 가정하에 각 표본에서 구한 통계량을 확률변수로 하는 확률분포를 말한다. 표본분포를 정의하면 다음과 같다.

표본분포

표본분포란 모집단에서 일정한 크기의 표본을 추출 가능한 모든 경우의 수대로 반복하여 추출했을 경우 각 표본에서 구한 통계량이 확률변수인 확률분포를 말한다.

<그림 7.1>은 모집단에서 표본을 추출하는 과정과 표본분포의 개념을 나타낸 것이다. 크기가 N 인 모집단에서 크기가 n 인 추출 가능한 모든 표본 즉 표본1 부

터 표본K까지(복원추출의 경우 N^n가지의 표본)를 모두 추출하고 각 표본에서 계산된 표본평균 $\bar{X}$, 표본분산 S^2, 표본비율 p 등의 통계량의 값으로 만든 확률분포를 말한다.

각 표본에서 나오는 통계량은 평균, 분산, 비율 등 여러 가지가 있다. 어떤 것이든 반복적으로 추출하여 구한 통계량의 분포는 모두 표본분포이다. 통계량이 평균일 경우 표본평균의 표본분포, 분산일 경우 표본분산의 표본분포, 비율일 경우 표본비율의 표본분포 등이다. 어떤 통계량이든 표본이 어떻게 구성되느냐에 따라 값이 변하고, 그 값은 사전에 알 수 없기 때문에 통계량들은 확률변수이다.

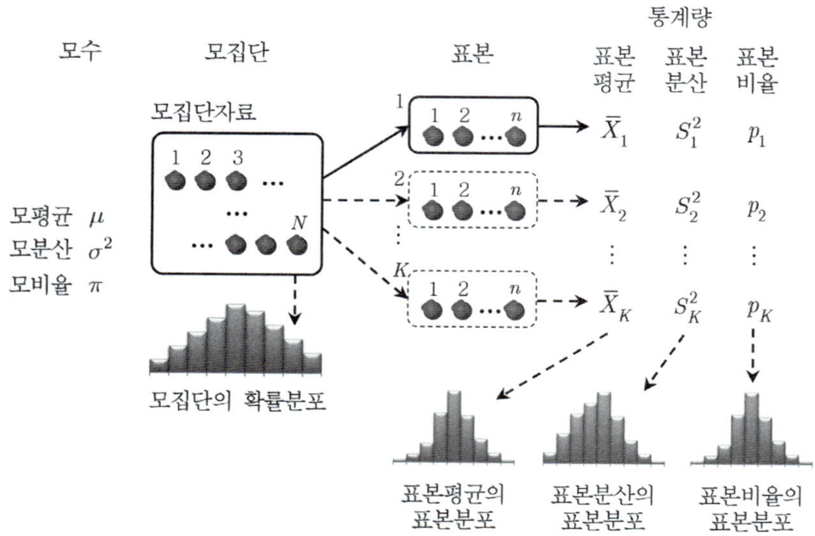

<그림 7.1> 표본과 표본분포

모집단의 모수를 모르기 때문에 표본조사를 하여 구한 통계량으로 모수를 추론하려는 것이 추론통계학이다. 크기가 N인 모집단에서 크기가 n인 표본을 추출하는 방법의 수는 N보다 많기 때문에 표본을 반복해서 추출하여 조사하는 것은 모집단을 조사하는 것보다 더 어려운 일이다. 그러므로 표본분포의 정의에서 가정한 추출 가능한 모든 방법으로 반복해서 추출하여 조사하지 않고 <그림 7.1>에서 실선으로 제시된 바와 같이 한 번의 표본조사로 구한 통계량만을 가지고 모수를 유추한다. 이를 위해서는 한 번의 표본조사에서 나온 통계량의 값이 나올 수 있는 가능성 즉 확률을 알아야 하고, 확률을 알기 위해서는 그 통계량의 확률분포인 표본분포를 알아야 한다. 표본분포의 형태를 파악하기 위해서는 분포의 평균과 표준편차가 필요하다. 모집단 및 표본의 표준편차와 구분하기 위하여 표본분

포의 표준편차를 표준오차(standard error)라고 한다.

[예제 7.1] TV시청시간 – 복원추출 표본과 표본분포

다섯 명의 학생 A, B, C, D, E가 일주일에 TV를 보는 시간은 각각 4, 8, 12, 14, 12시간이다. 이들 다섯 명의 모집단에서 복원무작위추출로 크기 2 의 표본을 뽑는 경우에 대하여 주간 TV시청시간의 표본평균 $\overline{X}$ 와 표본분산 S^2 , 10시간 이상 시청자비율의 표본분포 p 를 구하시오.

풀이

모집단크기는 $N = 5$ 이고 표본크기는 $n = 2$ 이므로 복원추출로 만들 수 있는 표본의 수는 25 $(= 5^2)$개이다.]는 25 개의 표본에 대하여 표본번호, 표본(표본에 포함된 학생), 표본자료(표본에 포함된 학생의 주간 TV시청시간), 표본평균, 표본분산, 표본비율 등을 나타낸 것이다.

[표 7.1] 복원추출 표본과 통계량

표본 번호	표본	표본 자료	표본 평균	표본 분산	표본 비율	표본 번호	표본	표본 자료	표본 평균	표본 분산	표본 비율
1	A A	4 4	4	0	0	14	C D	12 14	13	2	1
2	A B	4 8	6	8	0	15	C E	12 12	12	0	1
3	A C	4 12	8	32	0.5	16	D A	14 4	9	50	0.5
4	A D	4 14	9	50	0.5	17	D B	14 8	11	18	0.5
5	A E	4 12	8	32	0.5	18	D C	14 12	13	2	1
6	B A	8 4	6	8	0	19	D D	14 14	14	0	1
7	B B	8 8	8	0	0	20	D E	14 12	13	2	1
8	B C	8 12	10	8	0.5	21	E A	12 4	8	32	0.5
9	B D	8 14	11	18	0.5	22	E B	12 8	10	8	0.5
10	B E	8 12	10	8	0.5	23	E C	12 12	12	0	1
11	C A	12 4	8	32	0.5	24	E D	12 14	13	2	1
12	C B	12 8	10	8	0.5	25	E E	12 12	12	0	1
13	C C	12 12	12	0	1						

[표 7.1]에 계산되어 있는 25 개의 표본평균, 표본분산 및 표본비율로 도수분포표를 작성하여 구한 $\overline{X}$, S^2 및 p 의 표본분포는 각각 다음과 같다.

[표 7.2] 표본평균, 표본분산 및 표본비율의 표본분포 (복원추출)

(a) 표본평균 $\bar{X}$ 의 표본분포

$\bar{X}$	도수	확률
4	1	0.04
6	2	0.08
8	5	0.20
9	2	0.08
10	4	0.16
11	2	0.08
12	4	0.16
13	4	0.16
14	1	0.04
	25	1.00

(b) 표본분산 S^2 의 표본분포

S^2	도수	확률
0	7	0.28
2	4	0.16
8	6	0.24
18	2	0.08
32	4	0.16
50	2	0.08
	25	1.00

(c) 표본비율 p 표본분포

p	도수	확률
0	4	0.16
0.5	12	0.48
1	9	0.36
	25	1.00

제2절 모집단과 표본분포

7.2.1 표본평균의 표본분포

크기가 N 인 모집단에서 크기가 n 인 표본을 추출하는 방법의 수가 N^n (복원추출의 경우)이다. <그림 7.1>에 제시된 바와 같이 $K(=N^n)$개의 표본에서 구한 표본평균들의 값 $\bar{X}_1$, $\bar{X}_2, \cdots,$ $\bar{X}_K$ 의 분포가 표본평균의 표본분포다. 즉 표본평균 $\bar{X}$ 가 확률변수인 표본분포이다. 확률변수 $\bar{X}$ 의 기대값, 분산 및 표준편차는 5장에서 설명한 기대값과 분산의 공식을 활용하여 구하면 다음과 같다.

표본평균 $\bar{X}$ 의 기대값, 분산 및 표준오차

기대값 $$E(\bar{X}) = E\left(\frac{\sum_{i=1}^{n} X_i}{n}\right) = \frac{1}{n}E\left(\sum_{i=1}^{n} X_i\right) = \frac{1}{n}\sum_{i=1}^{n} E(X_i)$$

$$= \frac{1}{n}\sum_{i=1}^{n} \mu = \frac{n\mu}{n} = \mu$$

분산 $Var(\bar{X}) = Var\left(\frac{\sum_{i=1}^{n} X_i}{n}\right) = \frac{1}{n^2} Var\left(\sum_{i=1}^{n} X_i\right) = \frac{1}{n^2}\sum_{i=1}^{n} Var(X_i)$

$$= \frac{1}{n^2}\sum_{i=1}^{n}\sigma^2 = \frac{n\sigma^2}{n^2} = \frac{\sigma^2}{n}$$

표준오차 $Std(\bar{X}) = \sqrt{\frac{\sigma^2}{n}} = \frac{\sigma}{\sqrt{n}}$

여기에서 표본평균의 표본분포의 기대값은 모집단 평균과 같고, 표본평균의 분산은 모집단 분산에 표본의 수로 나눈 것과 같음을 알 수 있다. 비복원추출의 경우 $Var(\bar{X})$에 5장에서 설명한 유한모집단수정계수 $(N-n)/(N-1)$를 곱하여야 한다. 표본평균의 표본분포의 평균과 표준편차는 반복해서 추출한 표본에서 구하는 것이 아니라 위 식을 이용하여 구한다.

[예제 7.2] TV시청시간 - 표본평균의 평균과 분산 -

예제 7.1에서 구한 표본평균 $\bar{X}$의 표본분포에서 평균과 분산을 구하여 $E(\bar{X}) = \mu$와 $Var(\bar{X}) = \sigma^2 / n$이 성립함을 증명하시오.

풀이

모집단 평균: $\mu = (4+8+12+14+12)/5 = 10$

$\bar{X}$의 평균: $E(\bar{X}) = (4+6+8+\cdots+12)/25 = 250/25 = 10$

따라서 $E(\bar{X}) = \mu$

모집단 분산:

$$\sigma^2 = \frac{(4-10)^2+(8-10)^2+(12-10)^2+(14-10)^2+(12-10)^2}{5} = \frac{64}{5}$$

$\bar{X}$의 분산:

$$Var(\bar{X}) = \frac{(4-10)^2+(6-10)^2+(8-10)^2+\cdots+(12-10)^2}{25} = \frac{160}{25} = \frac{32}{5}$$

$$Var(\bar{X}) = \frac{\sigma^2}{n} = \frac{64/5}{2} = \frac{32}{5}$$

따라서 $Var(\bar{X}) = \sigma^2 / n$

위의 식으로 표본평균의 표본분포의 평균과 표준편차 즉 표준오차는 구할 수

있지만 분포의 모양은 알 수가 없다. 분포의 모양은 모집단 분포의 모양과 밀접한 관계를 가지고 있으며, 그 관계를 요약하면 다음과 같다.

표본평균 $\bar{X}$의 확률분포

1) 평균 μ, 분산 σ^2인 모집단의 분포가 정규분포일 때 이 모집단에서 추출한 크기 n의 확률표본에서 계산된 표본평균 $\bar{X}$의 확률분포는 표본의 크기에 관계 없이 평균 μ, 분산 σ^2/n의 정규분포를 이룬다.
2) 평균 μ, 분산 σ^2인 모집단의 분포가 정규분포가 아니더라도 추출한 표본 n이 크면 표본평균 $\bar{X}$의 확률분포는 평균 μ, 분산 σ^2/n의 정규분포에 가까워진다.

2)의 속성을 중심극한정리(central limit theorem)라고 한다. 이 중심극한정리에 기초하여 모집단이 정규분포가 아닌 경우에도 표본의 크기를 늘려 표준정규분포를 이용하여 확률을 구하고 있다. 모집단의 분포가 정규분포에서 많이 벗어 날수록 더 많은 표본이 필요한 것은 모두 인정하는 사실이지만 표본평균이 정규분포에 가까워지는데 요구되는 표본의 크기에 대해 합치된 기준은 없다. 다만 일반적으로 표본의 크기가 30이상이면 좋은 근사값을 구하는데 무리가 없는 것으로 인정되고 있다.

반복해서 추출한 표본에서 통계량을 구하여 모수를 유추하는 것이 아니라 한 번의 표본조사의 결과로 모수를 유추하기 때문에 특정 통계량의 값이 발생할 확률이 필요한 것이다. 정규분포에서 확률을 구하기 위해서는 제6장에서 설명한 바와 같이 확률변수 값을 표준화하여 표준정규분포를 이용하여 구한다. 크기가 n인 어떤 표본에서의 표본평균 값 $\bar{X}$의 표준화 Z값은 표본평균이 확률변수이기 때문에 표준오차를 사용한 다음의 식을 이용하여 구한다.

표본평균 값의 표준화 Z

$$Z = \frac{\bar{X} - \mu}{Std(\bar{X})} = \frac{X - \mu}{\sigma \,/\, \sqrt{n}}$$

[예제 7.3] 타이어 수명 - 표본평균의 확률계산 -

HK타이어에서 생산하는 제품의 수명은 평균이 40,000km이고 표준편차가 8,000km인 정규분포를 따르는 것으로 알려져 있다.

1) 이 회사의 제품 1개를 구입할 경우 이 타이어의 수명이 44,000km이상일 확률을 구하시오.
2) 이 회사의 제품 4개를 구입할 경우 이 타이어들의 평균수명이 44,000km이상일 확률을 구하시오.

풀이

1) 타이어의 수명 X 의 확률분포는 $\mu = 40,000$, $\sigma = 8,000$ 의 정규분포이므로 확률 $P(X \geq 44,000)$는 다음과 같은 구할 수 있다.

$$\begin{aligned} P(X \geq 44,000) &= P\left(\frac{X-\mu}{\sigma} \geq \frac{44,000-\mu}{\sigma}\right) \\ &= P\left(Z \geq \frac{44,000-40,000}{8,000}\right) = P(Z \geq 0.5) \\ &= 0.5 - P(0 \leq Z \leq 0.5) \\ &= 0.5 - 0.1915 = 0.3085 \end{aligned}$$

2) 타이어의 수명 X 의 확률분포는 $\mu = 40,000$, $\sigma = 8,000$ 의 정규분포이므로 타이어 4개의 평균수명 $\bar{X}$ 의 확률분포는

$$\mu_{\bar{X}} = \mu = 40,000$$

$$\sigma_{\bar{X}} = \sigma / \sqrt{n} = 8,000 / \sqrt{4} = 4,000$$

의 정규분포이다. 따라서 확률 $P\left(\bar{X} \geq 44,000\right)$는 다음과 같은 구할 수 있다.

$$\begin{aligned} P\left(\bar{X} \geq 44,000\right) &= P\left(Z \geq \frac{44,000-40,000}{4,000}\right) \\ &= P(Z \geq 1.0) \\ &= 1 - P(0 \leq Z \leq 1.0) \\ &= 0.5 - 0.3413 = 0.1587 \end{aligned}$$

7.2.2 표본평균의 표본분포와 t분포

위에서 설명한 평균의 표본분포는 모집단의 표준편차 σ가 알려져 있는 것으로 가정하고 있으므로 모집단의 표준편차가 알려지지 않은 경우에는 표준화 Z값을 사용할 수 없다. 모집단의 표준편차를 알 수 없는 경우 대신 사용할 수 있는 가장 적합한 자료는 표본의 표준편차 S다. 모집단 표준편차 σ 대신 S를 사용한 값을

t 라고 하면, 그 식은 다음과 같다.

t값의 정의 (평균의 표본분포)

$$t = \frac{\bar{X} - \mu}{S \,/\, \sqrt{n}}$$

표본평균 $\bar{X}$ 뿐만 아니라 표본의 표준편차 S 또한 표본에 따라 값이 변하는 확률변수이므로 t 값의 분포는 표준정규분포를 따르지 않고 제6장에서 설명한 t 분포를 따른다. 정규분포의 모집단에서 크기가 n 인 표본을 추출 가능한 모든 방법으로 반복해서 추출하여 계산한 t 값은 자유도가 $n-1$ 인 t 분포를 따른다.

[예제 7.4] 편의점 평균 고객수의 확률계산

편의점을 개설하려는 K씨는 C편의점 본사와의 상담에서 자신이 개설하려는 비슷한 지역 가맹점의 평일 고객 수가 평균 400명 정도라는 사실을 알게 되었다. K씨가 C편의점 어느 가맹점에서 25일간 1일 고객 수를 조사한 결과 평균 380명, 표준편차 58.5명이었다. C편의점 본사에서 제공한 자료가 사실이며 정규분포라고 가정하고 1일 평균 고객 수가 380명 이하일 확률을 구하시오.

풀이

$$t = \frac{380 - 400}{58.5 \,/\, \sqrt{25}} = -1.71$$

부록 표 V의 t 분포표에서 자유도 24일 때 t 값이 1.71보다 클 확률은 약 0.05이므로 $P(t \leq -1.71) = 0.05$ 이다. Excel에서 T.DIST(−1.71,24,1)을 입력하면 t 값이 1.71보다 작을 확률로 0.050083을 얻을 수 있다.

7.2.3 표본비율의 표본분포

표본비율의 표본분포는 제5장에서 설명한 이항분포와 밀접한 관련이 있다. 이항분포에서 확률변수 X 는 n 번의 시행에서의 성공횟수이다. 성공할 확률이 π 라고 하면 성공횟수의 기대값은 $E(X) = n\pi$ 이다. π 가 일정하다고 하더라도 시행횟수 n 에 따라 기대값 또한 변한다. 성공확률이 0.3일 때 10번 시행하면 기대값은 3, 20번 시행하면 6으로 기대값은 변하지만, 성공횟수 X 를 시행횟수 n 에서 차지하는 비율 $p\,(= n \,/\, X\,)$로 표시하면 기대값은 0.3으로 변하지 않는다. 단위가 없는 비율 $p(=n / X)$로 표시하는 것이 바람직한 경우가 많아 표본비율을 사용한다.

표본비율의 표본분포란 표본평균 대신에 표본에서 사건 A가 발생하는 횟수 X가 시행횟수 n에서 차지하는 비율 p가 확률변수인 분포 즉 <그림 7.1>에 제시된 바와 같이 $K(=N^n)$개의 표본에서 구한 p_1, $p_2, \cdots$, p_K의 분포를 말한다. 이 표본비율의 기대값 $E(p)$와 분산 $Var(p)$을 제5장에서 설명한 이항분포의 기대값과 분산 공식을 이용하여 구하면 다음과 같다.

표본비율 p의 기대값, 분산 및 표준오차

기대값 $$E(p) = E\left(\frac{X}{n}\right) = \frac{1}{n}E\left(X\right) = \frac{1}{n}n\pi = \pi$$

분산 $$Var(p) = Var\left(\frac{X}{n}\right) = \frac{1}{n^2}Var\left(X\right) = \frac{1}{n^2}n\pi(1-\pi) = \frac{\pi(1-\pi)}{n}$$

표준오차 $$Std(p) = \sqrt{\frac{\pi(1-\pi)}{n}}$$

표본비율의 표본분포에서도 비복원표본추출인 경우에는 $Var(p)$에 유한모집단수정계수 $(N-n)/(N-1)$를 곱하여야 한다.

[예제 7.5] TV시청시간 – 표본비율의 평균과 분산 –

예제 7.1에서 구한 표본비율 p의 표본분포에서 평균과 분산을 구하여 $E(p)=\pi$와 $Var(p)=\pi(1-\pi)/n$이 성립함을 증명하시오.

풀이

모집단 비율: $\pi = 3/5 = 0.6$

표본비율의 평균: $E(p) = (0+0+0.5+\cdots+1)/25 = 15/25 = 0.6$

따라서 $E(p)=\pi$

모집단의 비율을 이용한 분산: $\pi(1-\pi)/n = 0.6 \times 0.4 / 2 = 0.12$

표본비율의 분산:

$$Var(p) = \frac{(0-0.6)^2 + (0-0.6)^2 + (0.5-0.6)^2 + \cdots + (1-0.6)^2}{25}$$

$$= \frac{3}{25} = 0.12$$

따라서 $Var(p) = \pi(1-\pi)\,/\,n$

위 식을 이용하여 표본비율의 표본분포의 평균과 표준편차는 구할 수 없지만 분포의 모양은 알 수가 없다. 이 표본분포의 모양은 모집단 비율 π와 밀접한 관계가 있으며, 그 관계를 요약하면 다음과 같다.

표본비율 p의 확률분포

1) $\pi = 0.5$이면 n의 크기에 관계없이 표본비율 p의 확률분포는 평균 π, 분산 $\pi(1-\pi)\,/\,n$의 정규분포에 가깝다.
2) $\pi \neq 0.5$이지만 $n\pi \geq 5$와 $n(1-\pi) \geq 5$을 모두 만족할 경우 표본비율 p의 확률분포는 평균 π, 분산 $\pi(1-\pi)\,/\,n$의 정규분포에 근접한다.

위의 관계는 내용면에서 표본평균의 표본분포와 큰 차이가 없다. 부록 표 II의 이항분포표를 보면, $\pi = 0.5$ 일 때, 표본의 크기 n에 관계없이 기대값을 중심으로 좌우대칭임을 알 수 있다. 이는 정규분포와 가깝다는 것을 의미한다. 2)의 속성에서 $\pi \neq 0.5$이면 좌우대칭이 아니기 때문에 중심극한정리를 적용하기 위한 표본의 크기를 제시하는 내용이며, π가 0.5에서 멀리 떨어질수록 더 많은 표본이 필요하다는 것을 알 수 있다.

표본조사에서 나온 표본비율로 모집단의 비율을 유추하기 위하여 표본비율의 표본분포를 이용하여 특정 표본비율이 발생할 확률을 파악할 필요가 있다.

[예제 7.6] 연대보증한 사람의 비율 – 표본비율의 확률계산 –

IFM구제금융 이후 우리나라 직장인의 40%가 금융기관에 연대보증을 한 것으로 알려져 있다. 직장인 100명을 임의로 추출할 경우 금융기관에 연대보증을 한 사람의 비율이 50% 이하일 확률을 구하시오.

풀이

모비율은 $\pi = 0.4$이고 표본크기는 $n = 100$이다. $n\pi = 100 \times 0.4 = 40$이고 $n(1-\pi) = 100 \times (1-0.4) = 60$이다. 표본크기가 $n\pi \geq 5$와 $n(1-\pi) \geq 5$을 모두 만족하므로 표본비율 p의 확률분포는

평균 $\pi = 0.4$

표준편차 $\sqrt{\frac{\pi(1-\pi)}{n}} = \sqrt{\frac{0.4(1-0.4)}{100}} = \sqrt{\frac{0.24}{100}} = \sqrt{0.0024} = 0.0490$

의 정규분포에 근접한다.

$$P(p \le 0.5) = \left(Z \le \frac{0.5-0.4}{0.049}\right) = P(Z \le 2.04)$$

$$= 0.5 + P(0 \le Z \le 2.04) = 0.5 + 0.4793 = 0.9793$$

이항확률변수에 관한 확률의 근사값을 정규분포로 구할 때 연속성수정계수 0.5 를 사용하여 변수값을 수정하였듯이 표본비율에 관한 확률의 근사값을 정규분포로 구할 때는 $0.5n^{-1}$ 로 표본비율의 값을 수정해야 한다. 표본크기 n 이 충분히 크거나 모비율 π 가 0.5 에서 아주 멀리 벗어나 있지 않으면 연속성수정계수를 반영하지 않아도 큰 문제를 야기하지는 않는다.

7.2.4 표본분산의 표본분포와 분포

<그림 7.1>에 나타낸 S_1^2, $S_2^2, \cdots$, S_K^2 은 크기가 N 인 모집단에서 크기가 n 인 가능한 모든 표본 즉 표본1 부터 표본K 까지를 추출하고 여기서 구한 표본분산이다. 표본의 수 K 는 복원추출의 경우 N^n 개이고 비복원추출의 경우 ${}_N C_n$ 개이다. 만약 표본분산 S_1^2, $S_2^2, \cdots$, S_K^2 이 주어져 있다면 이 값들의 평균 $E(S^2)$와 분산 $Var(S^2)$을 구할 수 있고, 또한 분산과 제3장에서 설명한 첨도를 이용한 공식을 이용하여 구할 수는 있지만 확률분포의 모양을 알 수가 없다. 이론적인 확률분포를 따르는 확률변수 χ^2 를 표준화 Z 대신 $Z^2 = (X-\mu)^2 / \sigma^2$ 분포에서 다음과 같은 식을 유도하여 사용한다.

표본분산의 표본분포에서 χ^2 의 정의

$$\chi^2 = \frac{(n-1)S^2}{\sigma^2}$$

다음과 같은 표본분산의 표본분포를 유도할 수 있다.

$$S^2 = \frac{\chi^2 \sigma^2}{n-1}$$

평균 μ, 분산 σ^2으로 정규분포인 모집단에서 크기 n의 확률표본을 추출가능한 모든 방법으로 반복하여 추출하여 구한 $(n-1)S^2 / \sigma^2$는 자유도 $(n-1)$의 χ^2(카이제곱)분포를 따른다는 것이다. 원론적으로 표본분산 S^2의 표본분포는 $S^2 = \chi^2\sigma^2 / (n-1)$을 의미하지만 통계적 추론은 주로 $\chi^2 = (n-1)S^2 / \sigma^2$를 이용한다.

[예제 7.7] F마트의 음료수 판매량

F마트의 용현동 점포에서 C음료의 1일 판매량은 평균이 100병이고 표준편차가 5병인 정규분포를 따르는 것으로 알려져 있다. 과거 21일의 판매량을 조사했을 때 표준편차가 6병 이상일 확률을 구하시오.

풀이

C음료의 1일 판매량 X의 확률분포는 $\mu = 100$, $\sigma = 5$의 정규분포이다. $n =$ 15 의 표본표준편차 S가 6 이상일 확률은 다음과 같이 나타낼 수 있다.

$$P(S \ge 6) = P(S^2 \ge 36) = P\left(\frac{(n-1)S^2}{\sigma^2} \ge \frac{(21-1)36}{5^2}\right)$$

$$= P\left(\frac{(n-1)S^2}{\sigma^2} \ge 28.8\right)$$

따라서 $P(S \ge 6)$은 자유도 20의 χ^2 분포에서 곡선과 수평축 사이에서 28.8과 $+\infty$ 사이의 면적과 같다. 부록 표 VIII에서 자유도 20에서 $\chi^2 = 28.41$의 $\alpha = 0.1$이므로 $\chi^2 = 28.8$의 오른쪽 면적은 0.1보다 약간 적을 것이다.

Excel에서 수식 1–CHISQ.DIST(28.8,20,1)로 입력하여 구하면 값은 0.09177로 제시된다.

연|습|문|제

7.1 모집단자료 $X_1 = 4$, $X_2 = 5$, $X_3 = 6$, $X_4 = 6$, $X_5 = 7$, $X_6 = 5$, $X_7 = 4$, $X_8 = 3$ 에서 크기 4의 표본을 추출하는 경우에 대해서 다음 물음에 답하시오.

(1) 복원추출의 경우 가능한 모든 표본의 수를 구하시오.

(2) 비복원추출의 경우 가능한 모든 표본의 수를 구하시오.

(3) 복원추출의 경우 표본평균 $\overline{X}$ 의 평균 $E(\overline{X})$와 분산 $Var(\overline{X})$ 을 구하시오.

(4) 복원추출의 경우 표본평균 $\overline{X}$ 의 표준오차를 구하시오.

(5) 복원추출의 경우 표본분산 S^2 의 평균 $E(S^2)$와 분산 $Var(S^2)$을 구하시오.

7.2 평균이 $\mu = 10$ 이고 표준편차가 $\sigma = 3$ 인 정규분포를 따르는 X 의 모집단자료에서 크기 5의 표본을 추출하는 경우에 대해서 다음 물음에 답하시오.

(1) 표본평균 $\overline{X}$ 의 평균 $E(\overline{X})$와 분산 $Var(\overline{X})$ 을 구하시오.

(2) 표본평균 $\overline{X}$ 의 표준오차를 구하시오.

(3) $P\left(9 \le X \le 12\right)$을 구하시오.

(4) $P\left(9 \le \overline{X} \le 12\right)$을 구하시오.

(5) $P\left(E(\overline{X}) - c \le \overline{X} \le E(\overline{X}) + c\right) = 0.95$을 만족하는 c를 구하시오.

(6) 표본분산 S^2 의 평균 $E(S^2)$을 구하시오.

(7) Excel함수 CHISQ.DIST를 사용하여 $P\left(8 \le S^2 \le 10\right)$을 구하시오.

(8) $P\left(S^2 \le a\right) = 0.95$ 을 만족하는 a를 구하시오.

7.3 우리나라의 20세 이상 성인이 매일 출퇴근에 소비하는 시간은 평균 37분이고 표준편차가 12분인 정규분포를 따르는 것으로 알려져 있다.

(1) 임의로 선택된 20세 이상 성인 한 사람이 매일 출퇴근에 40분 이상 소비할 확률을 구하시오.

(2) 임의로 선택된 20세 이상 성인 5명이 모두 매일 출퇴근에 40분 이상 소비할 확률을 구하시오.

(3) 임의로 선택된 20세 이상 성인 5명의 일일 출퇴근소요시간 평균이 40분 이상일 확률을 구하시오.

(4) 임의로 선택된 20세 이상 성인 80명의 일일 출퇴근소요시간 평균이 40분 이상일 확률을 구하시오.

(5) 일일 출퇴근소요시간이 정규분포를 따르지 않을 경우에 대해서 (1), (2), (3), (4)의 답을 구할 수 있는지를 밝히고 그 이유를 설명하시오.

08 통계적 추론의 기초

통계적 추론(statistical inference)은 표본의 특성을 근거로 모집단의 특성을 파악하기 위한 방법을 말하며 추정과 가설검정으로 구분할 수 있다. 본 장에서는 추정과 가설검정의 기본 개념을 설명하고, 한 모집단의 모평균에 관한 추정방법과 가설검정 방법 등을 살펴본다.

제1절 추정

8.1.1 추정과 추정량

추정(estimation)은 표본자료에서 구한 통계량을 사용하여 모집단의 모수의 근사값을 구하거나 또는 모수가 속해 있다고 믿을 수 있는 구간을 확률과 함께 구하는 것을 말한다. 앞의 방법은 점추정(point estimation)이라 하고 뒤의 방법은 구간추정(interval estimation)이라 한다. 추정에 사용되는 통계량을 추정량(estimator)이라 하며, 표본자료에서 구한 통계량의 값을 추정치(estimate)라 한다.

8.1.2 좋은 추정량의 기준

어떤 통계량이 더 좋은 추정량인지를 평가하기 위해 통계학자들은 불편성, 일치성, 상대효율성 등의 3가지 기준을 제시하고 있다.

불편성

불편성(unbiasedness)은 추정량의 평균(기대값)이 모수와 같은 특성을 말한다. 불편성을 가진 추정량을 불편추정량(unbiased estimator)이라 한다.

[표 8.1]는 제7장에서 살펴본 표본평균, 표본분산, 표본비율 등의 평균과 분산을 요약한 것이다. 이 표에 나타낸 것처럼 평균이 μ이고 분산이 σ^2인 모집단의 확률표본에서 구한 표본평균 $\bar{X}$의 평균 $\mu_{\bar{X}}$는 모평균 μ와 같고 표본분산 S^2의 평균 μ_{S^2}는 모분산 σ^2와 같다. 비율이 π인 모집단의 확률표본에서 구한 표본비율 p의 평균 μ_p는 모비율 π와 같다. 즉 통계량 $\bar{X}$, S^2, p은 각 모수 μ, σ^2, π의 불편추정량이다.

[표 8.1] 한 모집단과 주요 통계량의 확률분포

모집단 특성	통계량	통계량의 평균	통계량의 분산
모평균 μ	$\bar{X}$	μ	$\frac{\sigma^2}{n}$
모분산 σ^2	S^2	σ^2	$\sigma^4\left(\frac{2}{n-1}+\frac{\kappa}{n}\right)$
모비율 π	p	π	$\frac{\pi(1-\pi)}{n}$

불편성을 갖지 못한 추정량을 편의추정량(biased estimator)이라 하며 추정량의 기대값과 모수의 차이를 편의(bias)라 한다. 다음과 같은 표본분산 S^2의 공식의 분모에 n 대신 $n-1$이 사용된 것은 S^2의 평균이 모분산 σ^2과 같은 불편성을 가진 추정량을 찾기 위해 통계학자 Bessel이 수정한 것이며, n이 사용되었다면 S^2의 평균은 모분산 σ^2보다 작아져 편의추정량이 될 것이다.

$$S^2 = \frac{\sum_{i=1}^{n}\left(X_i - \bar{X}\right)^2}{n-1}$$

일치성

일치성(consistency)은 표본크기가 커질수록 추정량과 모수의 차이가 더 작아지는 특성을 말한다. 일치성을 가진 추정량을 일치추정량(consistent estimator)이라 한다.

추정량의 분산은 추정량과 모수의 차이를 나타내주는 지표이다. 확률표본에서 구한 표본평균 $\bar{X}$와 표본분산 S^2의 분산은 각각 σ^2/n와 $\sigma^4\left[2/(n-1)+\kappa/n\right]$이며 이 값들은 표본크기 n이 커질수록 0에 가까워진다. 확률표본에서 구한 표본비율 p

의 분산 $\pi(1-\pi)/n$ 도 표본크기 n 이 커질수록 0에 가까워진다. 즉 $\bar{X}$, S^2, p 은 각각 μ, σ^2, π 의 일치추정량이다.

상대효율성

상대효율성(relative efficiency)은 한 모수에 대한 두 불편추정량의 분산비율의 역수를 의미한다. 분산이 작을수록 상대효율성은 높게 나타나며 상대적으로 좋은 추정량이 된다.

모집단이 정규분포일 경우 평균 중앙값, 최빈값이 같기 때문에, 확률표본에서 구한 표본평균 $\bar{X}$ 와 더불어 표본중앙값 M_d 도 모평균 μ의 불편추정량이다. 모집단이 정규분포일 경우 $\bar{X}$ 의 분산은 σ^2/n이고 M_d 의 분산은 $1.5708\left[n/(n-1)\right]\cdot\left(\sigma^2/n\right)$ 이다. M_d 에 대한 $\bar{X}$ 의 상대효율성은 분산비율(= $\bar{X}$ 의 분산÷ M_d 의 분산)의 역수인 $1.5708\left[n/(n-1)\right]$으로 1보다 크다. 따라서 M_d 보다는 $\bar{X}$ 가 상대효율성이 높아 모평균 μ에 대한 더 좋은 추정량이라 할 수 있다.

한 모수에 대한 모든 불편추정량 중에서 가장 분산이 작은 것을 최소분산불편추정량(minimum variance unbiased estimator: MVUE)이라 한다. 정규분포인 모집단의 확률표본에서 계산된 표본평균 $\bar{X}$ 와 표본분산 S^2 은 각각 모평균 μ 와 모분산 σ^2 의 MVUE로 알려져 있으며, 또한 어떤 모집단의 확률표본에서 계산된 표본비율 p 는 모비율 π 의 MVUE로 알려져 있다.

8.1.3 신뢰구간

구간추정(interval estimation)은 표본조사의 결과를 가지고 모수를 포함하고 있을 것으로 판단되는 범위를 백분율로 표현된 신뢰수준과 함께 제시하는 추정방법이다. 신뢰구간이 모수를 포함하고 있을 것으로 믿는 정도를 신뢰수준(confidence level)이라 하며 보통 90%, 95%, 99% 등의 백분율로 나타낸다. 100%에서 신뢰수준을 뺀 값을 백분율이 아닌 소수로 나타낸 값을 α 로 표기하며 유의수준(significant level)이라고 한다. 신뢰수준이 90%, 95%, 99%이면 유의수준은 각각 $\alpha=0.1$, $\alpha=0.05$, $\alpha=0.01$ 가 된다.

일정한 신뢰수준에서 표본의 추정치로부터 모수를 포함하고 있을 것으로 추정한 범위를 신뢰구간(confidence interval)이라 한다. 신뢰구간의 하한을 신뢰하한

(lower confidence limit: LCL), 상한을 신뢰상한(upper confidence limit: UCL)이라 한다. 신뢰상한과 신뢰하한의 차이를 신뢰구간의 폭(width of confidence interval)이라 한다. 보통 신뢰구간은 신뢰수준을 앞에 붙여 $100(1-\alpha)\%$ 신뢰구간으로 표현한다.

신뢰구간은 통계량의 표본분포에 기반을 두고 있다. 즉 어떤 통계량의 추정치에 신뢰수준과 표준오차를 연계하여 신뢰하한과 신뢰상한을 구하는 데 이 추정치의 표본분포와 관련이 있다는 것이다. 모집단에서 일정한 크기의 표본을 반복해서 추출하는 경우 각 표본에서 나오는 추정치는 확률변수이며, 따라서 이를 근거로 계산된 신뢰구간 또한 확률변수다. 반복해서 표본을 추출하여 90%신뢰구간을 구한다면 90%가 모수를 포함하는 잘 추정된 신뢰구간이고 나머지 10%의 신뢰구간은 모수를 포함하지 않는 잘못 추정한 신뢰구간이라는 의미이다. 따라서 신뢰수준은 일정한 크기의 표본을 반복해서 추출하여 각 표본에서 구한 신뢰구간 중 모수를 포함하는 신뢰구간의 비율이다. 그렇지만 실제로 표본은 한번만 추출하므로 $100(1-\alpha)\%$ 신뢰구간은 아래의 식과 같이 신뢰구간이 모수를 포함하고 있을 확률이 $(1-\alpha)$라는 의미로 해석할 수 있다.

$$P(\text{신뢰하한} \le \text{모수} \le \text{신뢰상한}) = 1-\alpha$$

이 신뢰구간에서 모수의 값은 알 수 없지만 확정되어 있는 값이다. 반면에 신뢰하한과 신뢰상한은 확률변수이므로 이 식을 모수가 신뢰하한과 신뢰상한 사이에 속할 확률로 해석하는 것은 표현상 잘못된 것이라 하겠다.

8.1.4 모평균의 신뢰구간 추정

모평균 μ의 가장 좋은 추정량인 표본평균 $\bar{X}$의 확률분포로부터 구할 수 있다. 표본평균 $\bar{X}$의 확률분포는 모집단이 정규분포이거나 표본의 크기가 크면 평균이 μ이고 분산이 σ^2/n인 정규분포이므로 $\bar{X}$을 표준화한 공식 $Z=(\bar{X}-\mu)/(\sigma/\sqrt{n})$의 확률분포는 표준정규분포이다.

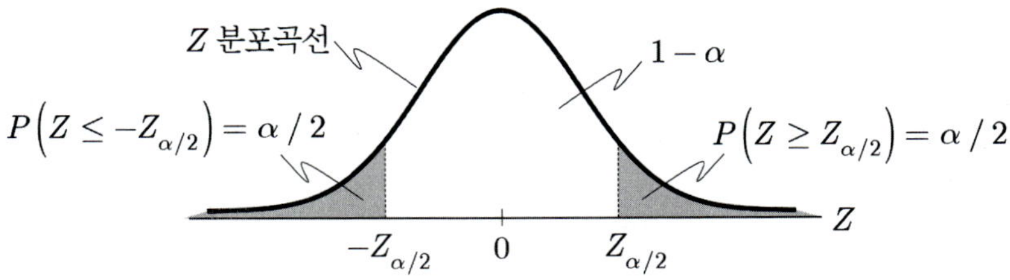

<그림 8.1> $Z_{\alpha/2}$

<그림 8.1>에서 수평축의 Z는 표준정규확률변수이며 수평축 위에 굵은 실선으로 나타낸 곡선은 표준정규분포곡선이다. $Z_{\alpha/2}$는 이 값의 오른쪽 면적이 $\alpha/2$임을 의미한다. Z 분포는 평균인 0을 중심으로 좌우대칭이기 때문에 $-Z_{\alpha/2}$의 왼쪽 면적은 $Z_{\alpha/2}$의 오른쪽 면적과 같은 $\alpha/2$이고 $-Z_{\alpha/2}$와 $Z_{\alpha/2}$ 사이의 면적은 $1-\alpha$가 된다. 즉

$$P\left(-Z_{\alpha/2} \le Z \le Z_{\alpha/2}\right) = 1-\alpha$$

$\left(\bar{X}-\mu\right)/\left(\sigma/\sqrt{n}\right)$이 Z 분포이므로 아래와 같이 표현할 수 있다.

$$P\left(-Z_{\frac{\alpha}{2}} \le \frac{\bar{X}-\mu}{\sigma/\sqrt{n}} \le Z_{\frac{\alpha}{2}}\right) = 1-\alpha$$

괄호 안 부등식의 각 항에 양수인 $\sigma/\sqrt{n}$를 곱한 후 $-\bar{X}$를 더하고 -1을 다시 곱하면 위의 식은 아래와 같이 변형된다.

$$P\left(\bar{X} - Z_{\frac{\alpha}{2}} \cdot \frac{\sigma}{\sqrt{n}} \le \mu \le \bar{X} + Z_{\frac{\alpha}{2}} \cdot \frac{\sigma}{\sqrt{n}}\right) = 1-\alpha$$

이 식의 괄호 속의 왼쪽이 모평균의 신뢰하한, 오른쪽이 신뢰상한이 된다.

모평균 μ의 $100(1-\alpha)\%$ 신뢰구간 (σ를 알 수 있는 경우)

$$\text{신뢰하한} = \bar{X} - Z_{\frac{\alpha}{2}} \cdot \frac{\sigma}{\sqrt{n}}, \ \text{신뢰상한} = \bar{X} + Z_{\frac{\alpha}{2}} \cdot \frac{\sigma}{\sqrt{n}}$$

이 식에서 $Z_{\alpha/2} \cdot \left(\sigma/\sqrt{n}\right)$는 표본평균 $\bar{X}$에서 신뢰상한 또는 표본평균 $\bar{X}$에서 신뢰하한까지의 거리를 나타내는 $\bar{X}$의 오차한계(error margin)이다. $\sigma/\sqrt{n}$은

$\bar{X}$의 표준오차이며 $Z_{\alpha/2}$는 분석자가 설정한 신뢰수준 $100(1-\alpha)\%$을 모평균 μ의 신뢰구간에 반영하는 신뢰계수(confidence coefficient)이다. 표준오차 $\sigma/\sqrt{n}$의 값을 구하기 위해서는 모표준편차 σ의 값이 주어져 있어야 한다. 신뢰계수 $Z_{\alpha/2}$는 부록 표 IV의 Z 분포표 또는 Excel함수 NORM.S.INV로 구할 수 있다. [표 8.2]는 일반적으로 많이 사용하는 신뢰수준 90%, 95%, 99%의 신뢰계수 $Z_{\alpha/2}$를 부록 표 IV의 Z 분포표에서 구한 결과이다.

[표 8.2] 신뢰수준, 유의수준 α, 신뢰계수 $Z_{\alpha/2}$

신뢰수준	α	$Z_{\alpha/2}$
90%	0.1	$Z_{0.05}=1.645$
95%	0.05	$Z_{0.025}=1.96$
99%	0.01	$Z_{0.005}=2.575$

[예제 8.1] 한국시멘트 포장기계의 상태

(cement.xlsx) 한국시멘트의 포장기계는 정상적으로 작동될 경우 시멘트 한 포대의 무게가 평균이 20kg이고 표준편차가 0.25kg인 정규분포를 따르도록 설계되어있다. 부품이 마모될 경우 시멘트 한 포대 무게의 표준편차는 변동이 없지만 평균이 달라지는 것으로 알려져 있다. 어느 날 시멘트 25포대를 표본으로 추출하여 측정한 무게는 다음과 같다.

19.65	20.06	19.77	20.09	19.64	20.24	20.11
19.79	19.83	20.34	19.63	20.18	19.67	19.83
20.08	20.17	19.16	20.14	19.63	20.04	20.11
19.81	20.13	19.81	19.59			

포장기계가 실제로 포장하고 있는 시멘트의 한 포대당 평균 무게의 95%신뢰구간을 구하고 포장기계가 정상적으로 작동하는지 판단하시오.

풀이

모표준편차가 $\sigma=0.25$ (kg)로 알려져 있으므로 신뢰구간 공식 $\bar{X}\pm Z_{\alpha/2}\cdot\sigma/\sqrt{n}$을 적용할 수 있다. 이 공식을 적용하려면 표본평균 $\bar{X}$, 표본크기 n, 신뢰계수 $Z_{\alpha/2}$ 등이 필요하다. 표본자료로부터

$$\bar{X} = \frac{\sum_{i=1}^{n} X_i}{n} = \frac{497.5}{25} = 19.9$$

신뢰수준이 95% 즉 유의수준이 $\alpha = 0.05$ 이므로 신뢰계수는 $Z_{\alpha/2} = Z_{0.025} = 1.96$ 이다. 따라서 오차한계는;

$$Z_{\alpha/2}\frac{\sigma}{\sqrt{n}} = 1.96 \times \frac{0.25}{\sqrt{25}} = 1.96 \times 0.05 = 0.098$$

모평균 μ(시멘트의 한 포대당 평균 무게)의 95%신뢰구간은;

신뢰하한$= \bar{X} -$ 오차한계$= 19.9 - 0.098 = 19.802$ (kg)

신뢰상한$= \bar{X} +$ 오차한계$= 19.9 + 0.098 = 19.998$ (kg)

이 결과를 모집단 평균 19.9, 95%신뢰수준에서 오차한계 ±0.098 kg이라고 표현하기도 한다. 이 신뢰구간이 20 (kg)을 포함하고 있지 않으므로 신뢰수준 95%에서 포장기계가 정상적으로 작동한다고 볼 수 없다.

8.1.5 신뢰수준과 신뢰구간의 폭

신뢰구간의 폭은 좁을수록 제공하는 정보의 질이 좋다고 하겠다. 극단적으로 모평균 μ가 $-\infty$와 $+\infty$ 사이의 값이라는 구간추정은 아무런 정보를 주지 못한다. <그림 8.1>을 살펴보면 신뢰수준이 높아질수록 신뢰계수 $Z_{\alpha/2}$가 커지며 그에 따라 오차한계 $Z_{\alpha/2} \cdot \sigma / \sqrt{n}$ 가 커져 신뢰구간의 폭은 넓어진다. 통계분석자의 입장에서 신뢰수준은 높여야 하고 신뢰구간의 폭은 좁혀야 하지만 이들은 서로 상충관계에 있으며 적절한 신뢰수준의 선택은 통계분석자의 몫이다. 같은 신뢰수준에서 신뢰구간의 폭은 표본의 크기를 늘려서 좁힐 수 있다.

8.1.6 모평균 추정을 위한 표본크기

표본크기 n이 커지면 표본평균 $\bar{X}$의 표준오차 $\sigma / \sqrt{n}$가 작아지며 그에 따라 오차한계 $Z_{\alpha/2} \cdot \sigma / \sqrt{n}$ 가 작아져 신뢰구간의 폭은 좁아진다. 신뢰구간의 폭을 좁히기 위한 표본크기의 증가는 비용의 증가를 동반하며 적절한 표본크기의 선택은 통계분석자의 몫이다. 분석자가 설정한 오차한계의 최대값을 e라고 하면 $e \geq Z_{\alpha/2} \cdot \sigma / \sqrt{n}$ 이다. 이 식을 n에 대하여 풀면 표본크기를 결정하는 공식을 얻을 수 있다.

표본크기

$$n \geq \left(\frac{Z_{\alpha/2} \cdot \sigma}{e} \right)^2$$

표본의 크기는 정수여야 하므로 위의 식으로 구한 값에서 '올림'하여 소수를 정리하여야 한다.

[예제 8.2] 가구당 월평균 외식비

가구당 월평균 외식비를 95%의 신뢰수준에서 오차한계가 2만원이하가 되도록 추정하고자 한다. 가구의 월간 외식비가 표준편차 8만원의 정규분포를 따른다는 가정하에 필요한 표본크기를 구하시오.

풀이

신뢰수준이 95%으므로 $\alpha = 0.05$ 이고 신뢰계수는 $Z_{\alpha/2} = Z_{0.025} = 1.96$ 이다. 모표준편차는 $\sigma = 8$ (만원)이고 오차한계의 최대값이 $e = 2$ (만원)이므로 필요한 표본크기는;

$$n \geq \left(\frac{Z_{\alpha/2} \cdot \sigma}{e} \right)^2 = \left(\frac{1.96 \times 8}{2} \right)^2 = 61.47$$

따라서 $n = 62$.

제2절 가설검정

8.2.1 일반적 가설검정

일반적으로 가설(hypothesis)은 어떤 대상이나 현상에 관한 잠정적 진술을 말한다. 가설검정(hypothesis testing)은 배타적으로 설정된 두 가설 중 어떤 것이 진실인가를 판단하는 의사결정과정이다. 살인으로 기소된 피고에게 유죄 또는 무죄를 판결하기 위한 재판부의 재판과정은 '피고는 살인범이다'와 '피고는 살인범이 아니다'라는 두 가지 배타적 가설에 대하여 어떤 가설이 진실인가를 판단하는 가설검정이라 할 수 있다.

일반적으로 가설검정은 두 가지 배타적 가설 중 하나를 수집된 증거를 사용하여 기각하는 방식으로 수행된다. 어떤 가설의 기각(rejection)은 그 가설을 진실로 보지 않는다는 판단을 말한다. 수집된 증거를 사용하여 기각하고자 하는 가설을 귀무가설(null hypothesis)이라 하며 이에 상반되는 가설을 대립가설(alternative hypothesis)이라 한다. 귀무가설은 H_0로 나타내고 대립가설은 H_1로 나타낸다. 우리나라는 무죄추정의 원칙을 채택하기 때문에 최종 판결이 있기 전까지는 무죄로 추정한다. 재판에서 검사가 수사를 통해 증거자료를 수집하는 목적은 '피고는 무죄다.'라는 가설을 기각하는 것이다. 즉 재판과정의 가설은 다음과 같다.

H_0: 피고는 무죄다.
H_1: 피고는 유죄다.

식품의약안전청에서 신약에 대해 검정하면서 귀무가설과 대립가설을 다음과 같이 설정할 수 있다.

H_0: 신약은 안정적이지 못하며 효과도 없다.
H_1: 신약은 안정적이며 효과가 있다.

그러나 위의 귀무가설과 대립가설은 둘 중 하나는 반드시 맞아야 하는 배타적인 관계는 아니다. 안정적이지만 효과가 없을 수도 있고, 효과는 있지만 안정적이지 못한 경우도 있기 때문에 설정된 잘못된 가설이다. 이러한 경우 안전성과 효과를 분리하여 가설을 설정하여야 한다.

자료를 사용하여 진실여부를 판단하는 대상 즉 검정의 대상은 귀무가설이다. 귀무가설은 진실일 수도 있고 허위일 수도 있다. 의사결정자는 귀무가설을 진실로 판단할 수도 있고 허위로 판단할 수도 있다. 수집된 증거자료가 완벽하기 않을 경우 가설검정에는 두 가지 오류가 발생할 수 있다. 진실인 귀무가설을 허위라고 판단할 수 있으며 이를 제1종오류(type I error) 또는 α 오류라고 하며, 허위인 귀무가설을 진실이라고 판단할 수 있으며 이를 제2종오류(type II error) 또는 β 오류라고 한다. [표 8.3]은 가설검정에서 발생할 수 있는 오류를 요약한 것이다. 재판과정의 제1종오류는 무죄인 피고를 유죄로 판단하는 오류이며 제2종오류는 유죄인 피고를 무죄로 판단하는 오류이다.

[표 8.3] 가설검정의 오류

H_0에 대한 판단 \ H_0의 상태	H_0 진실	H_0 허위
H_0 기각 (허위로 판단)	제1종오류	옳은 판단
H_0 기각안함 (진실로 판단)	옳은 판단	제2종오류

일반적으로 두 가지 배타적 가설 중에서 제1종오류(진실인 가설을 허위로 판단하는 오류)의 영향이 더 심각한 가설을 귀무가설로 설정한다. 즉 제1종오류에 따르는 비용이 제2종오류에 따르는 비용보다 더 크게 되도록 귀무가설을 설정한다. 식품의약안전청 조사과정에서 효과도 없는 신약을 승인하는 오류의 영향이 효과가 있는 신약을 승인하지 않는 오류의 영향보다 심각할 수 있다. 이를 반영하면 식품의약안전청 조사과정의 가설은 다음과 같이 설정할 수 있다.

H_0: 신약은 효과가 없다.
H_1: 신약은 효과가 있다.

8.2.2 통계적 가설검정

통계적 가설(statistical hypothesis)은 모집단의 특성이 수치로 표현된 잠정적 진술을 말하며 보통 모수값과 관련된 등식 또는 부등식의 형태로 나타낸다. 가설검정(hypothesis testing)은 표본자료에서 구한 증거를 사용하여 배타적으로 설정된 귀무가설과 대립가설 중 어떤 것이 진실인가를 판단하는 의사결정과정이다. 귀무가설에 설정된 모수값이 사실이라면 표본자료에서 나온 통계량의 값이 나올 수 있는 확률이 아주 작다면 귀무가설이 진실이 아닐 것이라는 강한 증빙(significant evidence)이 된다. 강한 증빙이 나타나면 귀무가설을 기각하고, 나타나지 않으면 귀무가설을 인정하는 방식으로 이루어진다. 강한 증빙의 유무를 결정하는 기준이 유의수준 α이다.

통계적 가설은 증명하려는 내용을 반영하는 대립가설에 표기된 모수값의 범위에 따라 양측가설, 우측가설, 좌측가설 세 유형으로 구분할 수 있다.

통계적 가설

1) $H_0: \theta \leq \theta_0, H_1: \theta > \theta_0$ (우측가설)

2) $H_0: \theta \geq \theta_0, H_1: \theta < \theta_0$ (좌측가설)

3) $H_0: \theta = \theta_0, H_1: \theta \neq \theta_0 (\Leftrightarrow \theta > \theta_0 \text{ or } \theta < \theta_0)$ (양측가설)

우측가설(right-sided hypothesis)은 대립가설(H_1)이 모수 θ가 귀무가설(H_0)에 설정된 모수값 θ_0보다 크다는 것으로 설정된 가설($\theta > \theta_0$)이다. 반대로 좌측가설(left-sided hypothesis)은 모수 θ가 귀무가설(H_0)에 설정된 모수값 θ_0보다 작다는 것으로 설정된 가설($\theta < \theta_0$)이다. 우측가설과 좌측가설은 단측가설(one-sided hypothesis)이라 한다. 단측가설인 경우 강한 증빙의 유무를 결정하기 위한 유의수준 α의 영역을 가설이 설정된 쪽에 둔다.

양측가설(two-sided hypothesis)은 H_1이 나타내는 모수 θ가 에 설정된 모수값 θ_0와 같지 않다는 것으로 설정된 가설($\theta \neq \theta_0$)이다. 이 검정에서는 표본조사에서 나온 통계량의 값이 가설에 설정된 값보다 아주 크거나 또는 아주 작거나 하면 귀무가설이 사실이 아닐 것이라는 강한 증빙이기 때문에 우측 또는 좌측에서 검정을 하게 된다. 표본조사에서 나온 통계량의 값이 가설에 설정된 값보다 동시에 크거나 작거나 할 수 없으므로 양측검정이라고 해서 우측과 좌측에서 검정을 동시에 하는 것은 아니다. 검정은 통계량의 값이 가설에 설정된 값보다 크면 우측에서, 작으면 좌측에서 이루어지지만, 유의수준 α의 영역을 양쪽에 $\alpha/2$씩 나누어 둔다는 것뿐이다.

[예제 8.3] 주식투자의 위험도

주식 수익률의 분산은 주식투자의 위험도를 나타내주는 지표이다. 혁신적인 신기술이 사용된 신제품 출시 이전의 6개월간 A주식 주간수익률의 표준편차는 $\sqrt{0.12}$였다. 증권사의 투자분석 전문가인 L과장은 A사의 신제품 출시로 A주식의 투자위험도가 감소하였는가를 파악하기 위해 A사가 신제품을 출시한 이후의 주간수익률 자료를 수집하였다. L과장의 의사결정문제를 가설로 나타내시오.

풀이

L과장이 자료를 수집하는 목적은 A사의 신제품 출시로 A주식의 투자 위험도가 감소하였는가를 밝히는 것이다. 따라서 이 문제의 가설은 다음과 같이 설정할 수 있다.

H_0: 투자 위험도가 감소하지 않았다.

H_1: 투자 위험도가 감소하였다.

신제품의 출시 이전의 A주식의 주간수익률의 표준편차가 $\sqrt{0.12}$ 이므로 위의 통계적 가설은 다음과 같다.

$$H_0: \sigma^2 \geq 0.12$$

$$H_1: \sigma^2 < 0.12$$

8.2.3 검정통계량

검사가 '피고는 유죄다'라는 것을 밝히기 위하여 수사를 통해 유죄를 입증할 증거를 수집하는 것처럼 통계분석자는 대립가설을 입증할 근거를 표본자료에서 구한다. 검정에서 증거로 사용할 값을 표본자료에서 구하는 계산공식을 검정통계량(test statistic)이라 하고 이 공식을 표본자료에 적용하여 구한 값을 검정통계량의 관측값(observed value)이라 한다.

가설에 설정된 모수를 검정하는 데 사용되는 검정통계량이 좋은 검정통계량이 되려면 검정통계량에 사용되는 확률변수가 앞 절에서 설명한 좋은 추정량의 기준인 불편성과 일치성을 만족하면서 상대효율성 관점에서 우수해야 하며, 확률계산을 위한 이론적인 확률분포가 존재해야 한다. [표 8.4]는 모수를 검정하기 위한 추정량과 검정통계량 및 그 확률분포를 요약한 것이다. 모집단 평균과 비율에 대한 검정에서 표준정규분포를 사용하기 위한 조건은 앞 장에서 설명한 바 있으므로 설명을 생략하기로 한다.

[표 8.4] 검정통계량의 확률분포

가설의 모수	가장 좋은 추정량	검정통계량	검정통계량의 확률분포
μ	$\bar{X}$	$\dfrac{\bar{X}-\mu}{\sigma / \sqrt{n}}$	Z (표준정규)분포
σ^2	S^2	$\dfrac{(n-1)S^2}{\sigma^2}$	χ^2 (카이제곱)분포
π	p	$\dfrac{p-\pi}{\sqrt{\pi(1-\pi)/n}}$	Z (표준정규)분포

8.2.4 유의수준과 임계값

수집된 증거가 완벽하지 않을 경우 가설검정에는 오류가 발생한다. “한 사람의 무고한 자를 유죄로 판결하는 것(제1종오류)보다 100명의 유죄인 자를 무죄로 판정하는 것(2종오류)이 더 낫다’고 하는 말은 제1종오류의 확률이 제2종오류의 확률의 1/100보다 낮아야 한다는 것을 말한다. 제1종오류에 따른 비용이 더 크게 가설이 설정되므로 귀무가설을 기각할 강한 증빙을 위하여 제1종오류의 확률 즉 유의수준을 아주 낮게 설정한다. 제1종오류 확률 α와 제2종오류 확률 β는 역의 관계가 있어 제1종오류의 확률을 줄이면 제2종오류의 확률은 증가하므로 무작정 제1종오류를 낮게 설정할 수 없다. 가설검정에서 일반적으로 허용되는 유의수준은 0.1, 0.05, 0.01이며, 유의수준0.1은 양측가설인 경우에만 허용되고 있다.

귀무가설을 기각하기에 강한 증빙이 있다고 평가되는 검정통계량 값의 범위를 기각영역(rejection region)이라 하고, 부족하다고 평가되는 검정통계량 값의 범위를 채택영역(acceptance region)이라 한다. 기각영역과 채택영역의 경계를 임계값(critical value)이라 한다. <그림 8.2>는 우측가설의 기각영역과 채택영역을 나타낸 것이다. 표본자료에서 검정통계량의 관측값을 구하고 이 값이 임계값을 넘어 기각영역에 속하면 귀무가설을 기각하고, 임계값을 넘지 못하면 귀무가설을 기각하지 못하고 채택하게 된다.

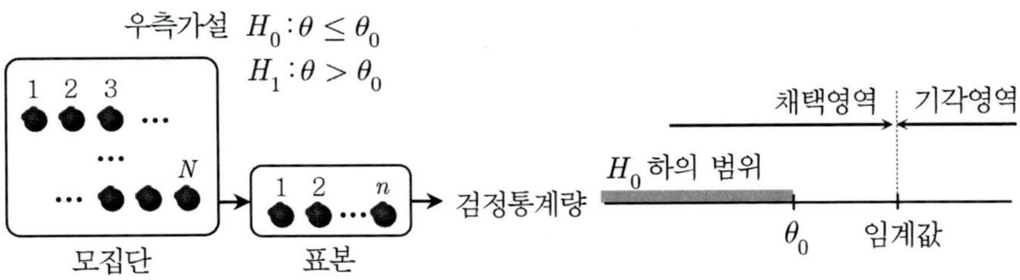

<그림 8.2> 우측검정의 기각영역과 채택영역

임계값은 분석자가 설정한 유의수준과 검정통계량의 확률분포로부터 구할 수 있다. 유의수준은 귀무가설이 진실임을 가정한 검정통계량의 확률분포에서 기각영역의 면적 즉 확률이다. 검정통계량의 확률분포에서 임계값 바깥쪽 면적 즉 기각영역이 α가 되게 임계값을 정한다.

모평균 μ에 관한 가설검정에서 귀무가설이 진실임을 가정한 검정통계량의 관측값 Z_0은 [표 8.4]에 나타낸 모평균 μ의 검정통계량에서 μ를 귀무가설이 주장하는 모수값(모수범위의 경계값) μ_0로 대체한 것으로 아래와 같다.

$$Z_0 = \frac{\bar{X} - \mu_0}{\sigma / \sqrt{n}}$$

이 검정통계량의 확률분포는 Z 분포이다. <그림 8.3>은 모평균 μ에 관한 우측 가설의 검정에서 검정통계량의 확률분포에 분석자가 설정한 유의수준 와 그에 대응하는 임계값을 나타낸 것이다. 분석자가 유의수준 $\alpha = 0.01$에서 $\alpha = 0.05$로 완화하면 임계값 바깥쪽 즉 기각영역이 넓어지고 임계값은 작아져 귀무가설을 기각할 가능성이 높아진다.

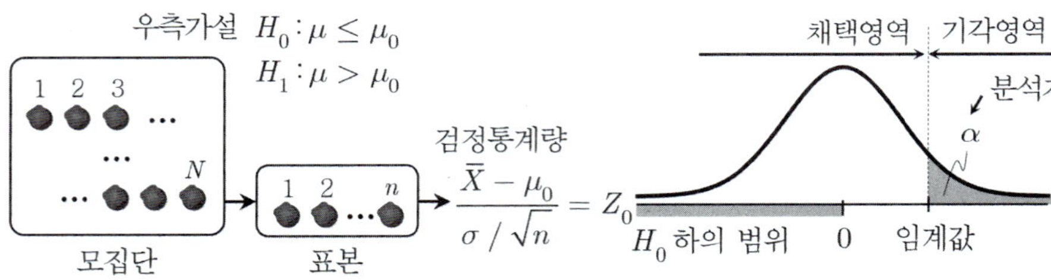

<그림 8.3> 모평균에 관한 우측검정의 임계값

8.2.5 p값

p값은 귀무가설이 진실임을 가정한 검정통계량의 확률분포에서 구한 확률로 관측값 바깥쪽의 면적을 나타낸다. <그림 8.4>는 모평균 μ에 관한 우측검정에서 귀무가설이 진실임을 가정한 검정통계량의 확률분포에 p값, 임계값, 관측값을 함께 나타낸 것이다.

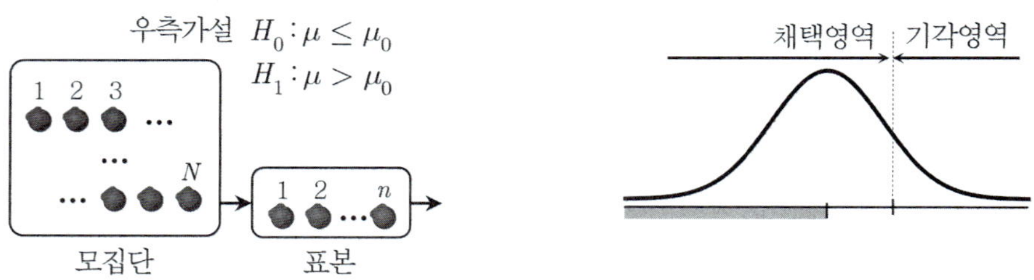

<그림 8.4> 모평균에 관한 우측검정의 임계값

p값의 크기는 표본자료가 귀무가설을 지지하는 정도를 나타낸다. p값이 커질수록 표본자료가 귀무가설을 지지하는 정도는 커지고 귀무가설을 기각할 가능성은 작아진다. 통계적 가설검정은 표본자료가 귀무가설을 지지하는 정도를 검토하

여 귀무가설의 기각여부를 결정하는 과정이므로 p값은 표본자료가 증거로서 제1종오류를 범할 확률을 의미한다. [표 8.5]는 p값의 범위에 따른 일반적인 해석을 나타낸 것이다.

[표 8.5] p값의 해석

p값	해석
0.1이상	귀무가설이 허위임을 보여주는 증거가 없음
0.1~0.05	귀무가설이 허위임을 보여주는 약한 증거가 있음
0.05~0.01	귀무가설이 허위임을 보여주는 강한 증거가 있음
0.01이하	귀무가설이 허위임을 보여주는 매우 강한 증거가 있음

<그림 8.4>에서 알 수 있듯이 관측값이 임계값을 넘어 기각영역에 속해 있으면 p값은 유의수준 α보다 작고, 관측값이 채택영역에 속하게 되면 유의수준 α보다 크다. 이러한 관계는 좌측검정이나 양측검정에서 성립한다. 따라서 관측값과 임계값을 비교하여 관측값이 임계값을 넘어 기각영역에 속해 귀무가설을 기각한다는 것과 p값이 유의수준 α보다 작아 귀무가설을 기각한다는 것과 같은 의미이다. p값을 이용하여 가설검정을 할 경우 유의수준 α를 제일 작은 값으로 낮추어 해석해야 한다는 점에 유의하여야 한다. 예를 들면 p=0.001일 경우 '유의수준 0.05에서 귀무가설을 기각한다.'라고 하면 틀린 해석은 아닐지라도 이 해석은 'α=0.01에서는 기각하지 못한다.'는 뜻을 내포하는 것이므로 'α=0.01에서 기각한다.'로 해석하는 것이 올바른 해석이라 하겠다.

8.2.6 모평균에 관한 가설검정

모평균 μ에 관한 가설은 다음과 같이 나타낼 수 있다.

모평균에 관한 가설

1) $H_0:\ \mu \le \mu_0,\ H_1:\ \mu > \mu_0$ (우측가설)

2) $H_0:\ \mu \ge \mu_0,\ H_1:\ \mu < \mu_0$ (좌측가설)

3) $H_0:\ \mu = \mu_0,\ H_1:\ \mu \ne \mu_0 (\Leftrightarrow \mu > \mu_0 \text{ or } \mu < \mu_0)$ (양측가설)

귀무가설의 기각여부는 검정통계량의 관측값과 임계값을 비교하여 결정할 수도 있고 분석자가 설정한 유의수준 α와 표본자료에서 관측한 p값을 비교하여 결정할 수도 있다.

검정통계량은 귀무가설이 주장하는 모수값으로부터 실제 모수값이 얼마나 벗어나 있는가를 잘 보여줄 수 있어야 하며 임계값 또는 p값을 구하기 위한 확률계산이 가능해야 한다. Z분포를 따르는 $(\bar{X}-\mu)/(\sigma/\sqrt{n})$에서 μ를 귀무가설이 주장하는 모수값(모수범위의 경계값) μ_0로 설정하면, σ가 주어진 경우의 모평균 μ에 관한 가설검정의 관측값 공식이 된다.

모평균 μ에 관한 가설의 관측값의 공식 (σ가 주어진 경우)

$$Z_0 = \frac{\bar{X}-\mu_0}{\sigma/\sqrt{n}}$$

표본평균 $\bar{X}$는 분석자가 알고자 하는 실제 모평균 μ을 위한 가장 좋은 추정량이므로 $Z_0=(\bar{X}-\mu_0)/(\sigma/\sqrt{n})$는 귀무가설이 주장하는 모수값 μ_0로부터 실제 모수값이 얼마나 벗어나 있는가를 잘 보여줄 수 있다. $Z_0=(\bar{X}-\mu_0)/(\sigma/\sqrt{n})$에 의한 관측값이 임계값 바깥쪽 즉 기각영역에 있으면(p값이 σ나 $\sigma/2$보다 작으면) 귀무가설을 기각하고, 그렇지 않으면 귀무가설을 기각하지 못한다. [표 8.6]은 σ를 알 수 있는 경우 모평균 μ에 관한 가설검정의 기각영역과 p값을 나타낸 것이다.

[표 8.6] 모평균에 관한 가설검정의 귀무가설 기각 기준 (σ를 알 수 있는 경우)

	우측검정	좌측검정	양측검정
귀무가설 H_0	$\mu \le \mu_0$	$\mu \ge \mu_0$	$\mu = \mu_0$
대립가설 H_1	$\mu > \mu_0$	$\mu < \mu_0$	$\mu \ne \mu_0$
관측값	$Z_0 > Z_\alpha$	$Z_0 < -Z_\alpha$	$Z_0 < -Z_{\alpha/2}$, $Z_0 > Z_{\alpha/2}$
p값	$p < \alpha$	$p < \alpha$	$p < \alpha/2$

[표 8.7]은 유의수준 10%($\alpha=0.1$), 5%($\alpha=0.05$), 1%($\alpha=0.01$)에서 좌측가설, 우측가설, 양측가설의 임계값을 부록 표 IV의 Z분포표에서 구한 결과이다. p값은 부록 표 IV의 Z분포표 또는 Excel함수 NORM.S.DIST를 이용하여 구할 수 있다.

[표 8.7] 유의수준 α 와 임계값

α	좌측가설	우측가설	양측가설	
	$-Z_{\alpha}$	Z_{α}	$-Z_{\alpha/2}$	$Z_{\alpha/2}$
0.1	$-Z_{0.1} = -1.28$	$Z_{0.1} = 1.28$	$-Z_{0.05} = -1.645$	$Z_{0.05} = 1.645$
0.05	$-Z_{0.05} = -1.645$	$Z_{0.05} = 1.645$	$-Z_{0.025} = -1.96$	$Z_{0.025} = 1.96$
0.01	$-Z_{0.01} = -2.325$	$Z_{0.01} = 2.325$	$-Z_{0.005} = -2.575$	$Z_{0.005} = 2.575$

[예제 8.4] 새로운 핵심부품의 수명

K사 생산기계의 핵심부품 수명은 평균이 800시간이고 표준편차가 100시간인 정규분포를 따르는 것으로 알려져 있다. K사에 핵심부품을 납품하고 있는 L사의 판매담당자가 새로운 핵심부품의 표준편차는 같으면서 수명은 크게 개선되었다며 신제품의 사용을 권장하고 있다. K사의 설비담당자가 L사의 신제품 20개를 무작위로 추출하여 수명을 조사한 결과는 다음과 같다.

812	780	854	956	940	1003	795	806	939	868
794	880	785	832	762	890	773	975	863	793

유의수준 0.05에서 신제품의 수명이 개선되었다고 인정할 수 있겠는가?

풀이

K사의 설비담당자가 자료를 수집한 목적은 신제품의 수명이 기존의 평균 800시간보다 개선되었는가를 밝히는 것이므로 다음과 같이 우측가설로 나타낼 수 있다.

H_0: $\mu \le 800$ (신제품의 수명이 개선지 않았다)

H_1: $\mu > 800$ (신제품의 수명이 개선되었다)

모표준편차가 $\sigma = 100$ (시간)으로 알려져 있으므로 $Z = \left(\bar{X} - \mu_0\right) / \left(\sigma / \sqrt{n}\right)$ 을 검정통계량으로 사용할 수 있다. 표본자료로부터 구한 $\bar{X}$ 는 다음과 같다.

$$\bar{X} = \frac{\sum_{i=1}^{n} X_i}{n} = \frac{17,100}{20} = 855$$

이에 따른 관측값은;

$$Z_0 = \frac{\bar{X} - \mu_0}{\sigma / \sqrt{n}} = \frac{855 - 800}{100 / \sqrt{20}} = 2.46$$

우측가설의 경우 $a = 0.05$에서 검정통계량 Z의 임계값은 $Z_{\alpha} = Z_{0.05} = 1.645$이고 기각영역은 $Z > Z_{\alpha}$이다. 검정통계량의 관측값 $Z_0 = 2.46$은 임계값 1.645보다 크므로 기각영역에 속하며 유의수준 0.05에서 귀무가설을 기각한다. 따라서 신제품의 수명이 개선되었다고 할 수 있다.
p값은

$$P(Z > 2.46) = 0.5 - P(0 < Z < 2.46) = 0.5 - 0.4931 = 0.0069$$

이다. p값이 0.01보다 작다는 것은 표본자료가 귀무가설이 허위임을 보여주는 매우 강력한 증거로 볼 수 있음을 의미한다.

제3절 Excel활용

8.3.1 모평균 신뢰구간의 오차한계 [CONFIDENCE.NORM]

CONFIDENCE.NORM은 모표준편차가 σ이고 표본크기가 n일 때 모평균의 $100(1-\alpha)\%$ 신뢰구간의 오차한계를 계산하여 출력해준다.

=CONFIDENCE.NORM(alpha , standard_dev , size)

여기서 alpha = 신뢰수준을 나타내는데 사용된 α

standard_dev = 모표준편차 σ

size = 표본크기 n

<그림 8.5>는 모표준편차가 $\sigma = 0.25$이고 표본크기가 $n = 25$일 때 모평균의 95%신뢰구간의 오차한계를 CONFIDENCE.NORM으로 구하고 신뢰하한과 신뢰상한을 구하기 위한 입력내용과 출력결과를 보여주고 있다.

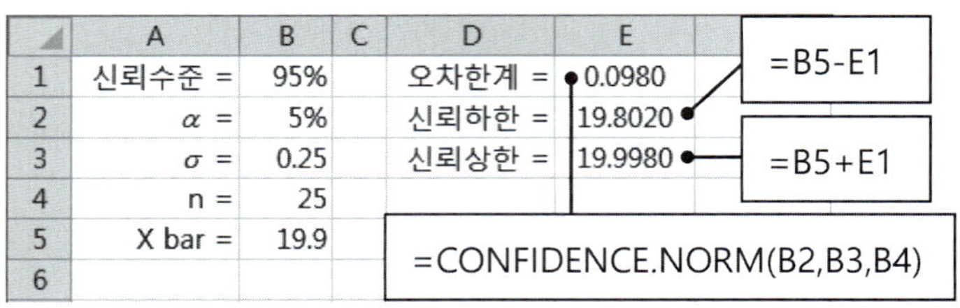

<그림 8.5> CONFIDENCE.NORM을 활용한 신뢰구간 계산

Excel2010에서 추가된 CONFIDENCE.NORM는 Excel2007의 CONFIDENCE를 대체한 것이며 두 함수의 사용방법은 동일하다.

8.3.2 모평균에 관한 우측검정의 p값 [Z.TEST]

Z.TEST는 모평균에 관한 우측가설 $H_0 : \mu \le \mu_0$, $H_1 : \mu > \mu_0$ 의 검정에서 p 값을 계산하여 출력해준다.

=Z.TEST(array , x , [sigma])

여기서 array = 표본자료가 입력되어 있는 범위주소

x = H_0 모수범위의 경계값 μ_0

sigma = 모표준편차 σ, 이 값을 생략하면 표본자료에서 계산된 표본표준편차 S 가 사용됨

<그림 8.6>은 모표준편차가 $\sigma = 100$ 로 주어져 있을 때 모평균에 관한 우측가설 $H_0 : \mu \le 800$, $H_1 : \mu > 800$ 의 Z 검정에서 Z.TEST으로 p 값을 구하기 위한 입력내용과 출력결과를 보여주고 있다.

	A	B	C	D	E	F	G	H
1	812	1003	794	890		$H_0 : \mu \le 800$, $H_1 : \mu > 800$		
2	780	795	880	773		H_0 모수범위의		
3	854	806	785	975		경계값 =	800	
4	956	939	832	863		σ =	100	
5	940	868	762	793		p값 =	0.00695	
6								

=Z.TEST(A1:D5,G3,G4)

<그림 8.6> Z.TEST를 활용한 모평균 우측검정의 p값 계산

Excel2010에서 추가된 Z.TEST는 Excel2007의 ZTEST를 대체한 것이며 두 함수의 사용방법은 동일하다.

연습문제

8.1 다음 물음에 답하시오.

(1) 추정치와 추정량의 차이점을 설명하시오.

(2) 불편추정량의 의미를 설명하시오.

(3) 편의에 대해서 설명하시오.

(4) 상대효율성에 대해서 설명하시오.

(5) 일치추정량에 대해서 설명하시오.

(6) 여론조사를 통해 국회의원 선거에 출마한 A후보의 지지율이 95%신뢰수준에서 32%와 36% 사이에 속하는 것으로 나타났다. 신뢰구간의 폭을 구하시오.

8.2 모 집단은 $\sigma = 12$의 정규분포이며 크기가 $n = 36$인 확률표본에서 구한 표본평균이 $\bar{X} = 100$이다. 다음 물음에 답하시오.

(1) $\bar{X}$의 표준오차를 구하시오.

(2) 모평균 μ의 95%신뢰하한을 구하시오.

(3) 모평균 μ의 90%신뢰구간의 오차한계를 구하시오.

(4) 모평균 μ의 99%신뢰구간의 폭을 구하시오.

(5) 모평균 μ의 94%신뢰구간의 신뢰계수를 구하시오.

8.3 H강관의 생산설비가 정상적으로 작동할 때 생산되는 제품의 지름은 표준편차가 0.012cm인 정규분포이다. 무작위추출한 강관 15개의 지름을 조사한 결과 평균은 19.98cm로 나타났다. 다음 물음에 답하시오.

(1) 모평균 μ의 95%신뢰하한을 구하시오.

(2) 모평균 μ의 90%신뢰구간의 오차한계를 구하시오.

(3) 모평균 μ의 99%신뢰구간의 폭을 구하시오.

(4) 모평균 μ의 99%신뢰구간 폭은 90%신뢰구간 폭의 몇 배인가?

8.4 모집단은 $\sigma = 5$의 정규분포이다. 크기가 $n = 16$인 확률표본에서 구한 표본평균은 $\bar{X} = 17.8$이다. 검정하고자 하는 가설이 $H_0 : \mu \geq 20$, $H_1 : \mu < 20$일 경우에 대하여 다음 물음에 답하시오.

(1) 검정통계량의 관측값을 구하시오.

(2) 유의수준 0.05에서 임계값과 기각영역을 구하고 검정의 결과를 설명하시오.

(3) 유의수준 0.01에서 임계값과 기각영역을 구하고 검정의 결과를 설명하시오.

(4) p값을 구하고 그 의미를 해석하시오.

8.5 OJ맥주의 카스라이트 생산라인의 포장설비는 한 캔의 용량이 평균 355ml, 표준편차 5ml의 정규분포를 따르도록 설계되어 있다. 생산팀의 K과장은 포장설비가 정상적으로 작동하고 있는가를 파악하기 위해 무작위로 20개의 제품을 추출하여 용량을 측정한 결과 평균이 357ml로 나타났다.

(1) K과장의 의사결정문제를 가설로 나타내시오.

(2) (1)의 가설을 통계적 가설로 나타내시오.

(3) 검정통계량의 관측값을 구하시오.

(4) 유의수준 0.05에서 임계값과 기각영역을 구하고 검정의 결과를 설명하시오.

(5) 유의수준 0.01에서 임계값과 기각영역을 구하고 검정의 결과를 설명하시오.

(6) p값을 구하고 그 의미를 해석하시오.

(7) 제1종오류의 결과를 설명하시오.

(8) 제2종오류의 결과를 설명하시오.

8.6 건설협회에서 지난 해 발표한 건설업 노동자의 일일 임금의 평균은 12만원이었다. 금년에 무작위로 선택한 건설업 노동자 50명의 일일 임금(단위: 천원)을 조사한 결과는 다음과 같다.

130	149	100	119	158	89	118	137	99	104
102	89	135	162	201	142	81	96	142	176
167	117	97	140	137	140	165	103	163	156
81	60	109	151	139	162	42	111	109	106
83	171	138	106	126	194	114	186	103	145

모표준편차가 2만5천원임을 가정하고 건설업 노동자의 일일 임금 평균이 지난 해보다 증가하였는가를 검토하고자 한다.

(1) 의사결정문제를 가설로 나타내시오.

(2) (1)의 가설을 통계적 가설로 나타내시오.

(3) 모평균에 관한 Z검정을 적용할 수 있는가를 검토하시오.

(4) 검정통계량의 관측값을 구하시오.

(5) 유의수준 0.05에서 임계값과 기각영역을 구하고 검정의 결과를 설명하시오.

(6) 유의수준 0.01에서 임계값과 기각영역을 구하고 검정의 결과를 설명하시오.

(7) p값을 구하고 그 의미를 해석하시오.

09 한 모집단에 관한 추론

앞 장의 통계적 추론의 기본 개념을 바탕으로 Z분포를 활용한 한 모집단의 모평균을 추론하는 방법에 대해서 살펴보았다. Z분포를 이용하여 모평균을 추론하기 위해서는 모분산의 값이 알려져 있어야 하는데 이러한 경우는 현실적으로 많지 않다. 본 장에서는 모분산 대신 표본분산을 사용하여 모평균에 대한 추론 방법, 모분산 및 모비율을 추론하는 방법 등에 대해서도 살펴본다.

제1절 모평균 추론

9.1.1 모평균 추론을 위한 통계량(σ 알려지지 않은 경우)

모표준편차(σ)가 알려지지 않은 경우, 모평균 추론을 위하여 모표준편차 대신에 가장 좋은 추정량인 표본표준편차(S)를 사용한 확률변수 t를 이용한다.

$$t = \frac{\bar{X} - \mu}{S / \sqrt{n}}$$

* 참고: 모표준편차(σ)를 알 경우, $Z = \dfrac{\bar{X} - \mu}{\sigma / \sqrt{n}}$

확률변수 t는 표준정규분포를 따르지 않고 표준정규분포와 같이 평균, 0을 중심으로 좌우대칭인 자유도 $n-1$에 따라 모양이 변하는 t분포를 따른다.

$t = \dfrac{\overline{X} - \mu}{S / \sqrt{n}}$ **의 확률분포**

1) **정규분포인 모집단**에서 추출한 $(\overline{X} - \mu) / (S / \sqrt{n})$ 은 자유도가 $n-1$ 인 t 분포를 따른다.
2) 정규분포가 아닌 모집단의 확률표본이라도 ①**표본크기가 충분히 큰 경우**에는 t 분포에 근접한다.

참고 ① : 모집단의 정규분포 여부를 모르는 경우, 일반적으로 Z 분포의 근사확률분포로 t 분포를 사용하기 위한 표본의 크기는 단봉분포이면 $n \geq 30$, 다봉분포인 경우에는 $n \geq 50$ 이다.

9.1.2 모평균의 신뢰구간 추정

* 모평균 μ 의 $100(1-\alpha)\%$ 신뢰구간(σ를 모르는 경우)

$$P(\text{신뢰하한} \leq \mu \leq \text{신뢰상한}) = 1 - \alpha$$

$$P(-t_{\alpha/2;n-1} \leq \frac{\overline{X} - \mu}{S/\sqrt{n}} \leq t_{\alpha/2;n-1}) = 1 - \alpha$$

$$\text{신뢰하한} = \overline{X} - t_{\frac{\alpha}{2};n-1} \cdot \frac{S}{\sqrt{n}}, \quad \text{신뢰상한} = \overline{X} + t_{\frac{\alpha}{2};n-1} \cdot \frac{S}{\sqrt{n}}$$

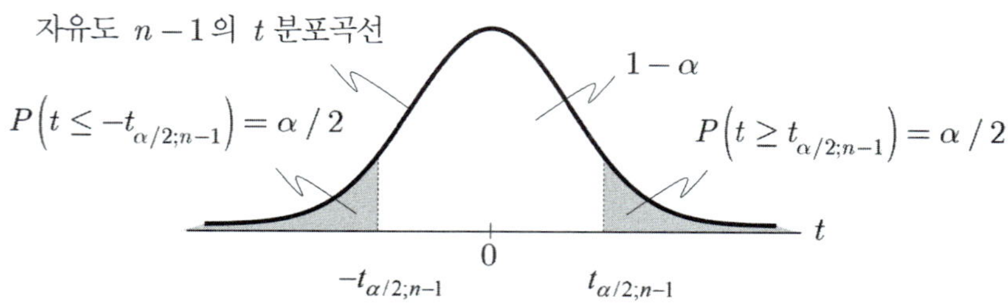

<그림 9.1>

* 신뢰계수 $t_{\alpha/2;n-1}$ 의 값은 t 분포표(부록 표 VI)에서 찾거나 또는 Excel함수, T.INV로 구할 수 있다.

[예제 9.1] 사과농장의 평균 수확량 추정

인경농장은 금년도 사과나무의 그루 당 평균 수확량을 파악하기 위해 30그루를 무작위로 추출하여 판매 가능한 사과의 수를 조사한 결과는 다음과 같다.

44	43	42	47	30	39	28	37	45	42
32	53	57	46	47	30	45	45	46	44
50	44	43	47	46	25	37	56	43	60

Q: 금년도 사과나무 한 그루당 평균수확량의 95%신뢰구간을 구하시오.

풀이

1. 모집단: 인경농장의 모든 사과나무
2. 통계분석 목적: 모든 사과나무 그루당 수확량의 평균(모평균, μ) 추정
3. 표본분포: t-분포(σ을 모르기 때문, 모집단은 정규분포임을 가정)
4. 필요 통계량: 표본평균($\bar{X}$), 표본표준편차(S), 표본크기(n), 신뢰계수($t_{\alpha/2;n-1}$)

$$\bar{X} = \frac{1,293}{30} = 43.1$$

$$S^2 = \frac{1}{30-1}\left((44-43.1)^2 + \cdots + (60-43.1)^2\right) = 68.6448 \rightarrow S = \sqrt{68.6448} = 8.2852$$

$t_{0.025;29} = 2.0452\,(\alpha = 0.05$, 자유도 $= 29)$ * excel: = T.INV(1−0.025,29)

→ 오차한계(error margin) = $t_{\frac{\alpha}{2};n-1} \cdot \frac{S}{\sqrt{n}} = 2.0452 \times 1.5127 = 3.0937$

⇒ 신뢰하한 = $\bar{X}$ − 오차한계 $= 43.1 - 3.0937 = 40.0063$ (개)

⇒ 신뢰상한 = $\bar{X}$ + 오차한계 $= 43.1 + 3.0937 = 46.1937$ (개)

결론: 금년도 인경농장 모든 사과나무의 그루 당 모평균(평균 수확량)이 상기 신뢰구간에 포함될 수 있는 확률이 95%임을 추론할 수 있다.

9.1.3 모평균에 관한 가설검정

통계적 가설검정은 표본자료에서 구한 검정통계량을 이용, 귀무가설의 진위 여부를 판정하는 의사결정과정이다. 귀무가설의 기각여부는 검정통계량(관측값, observed value)과 임계값(critical value)을 비교/판단할 수 있고, 또한 분석자가 설정한 유의수준(α)과 표본자료에서 관측한 유의확률(p값)을 비교하여 결정할 수도 있다.

- 검정통계량 (σ를 모르는 경우):

$$t_0 = \frac{\bar{X} - \mu_0}{S / \sqrt{n}} \qquad {}^{*}\mu_0 = \text{가설에 설정된 값}$$

- 임계값(귀무가설의 채택 또는 기각여부의 기준값): '유의수준', '자유도(n-1)', '가설의 형태'에 의해 결정

  좌측검정: $-t_{\alpha;n-1}$, 우측검정: $t_{\alpha;n-1}$, 양측검정: $\mp t_{\alpha/2;n-1}$

- 유의확률(p값): 가설의 형태(양측, 단측)에 부합하는 검정통계량의 좌 또는 우측 확률

[예제 9.2] 사과농장의 평균수확량에 관한 가설검정

인경농장의 작년도 사과나무의 그루 당 평균 수확량은 45개였다. 예제 9.1의 표본자료를 근거로 인경농장의 그루 당 평균수확량이 작년보다 줄었다고 할 수 있는지를 유의수준 0.05에서 검정하시오.

풀이

1. 가설: 분석가는 인경농장의 금년도 전체 사과나무의 그루 당 평균 수확량이 작년의 그루 당 평균인 45개보다 줄었음을 밝히기 위한 가설을 다음과 같이 나타낼 수 있다.

   H_0: $\mu \geq 45$ (금년의 평균수확량이 작년보다 늘었다)

   H_1: $\mu < 45$ (금년의 평균수확량이 작년보다 줄었다)

2. 임계값: 좌측검정 → $-t_{\alpha;n-1} = -t_{0.05;29} = T.INV(0.05, 29) = -1.6691$
3. 관측값: $t_o = (\bar{X} - \mu_o) / (S / \sqrt{n}) = (43.1 - 45) / 1.5127 = -1.2561$
4. p값: 검정통계량의 좌측 확률 = $T.DIST(-1.2561, 29, 1) = 0.1096$

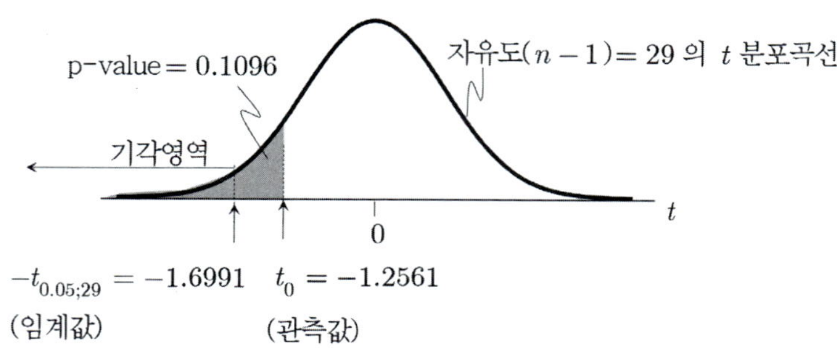

<그림 9.2> 예제 9.2의 가설검정을 위한 임계값과 p값

결론

방법1: 〈그림 9.2〉에 나타낸 것처럼 검정통계량, $t_0 = -1.2561$은 기각영역 $t < -1.6991$에 속하

지 않는다. 이는 유의수준 0.05에서 인경농장의 평균 수확량이 작년보다 줄었다고 판단할 충분한 증거가 존재하지 않음을 의미하므로 귀무가설을 기각할 수 없다.

방법2: 모평균 μ에 관한 좌측검정의 유의확률(p값)은 $\boldsymbol{P(t<t_o)}$이다.

$P(t<t_o)=P(t<-1.2561)$은 t 분포곡선 아래의 $t<-1.2561$의 면적과 같다. 이 값은 Excel에서 수식을 이용하여 구하면 0.1096이다. 이를 바탕으로 유의확률(p값=0.1096) 〉 유의수준(α=0.05) 〈 0.1096 이므로 이 표본조사의 결과, 귀무가설 을 기각할 수 없다.

* 참고: excel 수식: $T.DIST(-1.2561,29,1)$

제2절 모분산 추론

9.2.1 모분산 추론을 위한 통계량

모분산 추론을 위한 통계량이 모수의 추론에 사용될 수 있으려면 모수의 상태를 잘 보여줄 수 있어야 하며 확률계산이 가능해야 한다. 모분산 σ^2에 대해서는 표본분산 S^2이 가장 좋은 추정량이지만 확률계산을 용이하게 할 수 있는 확률분포가 없는 관계로 확률 계산이 가능하도록 변형한 확률변수 χ^2을 이용한다.

$$\chi^2=\frac{(n-1)S^2}{\sigma^2}$$

> **$\frac{(n-1)S^2}{\sigma^2}$의 확률분포**
>
> 정규분포인 모집단에서 추출한 확률표본에서 구한 $(n-1)S^2/\sigma^2$는 자유도가 $n-1$인 χ^2 분포를 따른다.

9.2.2 모분산의 신뢰구간 추정

모분산 의 $100(1-\alpha)\%$ 신뢰구간은 신뢰하한과 신뢰상한 사이에 모분산 σ^2가 속해 있다고 믿을 수 있는 정도가 $100(1-\alpha)\%$ 임을 의미하며 이는 P(신뢰하한≤ $\boldsymbol{\sigma^2}$ ≤신뢰상한)$=\boldsymbol{1-\alpha}$로 나타낼 수 있다.

이 식을 만족하는 신뢰하한과 신뢰상한의 공식은 $(n-1)S^2/\sigma^2$ 가 자유도 $n-1$ 의 χ^2 분포를 따른다는 사실로부터 유도할 수 있다.

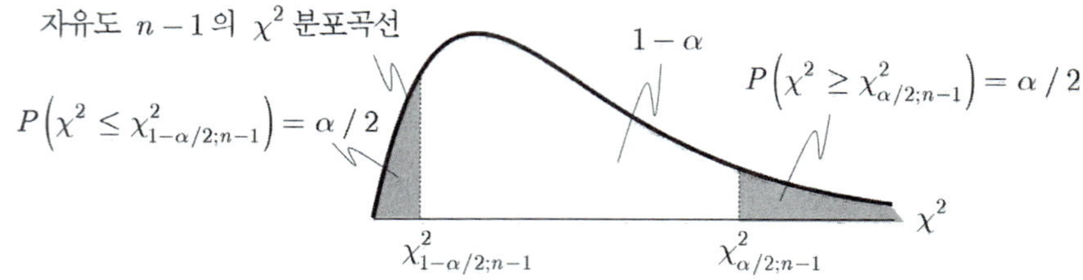

<그림 9.3>

<그림 9.3>에서 수평축에 나타낸 χ^2 는 χ^2 분포를 따르는 확률변수이며 수평축 위에 굵은 실선으로 나타낸 곡선은 자유도 $n-1$ 의 χ^2 분포곡선이다. $\chi^2_{\alpha/2;n-1}$ 는 자유도 $n-1$ 의 χ^2 분포곡선 아래에서 이 값의 오른쪽 면적이 $\alpha/2$ 인 χ^2 값이며 $\chi^2_{1-\alpha/2;n-1}$ 는 왼쪽 면적이 $\alpha/2$ 인 χ^2 값이다.

따라서 χ^2 값이 $\chi^2_{1-\alpha/2;n-1}$ 와 $\chi^2_{\alpha/2;n-1}$ 사이에 속할 확률은 $1-\alpha$ 이다.

즉, $P\left(\chi^2_{1-\alpha/2;n-1} \leq \chi^2 \leq \chi^2_{\alpha/2;n-1}\right) = 1-\alpha$ 이므로,

$P\left(\chi^2_{1-\alpha/2;n-1} \leq \dfrac{(n-1)S^2}{\sigma^2} \leq \chi^2_{\alpha/2;n-1}\right) = 1-\alpha$ 로 나타낼 수 있다. 이를 σ^2 만 남기고 정리하면

$P\left(\dfrac{(n-1)S^2}{\chi^2_{\alpha/2;n-1}} \leq \sigma^2 \leq \dfrac{(n-1)S^2}{\chi^2_{1-\alpha/2;n-1}}\right) = 1-\alpha$ 의 공식을 얻을 수 있다.

모분산 σ^2 의 $100(1-\alpha)\%$ 신뢰구간

신뢰하한 $= \dfrac{(n-1)S^2}{\chi^2_{\alpha/2;n-1}}$, 신뢰상한 $= \dfrac{(n-1)S^2}{\chi^2_{1-\alpha/2;n-1}}$

* 이는 표본이 정규분포 모집단에서 추출한 확률표본임을 전제로 한다.

χ^2 값 $\chi^2_{\alpha/2;n-1}$와 $\chi^2_{1-\alpha/2;n-1}$는 분석자가 설정한 신뢰수준(또는 유의수준)을 모분산 (σ^2)의 신뢰구간에 반영시킨 신뢰계수(confidence coefficient)이다. 이 값은

[예제 9.3] 주식 일일 수익률 신뢰구간 추정

A사 주식에 대한 위험을 수익률의 분산으로 평가하기 위해 금년도 1사분기중 16일을 무작위로 추출하여 조사한 일일 수익률(단위:%)은 다음과 같다.

-2.93	-2.00	0.64	0.08	2.14	-3.49	-0.79	1.27
-1.03	1.68	-1.42	5.15	0.59	-3.00	1.82	0.58

A사 주식의 일일 수익률이 정규분포를 이룬다고 할 경우 A사 주식 일일 수익률 분산의 95%신뢰구간을 추정하시오.

풀이

1. $S^2 = \frac{1}{n-1}\sum_{i=1}^{n}\left(X_i - \overline{X}\right)^2$

$\rightarrow \overline{X} = \frac{1}{n}\sum_{i=1}^{n} X_i = \frac{1}{16}(-2.93 + -2.0 + \cdots + 0.58) = -0.0444$

$\rightarrow S^2 = \frac{1}{15}\left((-2.93 + 0.04438)^2 + \cdots + (0.58 - 0.0\right) = 5.159$

* 참고(분산간편공식): $S^2 = \frac{1}{n-1}\left(\sum_{i=1}^{n} X_i^2 - \frac{1}{n}\left(\sum_{i=1}^{n} X_i\right)^2\right) = \frac{1}{16-1}\left(77.4167 - \frac{(-0.71)^2}{16}\right)$

2. 신뢰계수[신뢰수준: 95%($\alpha = 0.05$), 자유도($n-1$): 16-1=15] (부록 표 참조 또는 Excel 수식)

$\chi^2_{\alpha/2;n-1}$: $\chi^2_{0.025;15}$ =CHISQ.INV(1−0.025,15) = 27.4884

$\chi^2_{1-\alpha/2;n-1}$: $\chi^2_{0.975;15}$ =CHISQ.INV(1−0.025) = 6.2621

3. 모분산인 σ^2 (A주식 일일수익률의 분산)의 신뢰구간(신뢰수준: 95%)

$\Rightarrow$ 신뢰하한 $= \frac{(n-1)S^2}{\chi^2_{\alpha/2;n-1}} = \frac{(16-1)\cdot 5.159}{27.4884} = 2.8152$

$\Rightarrow$ 신뢰상한 $= \frac{(n-1)S^2}{\chi^2_{1-\alpha/2;n-1}} = \frac{(16-1)\cdot 5.159}{6.2621} = 12.3576$

결론: A사 주식 일일 수익률의 모분산(σ^2)이 2.8152와 12.3576 사이에 포함되어 있을 확률이 약 95% 정도라고 하겠다.

9.2.3 모분산에 관한 가설검정

모분산 (σ^2)에 관한 가설검정 또한 모분산 추정과 $(n-1)S^2/\sigma^2$에서 모집단의 분산 σ^2 대신 가설에 설정한 값 σ_o^2을 사용한 식을 검정통계량으로 사용한다.

> **모분산 σ^2에 관한 가설의 검정통계량**
>
> $$\chi_o^2 = \frac{(n-1)S^2}{\sigma_o^2} \quad * \ \sigma_o^2 = \text{가설에 설정된 값}$$

$(n-1)S^2/\sigma_o^2$은 자유도 $n-1$인 χ^2 분포를 따르는 확률변수이므로 임계값을 χ^2 분포표(부록 표 Ⅷ)에서 신뢰계수를 구하는 것과 같은 방식으로 구하거나 Excel함수 CHISQ.INV로 구하여 기각영역을 설정하고, 관측값과 비교하여 관측값이 기각영역에 속하면 귀무가설을 기각하고, 그렇지 않으면 귀무가설을 기각할 충분한 증빙을 보여주지 못하는 것이므로 귀무가설을 채택한다. 또는 관측값의 바깥쪽 면적인 p값을 χ^2 분포표(부록 표 Ⅷ)를 이용하거나 앞에서 설명한 Excel함수 CHISQ.DIST로 구하여 α나 $\alpha/2$(양측검정일 경우)보다 작으면 귀무가설을 기각하고 그렇지 않으면 귀무가설을 채택한다.

[예제 9.4] 주식 수익률 위험에 관한 가설검정

지난해 A사 주식의 일일 수익률(단위:%)의 표준편차는 $\sqrt{10}$%였다. 예제 9.4의 표본자료를 근거로 A사 주식의 일일 수익률 분산이 작년과 달라졌는지를 유의수준 0.05에서 검정하시오.

풀이

* 모집단: 올해의 A사 주식의 일일 수익률
* 분석의 목적: 올해 주식 수익률의 모분산(변동성-위험도)이 작년과 다른지 여부 추정(σ^2의 추정)

1. 가설: 분석자의 목적은 A사 주식의 위험도(σ^2)가 작년의 위험도인 10과 다른지를 밝히는 것이므로 다음과 같이 양측가설로 설정함

   H_0: $\sigma^2 = 10$ (금년의 위험도가 작년과 같다)

   H_1: $\sigma^2 \neq 10$ (금년의 위험도가 작년과 다르다)

2. 필요 통계량

1) 표본분산(S^2), 표본크기(n)은 예제 9.3의 통계량 활용

2) 임계값(critical value): 양측검정

→ 좌측 임계값 : $\chi^2_{1-\alpha/2;n-1} \rightarrow \chi^2_{0.975;15}$ =CHISQ.INV(1-0.975,15) = 6.2621

→ 우측 임계값 : $\chi^2_{\alpha/2;n-1} \rightarrow \chi^2_{0.025;15}$ =CHISQ. INV(1-0.025,15) = 27.4884

3) 관측값(observed value)

$$\rightarrow \chi^2_0 = \frac{(n-1)S^2}{\sigma_o^2} = \frac{(16-1)\cdot 5.159}{10} = 7.7385$$

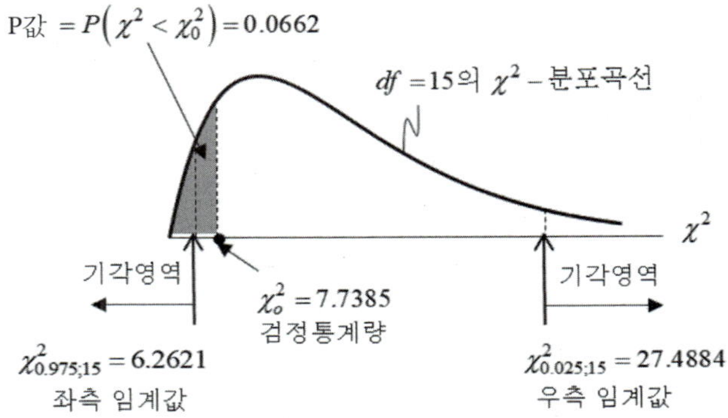

<그림 9.4> 임계값과 p값

결론

1. 관측값, $\chi^2_0 = 7.7385$ 는 좌측 임계값(6.2621) 보다 크고 우측 임계값(27.4884) 보다 작으므로 귀무가설을 기각하지 못한다.

2. $P(\chi^2_o \le 7.7385) =$ 0.0662로 $\alpha / 2 = 0.025$ 보다 크므로 귀무가설을 기각하지 못한다는 것을 알 수 있다(또는 p값$(0.0662) \times 2 \ge \alpha(0.05)$).

→ $P(\chi^2_0 \le 7.7385)$ =CHISQ.DIST(7.7385,15,1) = 0.0662

⇒ 따라서 A사 주식 일일 수익률의 분산은 작년과 다르다고 할 수 없다.

제3절 모비율 추론

제품의 선호도, 후보 또는 정책의 지지도, 불량률, 구성비 등은 비율로 나타낼 수 있다. 모비율은 모집단에서 특정 범주가 차지하는 비율을 말한다. 자사 제품에 대한 소비자의 선호도를 파악하기 위해 무작위로 추출한 소비자들을 대상으로 자사 제품에 대한 구매의사여부를 조사할 경우 등에 한 모집단의 모비율 추론에 관한 통계적 이론을 적용할 수 있다.

9.3.1 모비율 추론을 위한 통계량

통계량이 모수의 추론에 사용될 수 있으려면 모수의 상태를 잘 보여줄 수 있어야 하며 확률계산이 가능해야 한다. 모비율(π)의 상태는 표본비율(p)가 가장 잘 보여줄 수 있다. 표본비율(p)은 근사적으로 평균이 π이고, 표준편차가 $\sqrt{\pi(1-\pi)/n}$ 인 정규분포를 따른다. 따라서 표본비율(p)의 표준화 Z값은 아래와 같다.

$$Z = \frac{p-\pi}{\sqrt{\pi(1-\pi)/n}}$$

이 표준화 Z는 표준정규분포로 확률계산을 할 수 있으며 모비율(π)에 관한 추정량이나 검정통계량으로 사용할 수 있다.

> $Z = \dfrac{p-\pi}{\sqrt{\pi(1-\pi)/n}}$ **의 확률분포**
>
> 확률변수 Z는 $\pi = 0.5$이면 정규분포를 따르며, $\pi \neq 0.5$이면 표본크기 n이 $n\pi \geq 5$과 $n(1-\pi) \geq 5$을 모두 만족할 경우 근사적으로 표준정규분포를 따른다.

9.3.2 모비율의 신뢰구간 추정

모비율(π)의 $100(1-\alpha)\%$ 신뢰구간은 신뢰하한과 신뢰상한 사이에 모비율 π가 속해 있다고 믿을 수 있는 정도가 $100(1-\alpha)\%$ 임을 의미하며 이는

$$P(\text{신뢰하한} \leq \pi \leq \text{신뢰상한}) = 1-\alpha$$

로 나타낼 수 있다. 이 식을 만족하는 신뢰하한과 신뢰상한의 공식은 $(p-\pi)/\sqrt{\pi(1-\pi)/n}$ 이 Z 분포를 따른다는 특성으로부터 유도할 수 있다.

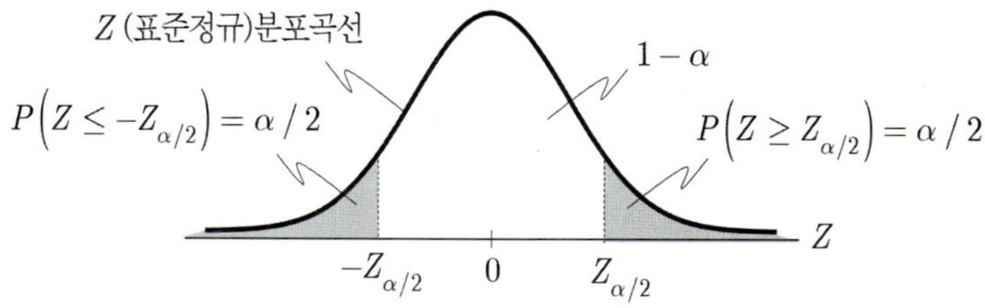

<그림 9.5> $Z_{\alpha/2}$

Z 분포는 평균인 0을 중심으로 좌우대칭이기 때문에 $-Z_{\alpha/2}$의 왼쪽 면적은 $Z_{\alpha/2}$의 오른쪽 면적과 같은 $\alpha/2$이고 $-Z_{\alpha/2}$와 $Z_{\alpha/2}$ 사이의 면적은 $1-\alpha$가 된다. 즉

$P\left(-Z_{\alpha/2} \le Z \le Z_{\alpha/2}\right) = 1-\alpha$ 이고, $(p-\pi)/\sqrt{\pi(1-\pi)/n}$ 이 Z 분포이므로

$P\left(-Z_{\alpha/2} \le \dfrac{p-\pi}{\sqrt{\pi(1-\pi)/n}} \le Z_{\alpha/2}\right) = 1-\alpha$ 로 나타낼 수 있다. 이를 π만 남기고 정리하면

$$P\left(p - Z_{\alpha/2} \cdot \sqrt{\frac{\pi(1-\pi)}{n}} \le \pi \le p + Z_{\alpha/2} \cdot \sqrt{\frac{\pi(1-\pi)}{n}}\right) = 1-\alpha$$

모비율 π의 $100(1-\alpha)\%$ 신뢰구간

$$\text{신뢰하한} = p - Z_{\frac{\alpha}{2}} \cdot \sqrt{\frac{\pi(1-\pi)}{n}}, \quad \text{신뢰상한} = p + Z_{\frac{\alpha}{2}} \cdot \sqrt{\frac{\pi(1-\pi)}{n}}$$

* 모비율(π)을 모르는 경우, π의 가장 좋은 추정량인 표본비율(p)로 대체

모비율(π)의 $100(1-\alpha)\%$ 신뢰구간 (π가 알려지지 않은 경우)

$$\text{신뢰하한} = p - Z_{\frac{\alpha}{2}} \cdot \sqrt{\frac{p(1-p)}{n}}, \quad \text{신뢰상한} = p + Z_{\frac{\alpha}{2}} \cdot \sqrt{\frac{p(1-p)}{n}}$$

[예제 9.5] 후보 지지율의 신뢰구간 추정

S시의 시장선거를 앞두고 여론조사기관에서 유권자 1,600명을 무작위로 추출하여 조사한 결과 A후보를 지지하는 사람은 640명이었다. A후보 지지율의 신뢰수준 95%의 신뢰구간을 구하시오.

풀이

1. 표본의 수: $n = 1,600$. 2. 지지율: $p = 600/1,600 = 0.4$

3. 표준정규분포 사용여부 판단: $np = 1,600 \times 0.4 = 640 \geq 5$, $n(1-p) = 1,600 \times 0.6 = 960 \geq 5$

4. 신뢰수준: 95%($\alpha = 0.05$) → 신뢰계수: $Z_{\alpha/2} = Z_{0.025} = 1.96$

5. 모비율(π)를 모르지만 3의 조건을 바탕으로 $\sqrt{\pi(1-\pi)/n} \rightarrow \sqrt{p(1-p)/n}$로 대체

6. 오차한계(error margin)

$$Z_{\alpha/2} \cdot \sqrt{p(1-p)/n} = 1.96 \cdot \sqrt{0.24/1,600} = 0.024$$

7. 신뢰수준 95%의 π의 신뢰구간

   ⇒ 신뢰하한 $= p -$ 오차한계$= 0.4 - 0.024 = 0.376$

   ⇒ 신뢰상한 $= p +$ 오차한계$= 0.4 + 0.024 = 0.424$

결론

A 후보에 대한 S시 전체 유권자의 지지율이 37.6%~42.4%일 확률이 95%라고 할 수 있다. 즉, 이를 바탕으로 보도에서는 "S시 유권자 1,600명을 무작위 추출하여 조사한 결과 95%의 신뢰수준에서 A후보의 지지율은 40%, 오차한계 ±2.4% 였다."고 발표한다.

9.3.3 모비율에 관한 가설검정

가설검정 또한 p의 표준화 Z값의 공식을 이용한다.

표준화한 값(Z값)의 공식인 $(p-\pi)/\sqrt{\pi(1-\pi)/n}$에 모비율 π 대신에 가설에 설정된 값 π_0로 대체하면 다음과 같은 검정통계량이 도출된다.

모비율 π에 관한 가설의 검정통계량

$$Z_0 = \frac{p - \pi_o}{\sqrt{\pi_o(1-\pi_o)/n}}$$

* $\pi_o =$ 가설의 설정값

위의 검정통계량은 표본의 수에 대한 일정한 조건을 만족하면 표준정규분포를 따르므로 모집단 평균에 대한 검정과 방법과 동일한 방법으로 구한다.

[예제 9.6] 후보자 지지율에 관한 가설검정

지난해 A후보의 지지율은 38%였다. 예제 9.6의 여론조사결과를 근거로 A후보의 지지율이 지난해의 지지율과 달라졌다고 할 수 있는지에 대하여 유의수준 0.05로 검정 하시오.

풀이

* 모집단: 올해의 A 후보에 대한 전체 유권자의 지지율
* 분석 목적: A후보의 전체 지지율(π)이 작년의 지지율인 38%와 달라졌는지를 밝히는 것.

1. 가설

H_0: $\pi = 0.38$ (지지율이 지난해와 같다)

H_1: $\pi \neq 0.38$ (지지율이 지난해와 다르다)

2. 필요 통계량:

1) 지지율(p): 0.4

2) 표준오차: $\sqrt{\pi_0(1-\pi_0)/n} = \sqrt{0.2356/1,600} = 0.01214$

3) 임계값(양측검정)

* 좌측 임계값: $Z_{1-\alpha/2} = Z_{0.0975} = -1.96$ * 우측 임계값: $Z_{\alpha/2} = Z_{0.025} = 1.96$

4) 관측값: $Z = \dfrac{p-\pi_o}{\sqrt{\pi_o(1-\pi_o)/n}} = \dfrac{0.4-0.38}{0.01214} = 1.65$

3. 가설검정

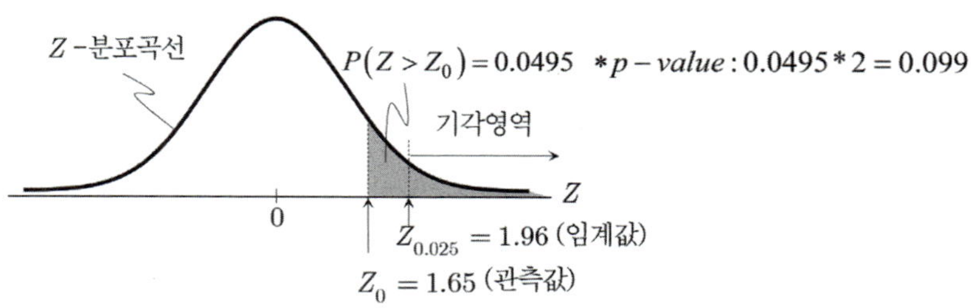

<그림 9.6> 임계값과 p값

4. 결론

검정통계량의 관측값 $Z_0 = 1.6482$ 은 좌측 임계값과 우측 임계값 사이에 존재하므로 유의수준 0.05에서 귀무가설을 기각할 수 없다. 즉 지지율이 지난해와 달라졌다고 할 수 없다.
p값이 $\alpha = 0.05$ 보다 크므로 귀무가설을 기각할 수 없다.

9.3.4 모비율 추정을 위한 표본크기

모비율의 오차한계는 $Z_{\alpha/2} \cdot \sqrt{p(1-p)/n}$ 이다. 표본크기(n)가 커지면 오차한계가 작아져 신뢰구간의 폭은 좁아진다. 신뢰구간의 폭을 좁히기 위한 표본크기의 증가는 비용의 증가를 동반하며 적절한 표본크기의 선택은 통계분석자의 몫이다(신뢰구간의 폭이 좁을수록 추정의 신뢰도는 높아짐).

분석자가 설정한 오차한계의 최대를 e라 하면 $e \geq Z_{\alpha/2} \cdot \sqrt{p(1-p)/n}$ 이다. 이 식을 n에 대하여 풀면 표본크기를 결정하는 공식을 얻을 수 있다.

표본크기

$$n \geq \left(\frac{Z_{\alpha/2} \cdot \sqrt{p(1-p)}}{e} \right)^2$$

참고 : 위의 식을 적용하기 위해서는 표본비율 p의 값이 필요하지만 표본크기를 결정하는 시점에서는 표본자료가 없으므로 알려지지 않은 값이다. 일반적으로 $p(1-p)$의 값을 가장 크게 만들어주는 $p=0.5$을 사용한다.

[예제 9.7] 후보자 지지율 추정을 위한 표본크기

예제 9.6에서 오차한계를 2%이하가 되게 하는데 필요한 표본크기를 구하시오.

풀이

신뢰수준이 95%($\alpha=0.05$)이고, 신뢰계수는 $Z_{\alpha/2}=Z_{0.025}=1.96$ 이다. 오차한계의 최대값이 $e=0.02$ 이므로 필요한 표본크기

$$n \geq \left(\frac{Z_{\alpha/2} \cdot \sqrt{p(1-p)}}{e} \right)^2 = \left(\frac{1.96 \times \sqrt{0.5(1-0.5)}}{0.02} \right)^2 = 2,401$$

이다. 따라서 $n=2,401$ 이다. 표본자료에서 계산된 표본비율이 $p=0.4$ 이면 신뢰구간의 오차한계는

$$Z_{\alpha/2} \cdot \sqrt{\frac{p(1-p)}{n}} = 1.96 \times \sqrt{\frac{0.4(1-0.4)}{2,401}} = 0.0196$$

이 되어 분석자가 계획한 0.02보다 0.0004만큼 작게 된다.

연|습|문|제

9.1 정규분포 모집단에서 표본추출을 통해 표본크기가 $n = 25$ 인 표본을 추출하였다. 이 표본에서 구한 표본평균은 $\overline{X} = 48$, 표본표준편차는 $S = 5$ 이었다.

Q: 모평균 μ 의 95%신뢰구간의 오차한계, 신뢰하한

9.2 9.1의 정보를 근거로 가설 $H_0 : \mu \geq 50$, $H_1 : \mu < 50$ 을 검정하고자 한다(단 유의수준=0.05).

Q1: 임계값(critical value), 검정통계량(관측값, observed value)

Q2: 유의확률(p값)

Q3: 가설검정 결과

9.3 정보를 근거로 가설 $H_0 : \mu = 50$, $H_1 : \mu \neq 50$ 을 검정하고자 한다(단 유의수준=0.05).

Q1: 임계값(critical value), 검정통계량(관측값, observed value)

Q2: 유의확률(p값)

9.4 정규분포 모집단에서 크기가 $n = 25$ 인 확률표본을 추출하였다. 이 표본에서 구한 표본분산이 $S^2 = 15$ 이라고 할 때 다음을 구하시오..

(1) 모분산 σ^2 의 90%신뢰구간의 신뢰계수

(2) 모분산 σ^2 의 95%신뢰구간

(3) 모분산 σ^2 의 99%신뢰구간의 폭

(4) 모분산 σ^2 의 97%신뢰구간의 신뢰계수

9.5 9.4의 정보를 근거로 가설 $H_0 : \sigma^2 \leq 10$, $H_1 : \sigma^2 > 10$ 을 검정하고자 한다. 다음 물음에 답하시오.

(1) 검정통계량의 관측값은?.

(2) 유의수준 0.05에서 임계값과 기각영역을 구하고 그 검정의 결과는?

(3) 유의수준 0.1에서 임계값과 기각영역을 구하고 그 검정의 결과는?

(4) p값은 얼마이며 그 의미는?

9.6 아래의 표본자료는 정규분포 모집단에서 무작위로 추출한 것이다 이를 이용하여 다음을 구하시오.

3 5 2 4 9

(1) 모분산 σ^2의 95%신뢰하한

(2) 모분산 σ^2의 90%신뢰상한

(3) 모분산 σ^2의 99%신뢰구간의 폭

9.7 크기 $n = 250$인 확률표본에서 표본비율을 계산한 결과 $p = 0.38$로 나타났다. 다음을 구하시오.

(1) 모비율 π의 95%신뢰하한

(2) 모비율 π의 90%신뢰상한

(3) 모비율 π의 99%신뢰구간의 폭

(4) 모비율 π의 97%신뢰구간의 신뢰계수

9.8 9.7의 정보를 근거로 가설 $H_0 : \pi \geq 0.45$, $H_1 : \pi < 0.45$을 검정하고자 한다. 다음 물음에 답하시오.

(1) 검정통계량의 관측값은?

(2) 유의수준 0.01에서 임계값과 기각영역을 구하고 그 검정의 결과는?

(3) 유의수준 0.05에서 임계값과 기각영역을 구하고 그 검정의 결과는?

(4) p값을 구하고 그 의미는?

9.9 모비율의 신뢰구간을 추정과 관련하여 다음 물음에 답하시오.

(1) 95%의 신뢰수준에서 오차한계를 3%이하로 하기 위한 표본크기는?

(2) (1)의 표본크기가 적용된 표본에서 표본비율이 $p = 0.3$으로 나타난 경우 모비율의 95%신뢰구간은?

(3) (1)의 표본크기가 적용된 표본에서 표본비율이 $p = 0.1$로 나타난 경우 모비율의 95%신뢰구간은?

(4) (2)와 (3)의 오차한계를 비교 결과는?

10 두 모집단에 관한 추론

앞 장에서는 한 모집단의 모평균(μ), 모분산(σ^2), 모비율(π) 등을 추론하는 방법에 대해서 살펴보았다.

본 장에서는 두 모집단의 경우, 두 모평균, 두 모분산, 두 모비율 등을 비교하는 방법을 구체적으로 모평균차이($\mu_1 - \mu_2$), 모분산비율(σ_1^2 / σ_2^2), 모비율차이($\pi_1 - \pi_2$) 등을 추론하는 방법에 대해서 살펴본다.

제1절 모평균차이의 추론

10.1.1 모평균차이의 활용

의사결정을 위해 두 모집단의 모평균을 비교해야 하는 경우가 많다. 예를 들어 다른 농법을 적용한 두 사과농장 중에서 어떤 농장의 생산성이 더 높은가를 파악하기 위해 두 농장의 사과나무 한 그루당 수확량을 조사, 전체 평균 수확량을 비교할 수 있다.

두 사과농장의 전체 수확량, 모평균, μ_1와 μ_2을 비교하기 위해 적용할 수 있는 통계적 방법 중 하나는 두 모평균의 차이($\mu_1 - \mu_2$)를 추론하는 것이다.

* 두 모평균이 같음($\mu_1 = \mu_2$) → $\mu_1 - \mu_2 = 0$

* 두 모평균이 다름($\mu_1 \neq \mu_2$) → $\mu_1 - \mu_2 > 0$ 또는 $\mu_1 - \mu_2 < 0$.

10.1.2 관측자료와 실험자료

두 농장에서 사과나무를 무작위로 추출하여 한 그루당 수확량을 조사할 때 사과나무가 속한 농장은 이미 결정된 상태이다. 이처럼 개체가 속한 집단이 이미 결정되어 있는 상태에서 각 집단으로부터 무작위로 추출하여 수집하는 자료를 관측자료(observational data)라고 한다.

분석가가 "농법이 수확량에 영향을 줄 수 있다."을 통계적 방법을 적용하여 추론하고자 할 경우, 분석가는 두 농장의 한 그루당 평균수확량이 다름의 추론에 대한 결과를 바탕으로 농법이 수확량에 영향을 줄 수 있는 여부를 해석을 할 수 있다. 그러나 수확량에 영향을 미치는 것이 농법 외에도 나무의 수령, 기후, 토질 등과 같은 다른 요인이 수확량에 영향을 줄 수도 있다. 따라서 관측자료를 사용하여 모평균을 비교한 결과는 해석에 유의해야 한다.

이에 분석가가 농법 외에 수확량에 미치는 요인들을 유사한 상태가 되도록 통제하여 사과나무를 무작위로 할당하여 수집하는 자료를 실험자료(experimental data)라고 한다. 일반적으로 이 실험은 관측자료보다 비용이 많이 들며 어떤 경우에는 실험이 불가능할 수도 있다.

10.1.3 독립표본의 자료구조

모평균차이를 추론하기 위한 기본적인 통계이론은 두 모집단에서 추출한 표본1과 표본2가 독립표본임을 가정하고 만들어졌다. 두 모집단에서 추출한 표본1과 표본2가 각각 확률표본이고, 서로 독립이면 이러한 표본1과 표본2를 독립표본(independent samples)이라 한다. <그림 10.1>은 두 모집단에서 추출한 독립표본의 자료구조를 나타낸 것이다.

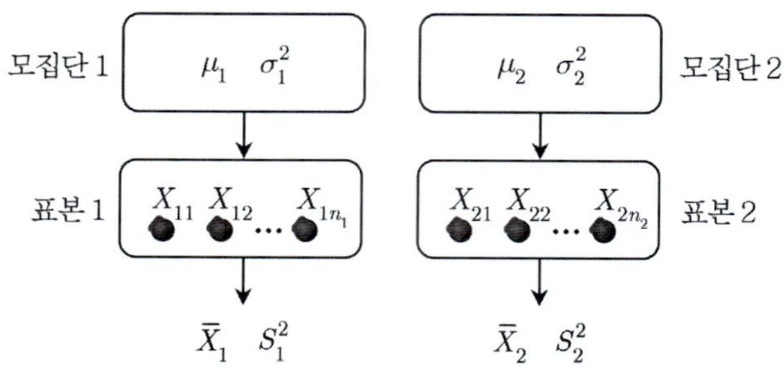

<그림 10.1> 두 모집단에서 추출한 독립표본의 자료구조

모집단1의 평균은 μ_1 이고 분산은 σ_1^2 이며 모집단2의 평균은 μ_2 이고 분산은 σ_2^2 이다. 표본1은 모집단1에서 무작위로 추출한 표본이고, 표본2는 모집단2에서 무작위로 추출한 표본이다.

표본자료 X_{ik} 에서 i 는 집단번호이고 k 는 관측값 번호이다. 예를 들어 X_{12} 는 표본1의 2번째 관측값을 뜻한다. 모집단1에서 무작위로 추출한 표본 크기(n_1)의 표본1 $X_{11}, X_{12}, \cdots, X_{1n_1}$ 와 모집단2에서 무작위로 추출한 표본 크기(n_2)의 표본 2 $X_{21}, X_{22}, \cdots, X_{2n_2}$ 는 각각 확률표본이며 서로 독립이다.

[예제 10.1] 두 사과농장의 수확량 비교

기존 농법을 적용하고 있는 제1농장과 새로운 농법을 적용한 제2농장의 수확량을 비교하기 위해 제1농장에서 30그루를 무작위로 추출하고 제2농장에서 20그루를 무작위로 추출하여 조사한 결과는 다음과 같다.

제1농장 사과나무의 수확량

44	43	42	47	30	39	28	37	45	42
32	53	57	46	47	30	45	45	46	44
50	44	43	47	46	25	37	56	43	60

제2농장 사과나무의 수확량

47	52	43	63	62	59	51	48	61	39
43	33	55	40	42	57	44	46	51	46

두 사과농장의 평균수확량을 비교하시오.

풀이

1. 분석자의 목적: 제1농장의 모든 사과나무(모집단1)에서 구한 평균 수확량(μ_1)과 제2농장의 모든 사과나무(모집단2)에서 구한 평균 수확량(μ_2)을 비교하는 것이다.

   모평균 μ_1 와 μ_2 가장 좋은 추정량은 제1농장과 무작위로 추출하여 구한 30그루의 사과나무(표본1)에서 구한 평균 $\bar{X}_1$ 과 제2농장에서 무작위로 추출한 20그루의 사과나무(표본2)에서 구한 평균 $\bar{X}_2$ 이다($n_1 = 30$, $n_2 = 20$).

$$\text{표본 1 : } \overline{X}_1 = \frac{\sum_{k=1}^{n_1} X_{1k}}{n_1} = \frac{44+43+\cdots+60}{30} = 43.1$$

표본 2 : $\overline{X}_2 = \frac{\sum_{k=1}^{n_2} X_{2k}}{n_2} = \frac{47+52+\cdots+46}{20} = 49.1$

이다. 표본평균으로 측정한 제2농장의 생산성은 한 그루당 49.1(개)이며 이는 제1농장의 생산성 43.1(개)보다 크다.

그러나 표본평균이 모평균의 가장 좋은 추정량이지만 모평균과 정확히 일치할 가능성은 거의 없다. 또한 표본평균의 차이가 실제 모평균의 차이를 반영한 것인지 표본조사 과정에서 우연히 발생한 것인지 알 수 없다. 이러한 한계를 극복하기 위해 추론통계기법인 모평균차이의 신뢰구간추정 또는 모평균차이에 관한 가설검정을 활용한다.

10.1.4 모평균차이의 추론을 위한 통계량

모수의 추론(신뢰구간, 가설검정)을 위해서는 표본자료의 특성을 숫자로 요약한 통계량이 모수의 상태를 잘 보여줄 수 있어야 하며 신뢰계수, 임계값, 관측값, p값 등을 구하기 위한 확률계산이 가능해야 한다.

표본평균차이($\overline{X}_1 - \overline{X}_2$)는 모평균차이($\mu_1 - \mu_2$)의 상태를 가장 잘 보여주며 정규분포로 확률 계산을 할 수 있다.

표본평균차이 $\overline{X}_1 - \overline{X}_2$의 확률분포

1) 모집단1과 모집단2가 정규분포이고, 표본1과 표본2가 확률표본일 경우, 표본평균차이 ($\overline{X}_1 - \overline{X}_2$)의 확률분포는 평균이 $\mu_1 - \mu_2$이고 분산이 $\sigma_1^2 / n_1 + \sigma_2^2 / n_2$인 정규분포이다.
2) 두 모집단이 정규분포가 아니어도 표본크기가 충분히 클 경우 표본평균차이 $\overline{X}_1 - \overline{X}_2$의 확률분포는 평균이 $\mu_1 - \mu_2$이고 분산이 $\sigma_1^2 / n_1 + \sigma_2^2 / n_2$인 정규분포에 근접한다.

표본평균차이 $\overline{X}_1 - \overline{X}_2$의 표준화 Z값은 다음의 식과 같으며 Z분포를 따른다.

$$Z = \frac{(\overline{X}_1 - \overline{X}_2) - (\mu_1 - \mu_2)}{\sqrt{\frac{\sigma_1^2}{n_1} + \frac{\sigma_2^2}{n_2}}}$$

즉 Z-분포를 이용, 모평균차이($\mu_1 - \mu_2$)의 추론에 적용하려면 $\overline{X}_1 - \overline{X}_2$의 표준오차, $\sqrt{\sigma_1^2 / n_1 + \sigma_2^2 / n_2}$을 구하기 위한 두 모분산($\sigma_1^2$, σ_2^2)의 값을 알아야 한다.

그러나 실제 연구에서는 모집단의 전수조사가 불가능하거나 힘들기 때문에 표본추출을 통한 추정이 이루어지는 것이고, 이에 다음의 조건을 바탕으로 t-분포를 이용한다.

* 조건1: 두 모분산(σ_1^2, σ_2^2)의 값은 모르지만 등분산($\sigma_1^2 = \sigma_2^2$)을 가정할 경우, 등분산($\sigma_1^2 = \sigma_2^2$)의 가장 좋은 추정량은 합동표본분산(pooled sample variance)인 S_P^2이다.

$$S_P^2 = \frac{(n_1 - 1)S_1^2 + (n_2 - 1)S_2^2}{n_1 + n_2 - 2} \quad \cdots\cdots ①$$

$\bar{X}_1 - \bar{X}_2$의 표준오차, $\sqrt{\sigma_1^2 / n_1 + \sigma_2^2 / n_2}$에서 두 모분산($\sigma_1^2$, σ_2^2)을 합동표본분산(S_p^2)으로 대체한 다음과 같이 자유도 $n_1 + n_2 - 2$의 t-분포를 따르는 t 확률변수로 변환된다.

$$t = \frac{(\bar{X}_1 - \bar{X}_2) - (\mu_1 - \mu_2)}{\sqrt{S_P^2\left(\frac{1}{n_1} + \frac{1}{n_2}\right)}} \quad \cdots\cdots ②$$

이 식을 모평균차이의 추론을 위한 등분산통계량(equal-variance statistic)이라 한다.

* 조건2: 두 모분산(σ_1^2, σ_2^2)의 값도 모르고, 이분산($\sigma_1^2 \neq \sigma_2^2$) 경우, 두 모분산($\sigma_1^2, \sigma_2^2$)의 가장 좋은 추정량인 두 표본분산($S_1^2$, S_2^2)로 대체하여 표본평균차이($\bar{X}_1 - \bar{X}_2$)의 표준오차를 $\sqrt{S_1^2 / n_1 + S_2^2 / n_2}$로 추정할 수 있다. 이를 바탕으로 구해진 확률변수 t을 모평균차이의 추론을 위한 이분산통계량(unequal-variance statistic)이라 한다.

$$t = \frac{(\bar{X}_1 - \bar{X}_2) - (\mu_1 - \mu_2)}{\sqrt{\frac{S_1^2}{n_1} + \frac{S_2^2}{n_2}}}$$

이분산통계량 t는 다음의 공식으로 구한 값이 자유도(r)인 t 분포를 따른다.

$$r = \frac{\left(\frac{S_1^2}{n_1} + \frac{S_2^2}{n_2}\right)^2}{\frac{\left(\frac{S_1^2}{n_1}\right)^2}{n_1 - 1} + \frac{\left(\frac{S_2^2}{n_2}\right)^2}{n_2 - 1}}$$ 에 가장 가까운 정수

10.1.5 모평균차이의 신뢰구간 추정

모평균차이($\mu_1 - \mu_2$)의 $100(1-\alpha)\%$ 신뢰구간은 신뢰하한과 신뢰상한 사이에 모평균차이($\mu_1 - \mu_2$)가 속해 있다고 믿을 수 있는 정도가 $100(1-\alpha)\%$ 임을 의미하며 이는 P(신뢰하한$\le \mu_1 - \mu_2 \le$신뢰상한)$= 1-\alpha$ 로 나타낼 수 있다.

신뢰하한과 신뢰상한은 추정값($\overline{X}_1 - \overline{X}_2$)±오차한계(신뢰계수×표준오차)이다.

1. 모평균차이($\mu_1 - \mu_2$)의 신뢰구간 (σ_1^2와 σ_2^2이 주어진 경우)

$\mu_1 - \mu_2$에 대한 신뢰수준 $100(1-\alpha)\%$의 신뢰하한과 신뢰상한:

$$\text{신뢰하한} = (\bar{X}_1 - \bar{X}_2) - Z_{\alpha/2} \cdot \sqrt{\frac{\sigma_1^2}{n_1} + \frac{\sigma_2^2}{n_2}}$$

$$\text{신뢰상한} = (\bar{X}_1 - \bar{X}_2) + Z_{\alpha/2} \cdot \sqrt{\frac{\sigma_1^2}{n_1} + \frac{\sigma_2^2}{n_2}}$$

2. 모평균차이($\mu_1 - \mu_2$)의 신뢰구간 ($\sigma_1^2 = \sigma_2^2$이고, 모르는 경우)

$\mu_1 - \mu_2$에 대한 신뢰수준 $100(1-\alpha)\%$의 신뢰하한과 신뢰상한:

$$\text{신뢰하한} = (\bar{X}_1 - \bar{X}_2) - t_{\alpha/2;n_1+n_2-2} \cdot \sqrt{S_p^2\left(\frac{1}{n_1} + \frac{1}{n_2}\right)}$$

$$\text{신뢰상한} = (\bar{X}_1 - \bar{X}_2) + t_{\alpha/2;n_1+n_2-2} \cdot \sqrt{S_p^2\left(\frac{1}{n_1} + \frac{1}{n_2}\right)}$$

3. 모평균차이($\mu_1 - \mu_2$)의 신뢰구간 ($\sigma_1^2 \neq \sigma_2^2$이고, 모르는 경우)

$\mu_1 - \mu_2$에 대한 신뢰수준 $100(1-\alpha)\%$의 신뢰하한과 신뢰상한:

$$\text{신뢰하한} = \left(\bar{X}_1 - \bar{X}_2\right) - t_{\alpha/2;r} \cdot \sqrt{\frac{S_1^2}{n_1} + \frac{S_2^2}{n_2}}$$

$$\text{신뢰상한} = \left(\bar{X}_1 - \bar{X}_2\right) + t_{\alpha/2;r} \cdot \sqrt{\frac{S_1^2}{n_1} + \frac{S_2^2}{n_2}}$$

[예제 10.2] 두 사과농장의 수확량 비교

예제 10.1의 자료를 이용, 에서 기존 농법을 사용하고 있는 제1농장의 평균수확량(μ_1)과 새로운 농법을 적용한 제2농장의 평균수확량(μ_2)에 대한 두 모평균차이($\mu_1 - \mu_2$)의 신뢰수준95%의 신뢰구간을 추정하고, 이를 활용하여 두 사과농장의 생산성을 비교하시오.

풀이

* 모집단: 제1농장과 제2농장 모든 사과나무
* 통계분석 목적: 농법(기존 농법 VS 새로운 농법)이 사과 수확량에 영향을 미치는 여부를 추정
* 두 모집단의 분산 σ_1^2와 σ_2^2의 값이 주어져 있지 않기 때문에 표본분산 S_1^2와 S_2^2을 사용하거나 합동표본분산 S_p^2을 사용해야 한다.
* 표본분포: t-분포

1. 필요 통계량

1) $\bar{X}_1 = \dfrac{\sum_{k=1}^{n_1} X_{1k}}{n_1} = \dfrac{1,293}{30} = 43.1$, $S_1^2 = \dfrac{1}{n_1 - 1}\sum_{k=1}^{n_1}\left(X_{1k} - \bar{X}_1\right)^2 = 68.64$

2) $\bar{X}_2 = \dfrac{\sum_{k=1}^{n_2} X_{2k}}{n_2} = \dfrac{982}{20} = 49.1$, $S_2^2 = \dfrac{1}{n_2 - 1}\sum_{k=1}^{n_2}\left(X_{2k} - \bar{X}_2\right)^2 = 70.09$

→ 두 표본분산의 값이 $S_1^2 = 68.64$와 $S_2^2 = 70.09$로 차이가 크지 않으므로 등분산 $\sigma_1^2 = \sigma_2^2$을 가정할 수 있고, 두 모분산의 합동표본분산(S_P^2)을 구한다.

(등분산 여부에 대한 추정 또한 통계적 검정이 가능하나 본, 교재에서는 다루지 않음)

3) $S_p^2 = \dfrac{(n_1-1)S_1^2 + (n_2-1)S_2^2}{n_1 + n_2 - 2} = \dfrac{(30-1)68.64 + (20-1)70.09}{30+20-2} = 69.21$

4) 표준오차: $Std\left(\bar{X}_1 - \bar{X}_2\right) = \sqrt{S_P^2\left(\dfrac{1}{n_1} + \dfrac{1}{n_2}\right)} = \sqrt{69.21\left(\dfrac{1}{30} + \dfrac{1}{20}\right)} = 4.829$

5) 신뢰계수(신뢰수준 95%): $t_{\alpha/2;n_1+n_2-2} = t_{0.025;48} = T.INV(1-0.025, 48) = 2.0106$

6) 오차한계(error margin): $Std\left(\overline{X}_1-\overline{X}_2\right)\cdot t_{\alpha/2;n_1+n_2-2}=4.829\cdot 2.0106=4.829$

$\Rightarrow$ 신뢰하한 $=\left(\bar{X}_1-\bar{X}_2\right)-$ 오차한계 $=(43.1-49.1)-4.829=-10.829$

$\Rightarrow$ 신뢰상한 $=\left(\bar{X}_1-\bar{X}_2\right)+$ 오차한계 $=(43.1-49.1)+4.829=-1.171$

결론

모평균차이의 95%신뢰구간의 하한과 상한이 모두 음수이므로 μ_1 이 μ_2 보다 작다고 할 수 있다. 즉 $\mu_1-\mu_2$ 의 값이 -10.0829와 -1.171 포함될 수 있는 가능성이 95%이고, $\mu_1<\mu_2$ 일 가능성 또한 95%임을 추론할 수 있다.

10.1.6 모평균차이에 관한 가설검정

모평균차이 $\mu_1-\mu_2$ 에 관한 통계적 가설도 제8장에서 설명한 바와 같이 양측가설, 좌측가설, 우측가설로 설정할 수 있다. 모평균차이 검정을 위한 검정통계량은 아래와 같이 조건에 따라 정의할 수 있다.

1. 모평균차이 $\mu_1-\mu_2$에 관한 가설의 검정통계량 (σ_1^2와 σ_2^2이 주어진 경우)

$$Z_o=\frac{\left(\bar{X}_1-\bar{X}_2\right)-\delta_o}{\sqrt{\frac{\sigma_1^2}{n_1}+\frac{\sigma_2^2}{n_2}}}$$

* δ_o 는 가설에 설정된 값

* 임계값(critical value)

1) 양측: $Z_{\alpha/2}$ or $Z_{1-\alpha/2}$ $\rightarrow =NORM.S.INV(1-\alpha/2)$ or $NORM.S.INV(\alpha/2)$

2) 좌측: $Z_{1-\alpha}$ $\rightarrow =NORM.S.INV(\alpha)$

3) 우측: Z_{α} $\rightarrow =NORM.S.INV(1-\alpha)$

2. 모평균차이 $\mu_1-\mu_2$에 관한 가설의 검정통계량 ($\sigma_1^2=\sigma_2^2$이고, 모르는 경우)

$$t_o=\frac{\left(\bar{X}_1-\bar{X}_2\right)-\delta_o}{\sqrt{S_p^2\left(\frac{1}{n_1}+\frac{1}{n_2}\right)}}$$

* δ_o 는 가설에 설정된 값

* 임계값(critical value)

1) 양측: $t_{\alpha/2;n_1+n_{2-2}}$ or $t_{1-\alpha/2;n_1+n_{2-2}}$ $\rightarrow =T.INV(1-\alpha/2,r)$ or $=T.INV(\alpha/2,r)$

2) 좌측: $t_{1-\alpha;n_1+n_{2-2}}$ $\rightarrow =T.INV(\alpha,r)$

3) 우측: $t_{\alpha;n_1+n_{2-2}}$ $\rightarrow =T.INV(1-\alpha,r)$

3. 모평균차이 $\mu_1 - \mu_2$에 관한 가설의 검정통계량 ($\sigma_1^2 \neq \sigma_2^2$이고 모르는 경우)

$$t_0 = \frac{(\bar{X}_1 - \bar{X}_2) - \delta_0}{\sqrt{\frac{S_1^2}{n_1} + \frac{S_2^2}{n_2}}}$$

* δ_o = 가설에 설정된 값

* 임계값(critical value): 2와 동일한 방식이나 자유도(r)만 바뀜

[예제 10.3] 두 사과농장의 생산성에 관한 가설검정

예제 10.1의 표본자료를 근거로 두 농장의 평균수확량이 같은지를 유의수준 0.05로 검정하시오(단. $\sigma_1^2 = \sigma_2^2$ 이고, 모르는 경우)

풀이

* 합동표본분산(S_p^2)을 사용해야 한다. 두 표본이 각각 정규분포 모집단에서 추출한 확률표본이라 가정한다.

* 표본분포: t-분포

1. 가설: 분석가의 목적은 두 사과농장의 평균수확량이 다른지를 밝히는 것이다. 따라서 귀무가설과 대립가설은 다음과 같다.

H_0: $\mu_1 - \mu_2 = 0$ ($\mu_1 = \mu_2$, 두 사과농장의 평균수확량이 같다)

H_1: $\mu_1 - \mu_2 \neq 0$ ($\mu_1 \neq \mu_2$, 두 사과농장의 평균수확량이 다르다)

* μ_1 = 제1농장의 평균수확량, μ_2 = 제2농장의 평균수확량

2. 필요 통계량

1) 임계값(critical value)

* 좌측 임계값: $t < t_{1-\sigma/2;n_1+n_2-2} = t_{1-0.025;48} = -t_{0.025;48} = -2.0106$

* 우측 임계값: $t > t_{\sigma/2;n_1+n_2-2} = t_{0.025;48} = 2.0106 \rightarrow T.INV(1-0.025, 48)$

2) 검정통계량(observed value) * 신뢰구간 문제에서 구한 S_P^2 적용

$$t_o = \frac{(\bar{X}_1 - \bar{X}_2) - \delta_o}{\sqrt{S_P^2\left(\frac{1}{n_1} + \frac{1}{n_2}\right)}} = \frac{(43.1 - 49.1) - 0}{\sqrt{69.21\left(\frac{1}{30} + \frac{1}{20}\right)}} = -2.4984$$

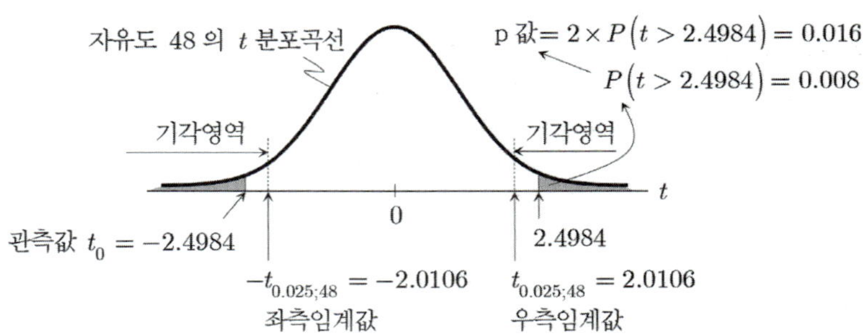

<그림 10.2> 임계값과 p값

3) 유의확률(p값): $2 \times P(t > |t_o|)$

$$2 \times P(t > |t_o|) = 2 \times T.DIST(2.4984, 48, 1) = 2 \times 0.008 = 0.016$$

결론

1) 관측값 & 임계값: 〈그림 10.2〉에 나타낸 것처럼 관측값 $t_0 = -2.4984$ 이 임계값 $t = -2.0106$ 보다 작아 기각영역 속하므로 유의수준 0.05에서 귀무가설을 기각할 수 있다.

2) 유의확률 판단: $p-value = 0.016 < \alpha = 0.05$ 이므로 이 또한 관측값(-2.4984)가 기각영역에 포함됨을 알 수 있다.

즉 표본자료의 가설검정을 통해 두 사과농장간의 평균수확량에는 차이가 있음을 지지하는 강한 증거가 있다고 추론할 수 있다.

제2절 쌍체표본을 사용한 모평균차이의 추론

10.2.1 쌍체표본의 자료구조

두 모집단의 개체에 대하여 일정한 기준에 의한 대응(matching)으로 쌍을 만들고 이들을 표본으로 추출하여 비교하면 좀 더 정확하게 모평균의 차이를 확인할 수 있는 경우가 있다.

앞의 모평균차이 추론에서 사과나무의 수령은 사과 수확량에 큰 영향을 줄 수 있다. 인용하며 홍로품종의 경우, 7~8년된 나무에서 가장 많은 열매를 맺는다고 한다. 즉, 농법과 관계없이 추출된 표본(사과나무)의 수령에 따라 수확량의 차이가 발생할 수 있다. 이에 본 추론의 자료는 기존 농법을 적용하고 있는 제1농장과 새로운 농법을 적용한 제2농장에서 수령이 같은 사과나무를 대응시켜 쌍으로 만들고 이들 중 표본을 추출하여 비교하면 사과나무의 수령이 수확량에 미치는 영향을 제거한 후 두 농장의 농법이 수확량에 미치는 영향을 확인할 수 있다.

이렇게 두 모집단의 개체를 일정한 기준으로 대응시켜 쌍으로 만들고 이들을 추출하여 만든 표본을 쌍체표본(paired sample)이라 한다. 쌍체표본은 동질의 개체(사과나무)에 대한 반복측정(repeated measurement)으로 쌍을 만들 수 있고, 동일한 개체(동일한 실험대상), 즉 금연교육 전과 후의 흡연량을 비교할 때 동일한 개체(동일한 사람)의 교육 전 흡연량과 교육 후 흡연량을 비교하면 흡연량에 영향을 주는 다른 변수들의 영향을 제거한 상태에서 금연교육에 대한 효과를 확인할 수 있다.

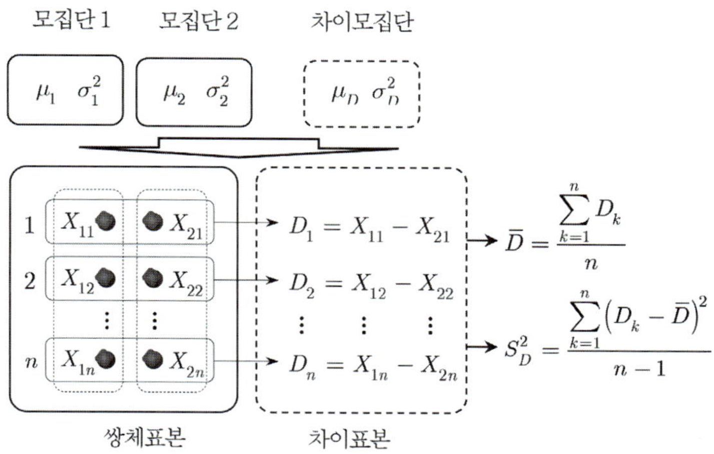

<그림 10.3> 쌍체표본의 추출과정과 자료구조

<그림 10.3>의 쌍체표본은 제1농장의 사과나무와 제2농장의 사과나무에서 수령이 같은 나무를 쌍으로 만들고, 이들 중에서 n 개의 쌍을 무작위로 추출한 것이다. 표본자료 X_{ik} 는 사과나무 ik 의 수확량을 나타낸다. 여기서 i 는 사과나무의 모집단 번호이고 k 는 쌍 번호이다. 예를 들어 X_{12} 와 는 각각 제1농장과 제2농장의 사과나무로서 쌍체표본의 2번째 쌍으로 추출된 수령이 같은 두 사과나무의 수확량이다.

* D_k 는 k 번째 쌍을 구성하는 두 사과나무의 수확량차이를 나타낸다.

<그림 10.3>에서 μ_D 와 σ_D^2 는 각각 수확량차이 D_k 의 모평균과 모분산이다. 제1농장(기존 농법)과 제2농장(새로운 농법)에서 수령이 같은 나무로 쌍을 만들었기 때문에 수확량차이 D_k 와 차이모평균 μ_D 는 수령이 수확량에 미치는 영향이 제거된 상태로 농법이 수확량에 미치는 영향을 파악할 수 있도록 해준다. 차이모평균이 0 보다 작다($\mu_D < 0$)는 것은 기존 농법의 생산성이 새로운 농법의 생산성보다 작다는 것을 의미한다. $\bar{D}$ 와 S_D^2 는 차이표본 $D_1, D_2, \cdots, D_n$ 에서 구한 평균과 분산이다.

10.2.2 모평균차이의 추론을 위한 통계량: 쌍체표본

이론적으로 두 모집단의 평균차이($\mu_1 - \mu_2$)는 차이모집단의 평균 μ_D 와 같다. 차이모평균 μ_D은 제9장 제1절에서 설명한 한 모집단의 모평균 추론방법을 차이표본 D_1, D_2, $\cdots$, D_n에 적용하여 추론할 수 있다. 차이모평균(μ_D)을 추론하기 위한 검정통계량은 다음과 같다.

$$t = \frac{\bar{D} - \mu_D}{S_D / \sqrt{n}}$$

차이모집단이 정규분포임을 가정하면 식 $(\bar{D} - \mu_D)/(S_D/\sqrt{n})$의 확률분포가 자유도 $n-1$의 t 분포를 따른다.

10.2.3 모평균차이의 신뢰구간 추정: 쌍체표본

식 $(\bar{D} - \mu_D)/(S_D/\sqrt{n})$가 자유도 $n-1$의 t 분포를 따른다는 사실로부터 차이모평균 μ_D의 신뢰하한과 신뢰상한을 표본에서 구할 수 있는 공식은 다음과 같다.

차이모평균 μ_D의 $100(1-\alpha)\%$ 신뢰구간

신뢰하한 $= \bar{D} - t_{\frac{\alpha}{2};n-1} \cdot \frac{S_D}{\sqrt{n}}$, 신뢰상한 $= \bar{D} + t_{\frac{\alpha}{2};n-1} \cdot \frac{S_D}{\sqrt{n}}$

[예제 10.4] 쌍체표본을 사용한 두 사과농장의 생산성 비교

인경농장에서 기존 농법을 적용하고 있는 제1농장과 새로운 농법을 적용한 제2농장의 생산성을 비교하기 위해 두 농장에서 수령이 같은 사과나무를 쌍으로 묶어 수확량(단위: 개)을 조사한 결과는 다음과 같다.

쌍	수령	제1농장	제2농장	쌍	수령	제1농장	제2농장
1	3	40	36	13	9	56	50
2	3	39	43	14	9	49	57
3	4	37	48	15	10	38	46
4	4	41	44	16	10	45	49
5	5	48	57	17	11	42	47
6	5	42	47	18	11	39	41
7	6	50	48	19	12	36	43
8	6	44	43	20	12	36	37
9	7	54	54	21	13	38	39

쌍	수령	제1농장	제2농장	쌍	수령	제1농장	제2농장
10	7	56	62	22	13	32	34
11	8	51	54	23	14	31	31
12	8	62	62	24	14	26	32

두 농장 사과나무의 수확량차이의 평균에 대한 95%신뢰구간을 구하시오.

풀이

수령이 같은 사과나무로 구성된 각각의 쌍에 대해서 제1농장 사과나무와 제2농장 사과나무의 수확량차이를 구하면 다음과 같다.

쌍(k)	1	2	3	4	5	6	7	8	9	10	11	12
차이(D_k)	4	−4	−11	−3	−9	−5	2	1	0	−6	−3	0
쌍(k)	13	14	15	16	17	18	19	20	21	22	23	24
차이(D_k)	6	−8	−8	−4	−5	−2	−7	−1	−1	−2	0	-6

1. 필요 통계량

1) $\overline{D} = \dfrac{\sum_{k=1}^{n} D_k}{n} = \dfrac{4+(-4)+\cdots+0+(-6)}{24} = -3$ * n = 처리쌍의 수

2) $S_D^2 = \dfrac{\sum_{k=1}^{n}(D_k - \overline{D})^2}{n-1} = \dfrac{(4-(-3))^2 + (-4-(-3))^2 + \cdots + (-6-(-3))^2}{24-1} = 17.4783$

3) $S_D = \sqrt{S_D^2} = \sqrt{17.4783} = 4.1807$

4) $Std(\overline{D}) = \dfrac{S_D}{\sqrt{n}} = \dfrac{4.1807}{24} = 0.8534$

5) 신뢰계수$(\alpha = 0.05,\ r = n-1 = 23)$

$= t_{\alpha/2;n-1} = t_{0.025;23} \rightarrow = T.INV(1-0.025, 23) = 2.0687$

6) 오차한계 $= t_{1-\alpha/2;n-1} \cdot \dfrac{S_D}{\sqrt{n}} = 2.0687 \cdot 0.8534 = 1.7654$

→ 신뢰하한$(LCL) = \overline{D} -$ 오차한계 $= -3 - 1.7654 = -4.7654$

→ 신뢰상한$(UCL) = \overline{D} +$ 오차한계 $= -3 + 1.7654 = -1.2345$

결론

제1농장과 제2농장의 사과나무 평균수확량은 1농장이 4.7654개~1.2345개 적은 것으로 추정된다.

10.2.4 모평균차이에 관한 가설검정: 쌍체표본

차이모평균(μ_D)에 관한 통계적 가설 역시 양측가설, 좌측가설, 우측가설로 설정할 수 있고, 가설검정을 위한 검정통계량은 다음과 같이 나타낼 수 있다.

> **차이모평균 μ_D 에 관한 가설의 검정통계량**
>
> $$t_o = \frac{\bar{D} - \mu_o}{S_D / \sqrt{n}} \quad * \ \mu_0 = \text{가설에 설정된 값}$$

이 식은 자유도 $n-1$ 의 t 분포를 따르며 이 분포를 사용해서 임계값과 p값을 구할 수 있다. 차이모평균 μ_D 에 관한 가설검정의 기각영역과 p값은 한 모집단의 모평균에 관한 가설검정의 기각영역 및 p값와 같은 방식이다.

[예제 10.5] 쌍체표본을 사용한 사과농장의 생산성 비교

10.4의 쌍체표본자료를 사용하여 기존 농법과 새로운 농법이 수확량에 미치는 영향이 다르다고 할 수 있는가를 신뢰수준 95%의 유의수준에서 검정하시오.

풀이

1. 가설

H_0: $\mu_D = 0$ (두 농법이 수확량에 미치는 영향이 같다)

H_1: $\mu_D \neq 0$ (두 농법이 수확량에 미치는 영향이 다르다)

2. 필요 통계량(단, 모집단은 정규분포 가정) * 양측검정

1) 임계값 $= \pm t_{\alpha/2;n-1} = \pm t_{0.025;23} \rightarrow = T.INV(1-0.025, 23) = \pm 2.0687$

2) 검정통계량 $= t_o = \dfrac{\bar{D} - \mu_D^o}{S_D / \sqrt{n}} = \dfrac{-3-0}{4.1807/\sqrt{24}} = -3.5154$

3) p값$= P(t < |t_o|) = T.DIST(t_o, n-1, 1) = T.DIST(-3.5154, 23, 1) = 0.0009$

결론

검정통계량(observed value), $t_0 = -3.5154$ 이 임계값(critical value), $t = -2.0687$ 보다 작아 기각영역에 속하므로 유의수준 0.05에서 귀무가설을 기각할 수 있다. 또한 차이모평균(μ_D)에 관한 좌측검정의 p값은 확률, $P(t < t_0)$ 이다. 즉 $t < -3.5154$ 의 면적과 같고, 그 값은 0.0009 이다. 이는 $0.0009 < 0.025\ or\ 0.0018 < 0.05$ 이므로 귀무가설이 허위임을 보여주는 매우 강한 증거라 할 수 있다.

10.2.5 독립표본과 쌍체표본

표본자료의 크기와 변동성은 신뢰구간의 폭에 영향을 준다. 즉 표본크기가 작아지거나 변동성이 커지면 신뢰구간의 폭이 넓어지고, 반대의 경우, 즉 표본크기가 커지거나 변동성이 작아지면 신뢰구간의 폭이 좁아진다. 신뢰구간의 폭이 좁아진다는 것은 표본자료 및 추론의 신뢰성이 높아짐을 의미한다.

두 모집단의 모평균을 비교할 때 쌍체표본을 사용하면 쌍을 만드는 기준변수의 영향을 제거할 수 있어 독립표본(모평균차이)을 사용할 때보다 변동성이 작아지는 장점이 있다. 반면에 쌍체표본의 크기는 두 모집단에서 추출한 개체로 만든 쌍의 개수이므로 독립표본의 절반으로 줄어드는 단점이 있다. 예제 10.4의 표본을 등분산의 정규모집단에 추출한 독립표본으로 간주할 경우 $n_1 = 24$, $n_2 = 24$, $S_p^2 = 77.2174$ 이며 모평균차이의 95%신뢰구간의 폭은 다음과 같다.

$$2\times t_{\frac{\alpha}{2};n_1+n_2-2}\cdot\sqrt{S_p^2\left(\frac{1}{n_1}+\frac{1}{n_2}\right)} = 2\times 2.0106\times\sqrt{77.2174\left(\frac{1}{24}+\frac{1}{24}\right)}$$
$$= 2\times 2.0106\times 2.5367 = 10.2122$$

반면에 예제 10.4에서 쌍체표본으로 구한 모평균차이의 95%신뢰구간의 폭은

$$2\times t_{\frac{\alpha}{2};n-1}\cdot\frac{S_D}{\sqrt{n}} = 2\times 2.0687\times\frac{4.1807}{\sqrt{24}} = 2\times 2.0687\times 0.8534 = 3.5307$$

이다. 즉, 표본의 크기는 독립표본의 경우, $n_1+n_2=48$ 이고, 쌍체표본의 경우, $n=24$ 로 표본의 크기는 1/2 감소하는 반면,

신뢰계수는 $t_{\alpha/2;n_1+n_2-2}=t_{0.025;46}=2.0106$ 에서 $t_{\alpha/2;n-1}=t_{0.025;23}=2.0687$ 로 약간 커지지만 표준오차는 $\sqrt{S_p^2(1/n_1+1/n_2)}=2.5367$ 에서 $S_D/\sqrt{n}=0.8534$ 로 크게 감소하여 쌍체표본을 사용한 신뢰구간의 폭이 독립표본으로 간주하여 구한 신뢰구간폭의 1/3로 좁아진다.

제3절 모분산비율의 추론

10.3.1 모분산비율의 활용

두 가지 투자안의 위험도를 비교하거나 두 집단의 판단에서 각 집단의 의견불일치정도를 비교하기 위해 두 모집단의 분산(변동성)을 비교할 수 있다. 두 모분산 σ_1^2 와 σ_2^2 을 비교하기 위해 적용할 수 있는 통계적 방법 중 하나는 두 모분산의 비율, 즉 σ_1^2 / σ_2^2 을 추론하는 것이다.

추론된 모분산비율이 1과 같다는 것($\sigma_1^2 / \sigma_2^2 = 1$)은 두 모분산이 같다는 것($\sigma_1^2 = \sigma_2^2$)을 의미하며 추론된 모분산비율이 1이 아니라는 것($\sigma_1^2 / \sigma_2^2 \neq 1$)은 두 모분산이 다르다는 것($\sigma_1^2 \neq \sigma_2^2$)을 의미한다.

추론된 모분산비율이 1보다 크다는 것($\sigma_1^2 / \sigma_2^2 > 1$)은 첫 번째 모분산이 두 번째 모분산보다 크다는 것이며 추론된 모분산비율이 1보다 작다는 것($\sigma_1^2 / \sigma_2^2 < 1$)은 첫 번째 모분산이 두 번째 모분산보다 작다는 것을 의미한다.

10.3.2 모분산비율의 추론을 위한 통계량

통계량을 모수의 추론에 사용하려면 통계량이 모수의 상태를 잘 보여줄 수 있어야 하며 신뢰계수, 임계값, p값 등을 구하기 위한 확률계산이 가능해야 한다. 표본분산비율(S_1^2 / S_2^2)은 모분산비율(σ_1^2 / σ_2^2)의 상태를 가장 잘 보여주지만 확률계산이 어렵다.

이에 표본분산비율(S_1^2 / S_2^2)에 모분산비율의 역수(σ_2^2 / σ_1^2)을 곱한 확률변수 F 을 이용[분자의 자유도($n_1 - 1$), 분모의 자유도($n_2 - 1$)인 F분포]한다.

$$F = \frac{S_1^2}{S_2^2} \cdot \frac{\sigma_2^2}{\sigma_1^2}$$

위의 식은 S_1^2 / S_2^2 이 포함되어 있고, F 분포를 따르므로 표본분산비율(S_1^2 / S_2^2)을 추정량으로 하여 모분산비율(σ_1^2 / σ_2^2)을 추론할 수 있다.

$\frac{S_1^2}{S_2 2} \cdot \frac{\sigma_2^2}{\sigma_1^2}$의 확률분포

표본1은 평균이 μ_1이고 분산이 σ_1^2인 정규분포의 모집단1에서 무작위로 추출한 크기 n_1의 확률표본이고 표본2는 평균이 μ_2이고 분산이 σ_2^2인 정규분포의 모집단2에서 무작위로 추출한 크기 n_2의 확률표본이라고 할 때, 표본분산비율(S_1^2 / S_2^2)와 모분산비율의 역수(σ_2^2 / σ_1^2)을 곱한 $\left(S_1^2 / S_2^2\right) \cdot \left(\sigma_2^2 / \sigma_1^2\right)$은 분자의 자유도가 $n_1 - 1$, 분모의 자유도가 $n_2 - 1$인 F 분포를 따른다.

10.3.3 모분산비율의 신뢰구간 추정

모분산비율(σ_1^2 / σ_2^2)의 $100(1-\alpha)\%$ 신뢰구간은 신뢰하한과 신뢰상한 사이에 모분산비율(σ_1^2 / σ_2^2)가 속해 있다고 믿을 수 있는 정도가 $100(1-\alpha)\%$ 임을 의미하며 이는 다음과 같이 나타낼 수 있다.

$$P(\text{신뢰하한} \le \sigma_1^2 / \sigma_2^2 \le \text{신뢰상한}) = 1 - \alpha$$

이 식을 만족하는 신뢰하한과 신뢰상한의 공식은 $\left(S_1^2 / S_2^2\right) \cdot \left(\sigma_2^2 / \sigma_1^2\right)$의 확률분포가 분자의 자유도 $n_1 - 1$, 분모의 자유도 $n_2 - 1$인 F 분포라는 사실로부터 유도할 수 있다.

<그림 10.4>는 자유도 $n_1 - 1$와 $n_2 - 1$의 F 분포에서 F 값 $F_{1-\alpha/2;n_1-1,n_2-1}$와 $F_{\alpha/2;n_1-1,n_2-1}$이 의미하는 바를 나타낸 것이다. $F_{\alpha/2;n_1-1,n_2-1}$는 자유도 $n_1 - 1$, $n_2 - 1$의 F 분포곡선과 수평축 사이에서 이 값의 오른쪽 면적이 $\alpha / 2$인 F 값이며, $F_{1-\alpha/2;n_1-1,n_2-1}$는 왼쪽 면적이 $\alpha / 2$인 F 값이다. 따라서 F 값이 $F_{1-\alpha/2;n_1-1,n_2-1}$와 $F_{\alpha/2;n_1-1,n_2-1}$ 사이에 속할 확률은 $1 - \alpha$ 이다. 즉

$$P\left(F_{1-\frac{\alpha}{2};n_1-1,n_2-1} \le F \le F_{\frac{\alpha}{2};n_1-1,n_2-1}\right) = 1 - \alpha$$

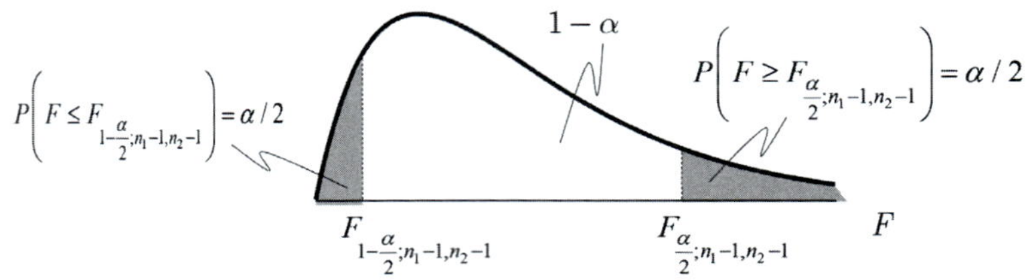

<그림 10.4> $F_{1-\frac{\alpha}{2};r_1,r_2}$와 $F_{\frac{\alpha}{2};r_1,r_2}$

$* F = \dfrac{S_1^2}{S_2^2} \cdot \dfrac{\sigma_2^1}{\sigma_1^2}$ $(r_1 = n_1 - 1,\ r_2 = n_2 - 1)$ 이므로,

$$P\left(F_{1-\frac{\alpha}{2};n_1-1,n_2-1} \le \frac{S_1^2}{S_2^2} \cdot \frac{\sigma_2^2}{\sigma_1^2} \le F_{\frac{\alpha}{2};n_1-1,n_2-1}\right) = 1 - \alpha$$

$$P\left(\frac{S_1^2 / S_2^2}{F_{\frac{\alpha}{2};n_1-1,n_2-1}} \le \frac{\sigma_1^2}{\sigma_2^2} \le \frac{S_1^2 / S_2^2}{F_{1-\frac{\alpha}{2};n_1-1,n_2-1}}\right) = 1 - \alpha$$

이 식으로부터 모분산비율의 신뢰하한과 신뢰상한을 표본에서 구할 수 있는 다음과 같은 공식을 얻을 수 있다.

모분산비율 σ_1^2 / σ_2^2 의 신뢰구간

σ_1^2 / σ_2^2에 대한 신뢰수준 $100(1-\alpha)\%$의 신뢰하한과 신뢰상한은

$$\text{신뢰하한} = \frac{S_1^2 / S_2^2}{F_{\frac{\alpha}{2};n_1-1,n_2-1}},\quad \text{신뢰상한} = \frac{S_1^2 / S_2^2}{F_{1-\frac{\alpha}{2};n_1-1,n_2-1}}$$

모분산비율의 신뢰구간 공식은 $(S_1^2 / S_2^2) \cdot (\sigma_2^2 / \sigma_1^2)$이 자유도 $n_1 - 1$와 $n_2 - 1$의 F 분포를 따른다는 점으로부터 유도한 것이며 이는 두 표본이 각각 정규분포 모집단에서 추출한 확률표본임을 전제로 한다. F 값, $F_{\alpha/2;n_1-1,n_2-1}$와 $F_{1-\alpha/2;n_1-1,n_2-1}$는 분석자가 설정한 신뢰수준을 모분산비율 σ_1^2 / σ_2^2의 신뢰구간에 반영시키는 신뢰계수(confidence coefficient)이다. 이 값은 F 분포표(부록 표 Ⅶ) 또는 Excel함수 F.INV로 구할 수 있다.

[예제 10.6] 골동품 전문가의 감정가 불일치정도의 비교

행동과학에서는 사람들이 어떤 대상을 평가하는데 있어서 그룹으로 모여 토의를 하고 난 뒤에 개별적으로 평가하는 경우가 그룹토의 없이 개별적으로 평가하는 경우보다 평가의 편차가 적다고 알려져 있다. 이 평가방식에 따라 편차가 다르게 나타나는가를 알고 싶어 골동품 전문가 16명을 선발하여 이 중 무작위로 선정한 6명에게는 같이 모여 토의를 한 후에 개별적으로 감정가를 제시하라고 하였고, 나머지 10명에게는 토의 없이 개별적으로 감정가(단위: 만원)를 제시하라고 하여 다음과 같은 자료를 수집하였다.

1. 그룹토의 없는 평가팀

220 130 210 160 260 110 120 180 230 110

2. 그룹토의 있는 평가팀

180 220 140 170 160 180

두 평가팀의 분산비율의 신뢰수준 95%의 신뢰구간을 구하고, 이를 사용하여 두 평가팀의 분산이 같다고 할 수 있는가를 판단하시오.

풀이

* 모집단: 전체개별평가 집단과 전체그룹평가 집단

* 표본: 그룹토의 없는 평가팀을 표본1, 그룹토의를 한 평가팀을 표본2

1. 필요 통계량

1) $S_1^2 = 3{,}023.33$, $S_2^2 = 710$, 자유도: $n_1 - 1 = 9$, $n_2 - 1 = 5$

2) 신뢰계수

$\rightarrow F_{\alpha/2;n_1-1,n_2-1} = F_{0.025;9,5} = 6.68$ * =F.INV(1-0.025,9,5)

$\rightarrow F_{1-\alpha/2;n_1-1,n_2-1} = F_{0.975;9,5} = \dfrac{1}{F_{0.025;5,9}} = \dfrac{1}{4.48} = 0.2232$ * =F.INV(0.025,9,5)

3) 신뢰하한 $= \dfrac{S_1^2 / S_2^2}{F_{\frac{\alpha}{2};n_1-1,n_2-1}} = \dfrac{3{,}023.33/710}{6.68} = 0.6375$

신뢰상한 $= \dfrac{S_1^2 / S_2^2}{F_{1-\frac{\alpha}{2};n_1-1,n_2-1}} = \dfrac{3{,}023.33/710}{0.2232} = 19.0768$

결론

두 모집단의 분산비율은 95% 신뢰수준에서 0.6375와 19.0768 사이에 속한다고 추정된다. 상한과 하한 사이에 1이 포함되어 있으며 이는 두 평가팀의 평가액의 분산이 다르다고 주장할 수 없음을 의미한다.

10.3.4 모분산비율에 관한 가설검정

모분산비율(σ_1^2/σ_2^2)에 관한 통계적 가설은 다른 가설검정과 같이 양측가설, 좌측가설, 우측가설로 설정할 수 있다.

모분산비율에 대한 검정은 $\sigma_1^2/\sigma_2^2=1$에 대한 검정이므로 S_1^2/S_2^2의 값이 아주 크거나 아주 작으면 $\sigma_1^2/\sigma_2^2 \neq 1$라고 할 수 있을 것이다. 어느 모집단이 첫 번째이고 어느 모집단이 두 번째 모집단이라고 지정된 것은 없으므로 표본의 분산이 큰 것을 분자로 사용하면 S_1^2 / S_2^2은 항상 1보다 크므로 다음과 같이 우측가설로만 설정할 수 있다.

그럼으로 다음과 같이 통계적 가설(우측가설)을 설정할 수 있다.

H_0: $\sigma_1^2/\sigma_2^2 \leq 1$

H_1: $\sigma_1^2/\sigma_2^2 > 1$ * 단 표본의 분산이 큰 분산이 분자로 사용함

귀무가설 $\sigma_1^2/\sigma_2^2=1$이 사실이라면 $\left(S_1^2/S_2^2\right)\cdot\left(\sigma_2^2/\sigma_1^2\right)$에서 다음과 같은 검정통계량을 도출할 수 있다.

$$F=\frac{S_1^2}{S_2^2}\cdot\frac{\sigma_2^2}{\sigma_1^2} \quad * \frac{\sigma_2^2}{\sigma_1^2}=1 \;\rightarrow\; F=\frac{S_1^2}{S_2^2}$$

모분산비율 σ_1^2 / σ_2^2에 관한 가설의 검정통계량

$$F_0 = S_1^2 / S_2^2 \quad (\text{단 } S_1^2 \geq S_2^2)$$

검정통계량의 관측값(observed value)이 분자의 자유도(n_1-1), 분모의 자유도(n_2-1)의 F 분포표 또는 Excel함수 F.INV로 구한 임계값(critical value)보다 크면 귀무가설을 기각하여 두 모집단의 분산이 다르다고 할 수 있을 것이다. 또한 Excel함수 F.DIST 로 p값을 구하여 α보다 작으면 귀무가설을 기각하는 결론을 내릴 수 있다.

[예제 10.7] 골동품 전문가의 감정가 불일치정도의 비교

예제 10.6의 자료를 사용하여 골동품 평가방식이 감정가의 편차에 영향을 주는가를 살펴보고자 한다. 신뢰수준 95%에서 검정하시오.

풀이

1. 가설: 분석자의 목적은 평가방식에 따라 감정가의 편차가 달라지는가를 밝히는 것

H_0: $\sigma_1^2 / \sigma_2^2 \le 1$ (평가방식에 관계없이 감정가의 편차는 같다)

H_1: $\sigma_1^2 / \sigma_2^2 > 1$ (평가방식에 따라 감정가의 편차가 다르다)

* σ_1^2 = 표본분산이 큰 그룹(토의 없이 개별적으로 평가한 감정가)의 분산

* σ_2^2 = 표본분산이 작은 그룹(토의 후 개별적으로 평가한 감정가)의 분산

2. 필요 통계량

1) $S_1^2 = 3,023.33$, $S_2^2 = 710$

2) 암계값 : $F_{0.05;n_1-1,n_{2-1}} = F_{0.05;9,5} = 6.68$ * F.INV(1-0.05,9,5)

3) 관측값 : $F_o = \dfrac{S_1^2}{S_2^2} = \dfrac{3,023.33}{710} = 4.2582$

4) p값 : $P(F < F_o) = 0.0626$ * 1-F.DIST(4.2582,9,5,1)

결론

관측값(4.2582)는 임계값(6.68)보다 작으므로 귀무가설을 기각하지 못하여 평가방식에 따라 감정가의 분산이 달라진다고 할 수 없다. 또한 p값는 0.0626으로 $\alpha = 0.05$ 보다 크므로 귀무가설을 기각하지 못하며, 표본의 자료가 두 집단의 감정평가 금액의 분산이 차이가 난다는 충분한 증빙을 제시하지 못한다고 할 수 있다.

제4절 모비율차이의 추론

10.4.1 모비율차이의 활용

두 고객집단에서 제품의 선호도를 비교하거나 두 유권자집단에서 후보의 지지율을 비교하기 위한 통계적 방법으로 두 모집단의 비율 차이($\pi_1 - \pi_2$)를 추론하는 방법을 사용할 수 있다.

자사 제품에 대한 남자 고객과 여자 고객의 선호도를 비교할 경우, 첫 번째 모집단은 남자 고객 전체이고 두 번째 모집단은 여자 고객 전체이다. 첫 번째 모비

율(π_1)은 전체 남자 고객 중에서 자사 제품을 선호하는 남자 고객의 비율이고 두 번째 모비율(π_2)는 전체 여자 고객 중에서 자사 제품을 선호하는 여자 고객의 비율이다.

두 모비율의 비교에 사용할 수 있는 통계적 이론은 모비율차이($\pi_1 - \pi_2$)를 추론하는 방법이다.

10.4.2 모비율차이의 추론을 위한 통계량

통계량이 모수의 추론에 사용될 수 있으려면 모수의 상태를 잘 보여줄 수 있어야 하며 신뢰계수, 임계값, p값 등을 구하기 위한 확률계산이 가능해야 한다.

모비율차이($\pi_1 - \pi_2$)의 상태는 표본비율차이($p_1 - p_2$)가 가장 잘 보여줄 수 있다.

$p_1 - p_2$는 평균이 $\pi_1 - \pi_2$이고, 표준오차가 $\sqrt{\pi_1(1-\pi_1)/n_1 + \pi_2(1-\pi_2)/n_2}$인 정규분포에 근접하므로 $p_1 - p_2$을 표준화한 확률변수 Z을 이용한다.

Z 분포에서 확률을 구할 수 있으며 모비율차이($\pi_1 - \pi_2$)에 관한 추정량이나 검정통계량으로 사용할 수 있다.

$$Z = \frac{(p_1 - p_2) - (\pi_1 - \pi_2)}{\sqrt{\dfrac{\pi_1(1-\pi_1)}{n_1} + \dfrac{\pi_2(1-\pi_2)}{n_2}}}$$

> $\dfrac{(p_1 - p_2) - (\pi_1 - \pi_2)}{\sqrt{\pi_1(1-\pi_1)/n_1 + \pi_2(1-\pi_2)/n_2}}$ **의 확률분포**
>
> 표본 크기(n_1, n_2)에 대해 $n_1\pi_1 \geq 5$, $n_1(1-\pi_1) \geq 5$, $n_2\pi_2 \geq 5$, $n_2(1-\pi_2) \geq 5$의 조건을 모두 만족할 경우 표준정규분포에 근접한다.

$p_1 - p_2$의 표준오차 $\sqrt{\pi_1(1-\pi_1)/n_1 + \pi_2(1-\pi_2)/n_2}$의 경우, 모수, 즉 π_1, π_2 알 수 없기 때문에 표본자료로부터 추정해야 한다.

즉, 알 수 없는 모비율(π_1, π_2)을 표본비율(p_1, p_2)로 대체한 공식,

$$\sqrt{p_1(1-p_1)/n_1 + p_2(1-p_2)/n_2}$$

로 $p_1 - p_2$의 표준오차를 추정할 수 있다.

또한 모비율(π_1, π_2)가 알 수 없지만 두 모비율이 동일함($\pi_1 - \pi_2 = 0$)을 가정할 경우, 즉 $\pi_1 = \pi_2$ 인 경우에는 두 표본비율(p_1, p_2)을 사용하는 대신 아래와 같은 합동표본비율(pooled sample proportion)을 사용하는 것이 더 바람직하다.

$$\text{합동표본비율} \quad p^* = \frac{n_1 p_1 + n_2 p_2}{n_1 + n_2}$$

위의 합동표본비율을 사용한 표준오차는 아래와 같다.

$$= \sqrt{\frac{p^* - p^{*2}}{n_1} + \frac{p^* - p^{*2}}{n_2}} = \sqrt{p^*\left(1 - p^*\right)\left(\frac{1}{n_1} + \frac{1}{n_2}\right)}$$

참고: 모평균차이를 추론할 때 등분산인 경우($\sigma_1^2 = \sigma_2^2$,), 합동표본분산(S_p^2)으로 표본평균차이의 표준오차를 추정하는 것과 유사하다.

10.4.3 모비율차이의 신뢰구간 추정

모비율차이($\pi_1 - \pi_2$)의 $100(1-\alpha)\%$ 신뢰구간은 신뢰하한과 신뢰상한 사이에 모비율차이($\pi_1 - \pi_2$)가 속해 있다고 믿을 수 있는 정도가 $100(1-\alpha)\%$ 임을 의미하며 이는

$$P(\text{신뢰하한} \le \pi_1 - \pi_2 \le \text{신뢰상한}) = 1 - \alpha$$

로 나타낼 수 있다. 이 식을 만족하는 신뢰하한과 신뢰상한의 공식은 Z 분포로부터 다음과 같이 유도할 수 있다.

모비율차이 $\pi_1 - \pi_2$ 의 $100(1-\alpha)\%$ 신뢰구간

$$\text{신뢰하한} = (p_1 - p_2) - Z_{\frac{\alpha}{2}} \cdot \sqrt{\frac{p_1(1-p_1)}{n_1} + \frac{p_2(1-p_2)}{n_2}}$$

$$\text{신뢰상한} = (p_1 - p_2) + Z_{\frac{\alpha}{2}} \cdot \sqrt{\frac{p_1(1-p_1)}{n_1} + \frac{p_2(1-p_2)}{n_2}}$$

위의 신뢰구간 공식은 $p_1 - p_2$ 을 표준화한 확률변수 Z 가 Z 분포를 따른다는 특성으로부터 유도한 것이며 이는 표본크기(n_1, n_2)에 대해 $n_1\pi_1 \ge 5$, $n_1(1-\pi_1) \ge 5$,

$n_2\pi_2 \ge 5$, $n_2(1-\pi_2) \ge 5$ 등의 조건이 만족된다는 것을 전제로 한다.

이 조건의 만족 여부는 미지의 모비율(π_1, π_2)를 표본비율(p_1, p_2)로 대체한 식 $n_1p_1 \ge 5$, $n_1(1-p_1) \ge 5$, $n_2p_2 \ge 5$, $n_2(1-p_2) \ge 5$로 살펴볼 수 있다.

[예제 10.8] 자사 제품에 대한 선호도차이의 신뢰구간 추정

S사에서 남자 300명과 여자 400명을 대상으로 자사제품에 대한 선호도를 조사한 결과 남자는 180명, 여자는 200명이 경쟁사제품보다 자사제품을 선호하는 것으로 나타났다. 자사제품에 대한 남녀의 선호도차이의 신뢰수준 95%의 신뢰구간을 구하시오.

풀이

* 모집단1은 남자 고객 전체이고, 모집단2는 여자 고객 전체이다.
* 모집단1의 비율(π_1)은 전체 남자 고객 중에서 자사제품을 선호하는 고객의 비율이고, 모집단2의 비율(π_2)은 전체 여자 고객 중에서 자사제품을 선호하는 고객의 비율이다.

1. 필요 통계량

1) 표본 1: $n_1 = 300$, $p_1 = 180/300 = 0.6$

2) 표본 2: $n_2 = 400$, $p_2 = 200/400 = 0.5$

* $n_1p_1 = 300 \times 0.6 = 180$, $n_1(1-p_1) = 300 \times (1-0.6) = 120$ $n_2p_2 = 400 \times 0.5 = 200$, $n_2(1-p_2) = 200 \times (1-0.5) = 200$이므로 모두 5보다 크므로 모비율차이($\pi_1 - \pi_2$)에 대한 신뢰구간을 구할 수 있다.

3) 신뢰계수: $Z_{\alpha/2} = Z_{0.025} = 1.96$이다.

4) 오차한계(error margin): $Z_{\frac{\alpha}{2}} \cdot \sqrt{\dfrac{p_1(1-p_1)}{n_1} + \dfrac{p_2(1-p_2)}{n_2}}$

$$= 1.96 \times \sqrt{\frac{0.6(1-0.6)}{300} + \frac{0.5(1-0.5)}{400}} = 0.074$$

⇒ 신뢰하한 $= (p_1 - p_2) -$ 오차한계 $= 0.1 - 0.074 = 0.026$

⇒ 신뢰상한 $= (p_1 - p_2) +$ 오차한계 $= 0.1 + 0.074 = 0.174$

결론: 95%의 신뢰수준에서 S사의 제품에 대한 남녀 고객의 선호도차이는 2.6%와 17.4% 사이에 속한다고 추정된다.

* 참고: 본 예제는 신뢰구간추정에 대한 기본 이해 문제임(합동표본비율을 이용, 표준오차를 구하는 것이 바람직한 추론이다(가설검정 예제와 함께 신뢰구간을 추정하길 바랍니다).

10.4.4 모비율차이에 관한 가설검정

모비율차이($\pi_1 - \pi_2$)에 관한 통계적 가설은 양측가설, 좌측가설, 우측가설로 설정할 수 있다. $p_1 - p_2$을 표준화한 확률변수 Z는 귀무가설이 주장하는 실제 모수값 $\pi_1 - \pi_2$을 가장 잘 반영하는 $p_1 - p_2$이 잘 보여줄 수 있으며, 임계값, p값을 구하기 위한 확률계산이 가능한 Z 분포에 근접하므로 검정통계량으로 사용할 수 있다.

모비율차이 $\pi_1 - \pi_2$에 관한 가설의 검정통계량 ($\pi_o \neq 0$인 경우)

$$Z_o = \frac{(p_1 - p_2) - \pi_o}{\sqrt{\dfrac{p_1(1-p_1)}{n_1} + \dfrac{p_2(1-p_2)}{n_2}}}$$

모비율차이 $\pi_1 - \pi_2$에 관한 가설의 검정통계량 ($\pi_o = 0$인 경우)

$$Z_o = \frac{p_1 - p_2}{\sqrt{p(1-p)\left(\dfrac{1}{n_1} + \dfrac{1}{n_2}\right)}}$$

* $p = (n_1 p_1 + n_2 p_2)/(n_1 + n_2)$ 합동표본비율

[예제 10.9] 자사 제품에 대한 선호도차이의 신뢰구간 추정

예제 10.8의 표본자료를 사용하여 S사 제품에 대한 남자와 여자의 선호도에 차이가 있는가를 유의수준 0.05에서 검정하시오.

풀이

1. 가설(S사 제품에 대한 남자와 여자의 선호도가 다른가를 검정)

   H_0: $\pi_1 - \pi_2 = 0$ (남자와 여자의 선호도가 같다)

   H_1: $\pi_1 - \pi_2 \neq 0$ (남자와 여자의 선호도가 다르다)

   * π_1 = 남자 고객 전체에서 S사의 제품을 선호하는 고객의 비율

   * π_2 = 여자 고객 전체에서 S사의 제품을 선호하는 고객의 비율

2. 필요 통계량

   1) $n_1 = 300$, $n_2 = 400$, $p_1 = 0.6$, $p_2 = 0.5$

   2) 합동표본비율: $p = \dfrac{n_1 p_1 + n_2 p_2}{n_1 + n_2} = \dfrac{300 \times 0.6 + 400 \times 0.5}{300 + 400} = 0.5429$

3) 임계값 : $Z_{0.025} = 1.96$ 과 $-Z_{0.025} = -1.96$

4) 임계값(Z_o)

$$Z_o = \frac{(p_1 - p_2) - \pi_o}{\sqrt{p(1-p)\left(\frac{1}{n_1} + \frac{1}{n_2}\right)}} = \frac{(0.6 - 0.5) - 0}{\sqrt{0.5429(1 - 0.5429)\left(\frac{1}{300} + \frac{1}{400}\right)}} = 2.6238$$

5) p값= $2 \times P(Z > |Z_o|) = 0.0088$ * 2 · [1-NORM.S.DIST(2.6238,1)]

결론

검정통계량의 관측값, $Z_o = 2.6238$ 가 기각영역에 속하므로 유의수준 0.05에서 귀무가설을 기각할 수 있다. 즉 표본자료를 근거로 S사 제품에 대한 남자와 여자의 선호도가 다르다는 주장을 할 수 있다. 또한 2·p값, 0.01≤0.05이므로 표본자료를 귀무가설이 허위임을 보여주는 매우 강한 증거라 할 수 있다.

연습문제

10.1 정규분포를 따르는 두 모집단에서 각각 크기가 $n_1 = 25$, $n_2 = 20$인 표본1과 표본2를 무작위로 추출하였다. 표본1에서 구한 평균과 분산은 $\bar{X}_1 = 63$와 $S_1^2 = 22$이고 표본2에서 구한 평균과 분산은 $\bar{X}_2 = 60$와 $S_2^2 = 21$이다. 두 모분산 σ_1^2와 σ_2^2이 같다는 가정하에 다음을 구하시오.

(1) 모평균차이 $\mu_1 - \mu_2$의 95%신뢰구간의 오차한계

(2) 모평균차이 $\mu_1 - \mu_2$의 90%신뢰하한

(3) 모평균차이 $\mu_1 - \mu_2$의 99%신뢰구간의 폭

10.2 10.1의 정보를 근거로 두 모평균에 관한 우측가설 $H_0 : \mu_1 \le \mu_2$, $H_1 : \mu_1 > \mu_2$을 검정하고자 한다. 두 모분산 σ_1^2와 σ_2^2이 같다는 가정하에 다음 물음에 답하시오.

(1) 검정통계량의 관측값을 구하시오.

(2) 유의수준 0.05에서 임계값과 기각영역을 구하고 검정의 결과를 설명하시오.

(3) p값을 구하고 그 의미를 해석하시오.

10.3 10.1의 정보를 근거로 두 모평균에 관한 양측가설 $H_0 : \mu_1 = \mu_2$, $H_1 : \mu_1 \ne \mu_2$을 검정하고자 한다. 두 모분산 σ_1^2와 σ_2^2이 같다는 가정하에 다음 물음에 답하시오.

(1) 검정통계량의 관측값을 구하시오.

(2) 유의수준 0.05에서 임계값과 기각영역을 구하고 검정의 결과를 설명하시오.

(3) p값을 구하고 그 의미를 해석하시오.

10.4 다음 자료는 두 모집단에 추출한 쌍체표본이다.

쌍	모집단1	모집단2	쌍	모집단1	모집단2
1	8	8	4	5	2
2	7	6	5	7	4
3	6	5			

이 자료를 사용하여 차이모평균에 관한 우측가설 $H_0 : \mu_D \le 0$, $H_1 : \mu_D > 0$을 검정하고자 한다. 다음 물음에 답하시오.

(1) 검정통계량의 관측값을 구하시오.

(2) 유의수준 0.05에서 임계값과 기각영역을 구하고 검정의 결과를 설명하시오.

(3) p값을 구하고 그 의미를 해석하시오.

10.5 상기 10.04의 자료를 사용하여 다음을 구하시오.

(1) 차이모평균 μ_D 의 95%신뢰구간의 신뢰계수

(2) 차이모평균 μ_D 의 95%신뢰구간의 오차한계.

(3) 차이모평균 μ_D 의 95%신뢰구간의 신뢰하한과 신뢰상한

10.6 금연운동본부에서 금연교육을 실시하고 그 효과를 파악하기 위하여 교육을 받은 16명을 무작위로 추출하여 1일 흡연량(단위: 개비)을 조사한 결과는 다음과 같다.

피교육자	교육전	교육후	피교육자	교육전	교육후
1	15	20	9	15	10
2	30	10	10	10	15
3	25	20	11	25	25
4	10	0	12	30	15
5	40	20	13	35	10
6	18	10	14	40	30
7	15	0	15	45	30
8	30	20	16	50	38

이 자료를 사용하여 금연교육의 효과가 있는지를 살펴보고자 한다. 다음 물음에 답하시오.

(1) 자료조사의 목적을 가설로 나타내시오.

(2) (1)의 가설을 통계적 가설로 나타내시오.

(3) 검정통계량의 관측값을 구하시오.

(4) 유의수준 0.05에서 임계값과 기각영역을 구하고 검정의 결과를 설명하시오.

(5) p값을 구하고 그 의미를 해석하시오.

10.7 정규분포를 따르는 두 모집단에서 각각 크기가 $n_1 = 16$, $n_2 = 10$ 인 표본1과 표본2를 무작위로 추출하였다. 두 표본에서 구한 분산은 $S_1^2 = 36$, $S_2^2 = 30$ 이다. 다음을 구하시오.

(1) 모분산비율 σ_1^2 / σ_2^2 의 95%신뢰구간의 신뢰계수

(2) 모분산비율 σ_1^2 / σ_2^2 의 95%신뢰구간의 신뢰하한과 신뢰상한

10.8 10.7의 계산결과를 사용하여 두 모분산에 관한 우측가설 $H_0: \sigma_1^2 \le \sigma_2^2$, $H_1: \sigma_1^2 > \sigma_2^2$을 검정하고자 한다. 다음 물음에 답하시오.

(1) 검정통계량의 관측값을 구하시오.

(2) 유의수준 0.05에서 임계값과 기각영역을 구하고 검정의 결과를 설명하시오.

(3) p값을 구하고 그 의미를 해석하시오.

10.9 다음의 두 표본자료는 각각 정규분포 모집단에서 무작위로 추출한 것이다.

표본1	3	7	6	5	8
표본2	7	5	9	8	6

이 표본자료를 사용하여 두 모분산에 관한 양측가설 $H_0: \sigma_1^2 = \sigma_2^2$, $H_1: \sigma_1^2 \ne \sigma_2^2$을 검정하고자 한다. 다음 물음에 답하시오.

(1) 검정통계량의 관측값을 구하시오.

(2) 유의수준 0.05에서 임계값과 기각영역을 구하고 검정의 결과를 설명하시오.

(3) p값을 구하고 그 의미를 해석하시오.

10.10 무작위로 추출한 두 표본의 크기는 $n_1 = 120$, $n_2 = 150$이고 각각의 표본비율은 $p_1 = 0.5$, $p_2 = 0.38$로 나타났다. 다음을 구하시오.

(1) 모비율차이 $\pi_1 - \pi_2$의 95%신뢰구간의 신뢰계수

(2) 모비율차이 $\pi_1 - \pi_2$의 95%신뢰구간의 오차한계

(3) 모비율차이 $\pi_1 - \pi_2$의 95%신뢰구간의 신뢰하한과 신뢰상한

10.11 10.10의 표본자료를 사용하여 모비율차이에 관한 가설 H_0: $\pi_1 - \pi_2 = 0.02$, H_1: $\pi_1 - \pi_2 \ne 0.02$을 검정하고자 한다. 다음 물음에 답하시오.

(1) 검정통계량의 관측값을 구하시오.

(2) 유의수준 0.05에서 임계값과 기각영역을 구하고 검정의 결과를 설명하시오.

(3) p값을 구하고 그 의미를 해석하시오.

10.12 10.10의 표본자료를 사용하여 두 모비율에 관한 가설 H_0: $\pi_1 = \pi_2$, H_1: $\pi_1 \ne \pi_2$을 검정하고자 한다. 다음 물음에 답하시오.

(1) 검정통계량의 관측값을 구하시오.

(2) 유의수준 0.05에서 임계값과 기각영역을 구하고 검정의 결과를 설명하시오.

(3) p값을 구하고 그 의미를 해석하시오.

제5절 Excel활용

10.5.1 [t-검정: 등분산 가정 두집단]의 활용

<그림 10.5>는 [예제 10.3]에서 사용된 사과농장의 수확량자료를 워크시트에 입력하고 [t-검정: 등분산 가정 두집단]을 사용하여 모평균차이에 관한 가설검정을 수행한 결과이다. Excel의 [데이터]탭에 있는 [데이터 분석]을 클릭하여 나타난 [통계 데이터 분석] 대화상자에서 [t-검정: 등분산 가정 두집단]을 선택하면 <그림 10.6>과 같은 [t-검정: 등분산 가정 두집단]대화상자가 나타난다. 여기서 [변수 1 입력 범위(1):]에 이름표 '제1농장'과 수확량 자료가 입력되어 있는 범위주소 $A$1:$A$31을 입력하고 [변수 2 입력 범위(2):]에 이름표 '제2농장'과 수확량 자료가 입력되어 있는 범위주소 $B$1:$B$21을 입력한다. [가설 평균차(E):]에 '0'을 입력하고 [이름표(L)] 앞의 상자를 클릭하여 체크마크를 나타낸다. 그리고 [출력범위(O):]를 $D$1으로 설정한 후 [확인]을 누르면 <그림 10.5>에 나타낸 것과 같은 내용이 출력된다.

	A	B	C	D	E	F	G
1	제1농장	제2농장		t-검정: 등분산 가정 두 집단			
2	44	47					
3	43	52			제1농장	제2농장	
4	42	43	①	평균	43.1	49.1	
5	47	63	②	분산	68.644828	70.094737	
6	30	62	③	관측수	30	20	
7	39	59	④	공동(Pooled) 분산	69.21875		
8	28	51	⑤	가설 평균차	0		
9	37	48	⑥	자유도	48		
10	45	61	⑦	t 통계량	-2.498216		
11	42	39	⑧	P(T<=t) 단측 검정	0.0079802		
12	32	43	⑨	t 기각치 단측 검정	1.6772242		
13	53	33	⑩	P(T<=t) 양측 검정	0.0159604		
14	57	55	⑪	t 기각치 양측 검정	2.0106348		
15	46	40					
31	60						
32							

<그림 10.5> [t-검정: 등분산 가정 두집단]의 출력결과

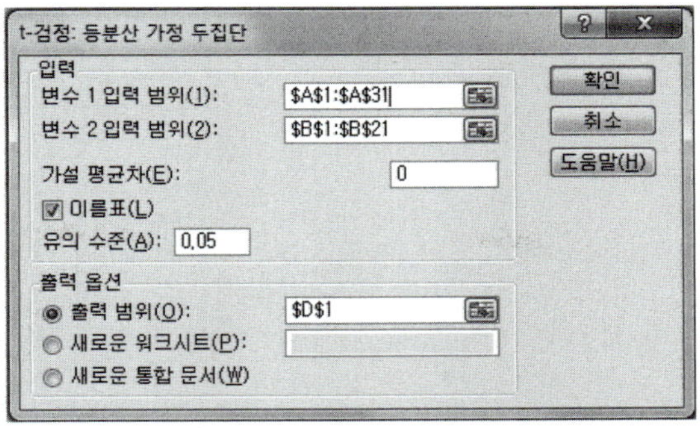

<그림 10.6> [t-검정: 등분산 가정 두집단] 대화상자

[예제 10.3]의 계산과정을 요약하여 나타내면 다음과 같다.

① 표본평균 $\overline{X}_1 = 43.1$, $\overline{X}_2 = 49.1$

② 표본분산 $S_1^2 = 68.64$, $S_2^2 = 70.9$

③ 표본크기 $n_1 = 30$, $n_2 = 20$

④ 합동표본분산 $S_p^2 = 69.21$

⑤ 가설의 모수값 $\delta_0 = 0$

⑥ 자유도 $n_1 + n_2 - 2 = 48$

⑦ 검정통계량 $t_0 = -2.4984$

⑧ 단측검정 p값 $P(t < -2.4984)$ = T.DIST(-2.4984,48,1) = 0.008

⑨ 단측검정 임계값 $t_{\alpha;n_1+n_2-2} = t_{0.05;48}$ = T.INV(1-0.05,48) = 1.6772

⑩ 양측검정 p값 $2 \times P(t < -2.4984)$ = 2*(T.DIST(-2.4984,48,1)) = 0.016

⑪ 양측검정 임계값 $t_{\alpha/2;n_1+n_2-2} = t_{0.025;48}$ = T.INV(1-0.025,48) = 2.0106

이 값들은 <그림 10.5>의 출력결과에 나타나 있다.

10.5.2 [t-검정: 이분산 가정 두집단]의 활용

<그림 10.7>은 [예제 10.3]에서 사용된 사과농장의 수확량자료를 워크시트에 입력하고 [t-검정: 이분산 가정 두집단]을 사용하여 모평균차이에 관한 가설검정을 수행한 결과이다. [t-검정: 이분산 가정 두집단]는 대화상자의 형태와 설정 내용이 [t-검정: 등분산 가정 두집단]와 동일하다.

	A	B	C	D	E	F	G
1	제1농장	제2농장		t-검정: 이분산 가정 두 집단			
2	44	47					
3	43	52			제1농장	제2농장	
4	42	43	①	평균	43.1	49.1	
5	47	63	②	분산	68.644828	70.094737	
6	30	62	③	관측수	30	20	
7	39	59	④	가설 평균차	0		
8	28	51	⑤	자유도	41		
9	37	48	⑥	t 통계량	-2.492891		
10	45	61	⑦	P(T<=t) 단측 검정	0.0084007		
11	42	39	⑧	t 기각치 단측 검정	1.682878		
12	32	43	⑨	P(T<=t) 양측 검정	0.0168015		
13	53	33	⑩	t 기각치 양측 검정	2.019541		
14	57	55					
15	46	40					
31	60						
32							

<그림 10.7> [t-검정: 이분산 가정 두집단]의 출력결과

이분산을 가정한 [예제 10.3]의 계산과정을 요약하면 다음과 같다.

① 표본평균 $\bar{X}_1 = 43.1$, $\bar{X}_2 = 49.1$

② 표본분산 $S_1^2 = 68.64$, $S_2^2 = 70.9$

③ 표본크기 $n_1 = 30$, $n_2 = 20$

④ 가설의 모수값 $\delta_0 = 0$

⑤ 자유도 $r = \dfrac{\left(S_1^2 / n_1 + S_2^2 / n_2\right)^2}{\left(S_1^2 / n_1\right)^2 / \left(n_1 - 1\right) + \left(S_1^2 / n_1\right)^2 / \left(n_1 - 1\right)}$에 가장 가까운 정수

$= 41$

⑥ 검정통계량 $t_0 = \dfrac{\left(\bar{X}_1 - \bar{X}_2\right) - \delta_0}{\sqrt{S_1^2 / n_1 + S_2^2 / n_2}} = -2.4929$

⑦ 단측검정 p값 $P\left(t < -2.4929\right) =$ T.DIST(-2.4929,41,1) $= 0.0084$

⑧ 단측검정 임계값 $t_{\alpha;r} = t_{0.05;41} =$ T.INV(1-0.05,41) $= 1.6829$

⑨ 양측검정 p값 $2 \times P\left(t < -2.4929\right) =$ 2*(T.DIST(-2.4929,41,1)) $= 0.0168$

⑩ 양측검정 임계값 $t_{\alpha/2;r} = t_{0.025;41} =$ T.INV(1-0.025,41) $= 2.0195$

이 값들은 <그림 10.7>의 출력결과에 나타나 있다.

10.5.3 [t-검정: 쌍체비교]의 활용

<그림 10.8>는 예제 10.5에서 사용된 사과농장의 수확량 자료를 워크시트에 입력하고 [t-검정: 쌍체비교]를 사용하여 모평균차이에 관한 가설검정을 수행한 결과이다. [t-검정: 쌍체비교] 대화상자의 형태와 설정 내용은 [t-검정: 등분산 가정 두집단]과 동일하다.

	A	B	C	D	E	F	G	H	I
1	짝	수령	제1농장	제2농장		t-검정: 쌍체 비교			
2	1	3	40	36					
3	2	3	39	43			제1농장	제2농장	
4	3	4	37	48	①	평균	43	46	
5	4	4	41	44	②	분산	77.56522	76.86957	
6	5	5	48	57	③	관측수	24	24	
7	6	5	42	47	④	피어슨 상관 계수	0.886833		
8	7	6	50	48	⑤	가설 평균차	0		
9	8	6	44	43	⑥	자유도	23		
10	9	7	54	54	⑦	t 통계량	-3.51542		
11	10	7	56	62	⑧	P(T<=t) 단측 검정	0.000928		
12	11	8	51	54	⑨	t 기각치 단측 검정	1.713872		
13	12	8	62	62	⑩	P(T<=t) 양측 검정	0.001857		
14	13	9	56	50	⑪	t 기각치 양측 검정	2.068658		
25	24	14	26	32					

<그림 10.8> [t-검정: 쌍체 비교]의 출력결과

예제 10.5의 계산과정을 요약하면 다음과 같다.

① 표본평균 $\bar{X}_1 = 43$, $\bar{X}_2 = 46$

② 표본분산 $S_1^2 = 77.5652$, $S_2^2 = 76.8696$

③ 표본크기 $n = n_1 = n_2 = 24$

④ 표본상관계수 $r = \dfrac{S_{12}}{S_1 S_2} = 0.8868$, 여기서 S_{12}는 X_1과 X_2의 표본공분산

⑤ 가설의 모수값 $\mu_0 = 0$

⑥ 자유도 $n - 1 = 23$

⑦ 검정통계량 $t_0 = \dfrac{\bar{D} - \mu_0}{S_D / \sqrt{n}} = -3.5154$

⑧ 단측검정 p값 $P\left(t < -3.5154\right) = \text{T.DIST}(-3.5154,23,1) = 0.0009$

⑨ 단측검정 임계값 $t_{\alpha;n-1} = t_{0.05;23}$ = T.INV(1-0.05,23) = 1.7139

⑩ 양측검정 p값 $2 \times P\left(t < -3.5154\right)$ = 2*(T.DIST(-3.5154,23,1)) = 0.0019

⑪ 양측검정 임계값 $t_{\alpha/2;n-1} = t_{0.025;23}$ = T.INV(1-0.025,23) = 2.0687

이 값들은 <그림 10.8>의 출력결과에 나타나 있다.

10.5.4 [F-검정: 분산에 대한 두 집단]의 활용

[F-검정: 분산에 대한 두 집단]은 표본분산비율이 1보다 작으면 모분산비율에 관한 좌측검정의 결과를 출력하며 1보다 크면 모분산비율에 관한 우측검정의 결과를 출력한다. <그림 10.8>는 예제 10.7에서 사용된 골동품 감정가 자료를 워크시트에 입력하고 [F-검정: 분산에 대한 두 집단]을 사용하여 모분산비율에 관한 우측가설

H_0: $\sigma_1^2 / \sigma_2^2 \le 1$ (그룹토의가 감정가의 분산을 감소시키지 않는다)

H_1: $\sigma_1^2 / \sigma_2^2 > 1$ (그룹토의가 감정가의 분산을 감소시킨다)

σ_1^2 = 전문가들이 그룹토의 없이 개별적으로 평가한 감정가의 분산

σ_2^2 = 전문가들이 그룹토의 후 개별적으로 평가한 감정가의 분산

을 검정한 결과이다. [F-검정: 분산에 대한 두 집단] 대화상자의 형태와 설정 내용은 가설의 모수값을 입력하는 부분이 없는 것을 제외하면 [t-검정: 등분산 가정 두 집단]과 동일하다.

예제 10.7에서 사용된 자료에 대하여 모분산비율에 관한 우측가설 H_0: $\sigma_1^2 / \sigma_2^2 \le 1$, H_1: $\sigma_1^2 / \sigma_2^2 > 1$의 검정과정을 요약하면 다음과 같다.

① 표본평균 $\bar{X}_1 = 173$, $\bar{X}_2 = 175$

② 표본분산 $S_1^2 = 3023.33$, $S_2^2 = 710$

③ 표본크기 $n_1 = 10$, $n_2 = 6$

④ 자유도 $n_1 - 1 = 9$, $n_2 - 1 = 5$

⑤ 검정통계량 $F_0 = S_1^2 / S_2^2 = 4.2582$

⑥ 단측검정(우측검정) p값

$$P\left(F > F_0\right) = P\left(F > 4.2582\right) = \text{1-F.DIST(4.2582,9,5,1)} = 0.0626$$

⑦ 단측검정(우측검정) 임계값

$$F_{\alpha;n_1-1,n_2-1} = F_{0.05;9,1} = \text{F.INV(1-0.05,9,5)} = 4.7725$$

이 값들은 <그림 10.9>의 출력결과에 나타나 있다.

	A	B	C	D	E	F	G
1	개별평가	토의후평가		F-검정: 분산에 대한 두 집단			
2	220	180					
3	130	220			개별평가	토의후평가	
4	210	140	①	평균	173	175	
5	160	170	②	분산	3023.333	710	
6	260	160	③	관측수	10	6	
7	110	180	④	자유도	9	5	
8	120		⑤	F 비	4.258216		
9	180		⑥	P(F<=f) 단측 검정	0.062563		
10	230		⑦	F 기각치: 단측 검정	4.772466		
11	110						
12							

<그림 10.9> [F-검정: 분산에 대한 두 집단]의 출력결과

11 분산분석

제10장에서는 두 모평균을 비교하는 방법으로서 두 모평균의 차이를 추론하는 통계적 방법을 설명하였다. 11장에서는 둘 이상의 모평균을 비교하는 분산분석에 대해서 살펴본다. 비교하는 모집단의 수가 다수인 경우 모집단을 두 개씩 쌍으로 묶어 평균을 비교할 수도 있다. 그러나 이러한 방법을 사용할 경우 비교하는 모집단 쌍이 많아짐에 따라 다수의 비교에서 적어도 한 번의 제1종오류가 발생할 가능성이 빠르게 증가한다. 분산분석(analysis of variance: ANOVA)은 분석자가 설정한 제1종오류의 발생 가능성 수준에서 둘 이상의 모평균을 동시에 비교하는 방법이라 할 수 있다.

제1절 기본개념

11.1.1 분산분석의 활용

분산분석은 둘 이상의 모집단에 대하여 모평균이 다른가를 검정하는 통계적 방법이다. 예를 들어 가정용 기름보일러 시장의 대부분을 점유하고 있는 A, B, C 세 회사가 제조한 보일러의 열효율이 다른가를 살펴보기 위해 세 회사의 보일러를 무작위로 추출하여 열효율을 조사한 관측자료를 이용, 분산분석을 사용할 수 있다.

또 다른 예로 Ⅰ, Ⅱ, Ⅲ 세 가지 공법으로 생산한 탄소섬유의 인장강도가 다른가를 살펴보기 위해 무작위 순서로 세 가지 공법을 적용한 실험을 수행하고, 인장강도를 조사한 실험자료를 이용, 분산분석을 적용할 수 있다.

11.1.2 실험단위와 반응변수

1920년대에 체계화된 분산분석은 농업 및 생물 분야의 실험자료를 분석하는데 주로 활용되었으며 이 때문에 실험과 관련된 용어가 사용된다. 분석자의 관심대상이 되는 개체는 실험단위(experimental unit)라고 하며 실험단위로부터 살펴보고자 하는 특성은 반응변수(response variable)라고 한다.

상기 예에서 세 회사가 제조한 보일러의 열효율이 다른가를 살펴보고자 하는 경우, 보일러는 실험단위이고, 열효율은 반응변수이다. 세 가지 공법으로 생산한 탄소섬유의 인장강도가 다른가를 살펴보고자 하는 경우, 탄소섬유는 실험단위이고, 인장강도는 반응변수이다.

11.1.3 요인과 요인수준

모집단을 구분하는 기준변수를 요인(factor)이라 하며 구분된 각 모집단은 요인수준(factor level)이라 한다.

A, B, C 세 회사가 제조한 보일러의 열효율이 다른가를 살펴보는 경우, 제조회사(보일러 회사)는 요인이며 A, B, C는 요인수준이다. Ⅰ, Ⅱ, Ⅲ 세 가지 공법으로 생산한 탄소섬유의 인장강도가 다른가를 살펴보는 경우, 생산공법은 요인이며 Ⅰ, Ⅱ, Ⅲ은 요인수준이다.

실험에서 두 개의 요인이 사용될 수도 있다. A, B, C 세 회사가 제조한 기름보일러와 가스보일러의 열효율이 다른가를 살펴보는 경우, 요인은 제조회사와 보일러종류가 되고, 제조회사의 요인수준은 A, B, C이고 보일러종류의 요인수준은 기름과 가스이다.

각 요인의 요인수준들의 조합을 처리(treatment)라고 한다. 요인이 하나인 경우, 요인수준과 처리는 같은 의미를 가진다. 그러나 두 개의 요인이 사용된 경우는 요인수준과 처리의 의미가 다르다. 세 회사가 제조한 두 종류 보일러의 열효율이 다른가를 살펴보는 경우, 제조회사의 요인수준은 A, B, C의 3개이고 보일러종류의 요인수준은 기름과 가스의 2개이며 처리는 A회사기름보일러, B회사기름보일러, C회사기름보일러, A회사가스보일러, B회사가스보일러, C회사가스보일러 등의 6개이다.

11.1.4 실험계획법과 분산분석

실험계획법(experimental design)은 정보를 효율적으로 확보하기 위한 실험의 배치, 순서, 반복 회수 등에 관한 계획 그리고 실험으로 수집한 자료의 통계적 분석에 대한 계획 등을 의미한다. 분산분석(analysis of variance: ANOVA)은 반응변수의 표본평균 및 표본분산을 분석하여 다수의 모평균이 다른가를 살펴보는 방법으로서 실험계획법에서 자주 사용되는 통계적 분석방법이다.

한 개의 요인이 사용되는 실험에 대한 계획을 일원배치법(one-way layout)이라 하며 두 개의 요인이 사용되는 실험에 대한 계획을 이원배치법(two-way layout)이라 한다. 모든 처리의 실험에 대한 반복회수가 같은 경우는 균형계획(balanced design)이라 하고 반복회수가 다른 경우는 불균형계획(unbalanced design)이라 한다.

일원배치법의 분산분석은 각 처리에 대한 실험이 여러 번 반복하여 수행된 것을 전제로 한다. 이원배치법의 분산분석은 각 처리에 대한 실험을 한 번만 수행하는 경우와 여러 번 반복하는 경우로 구분할 수 있다.

참고: 본 교재에서는 한 개의 요인에 대한 분산분석, 즉 일원배치법(one-way layout)인 one-way ANOVA에 대해 학습한다.

제2절 분산분석: 일원배치법

11.2.1 일원배치법의 자료구조

일원배치법은 실험에서 선택한 요인 이외에 다른 요인들이 반응변수에 미치는 영향을 제거하기 위해 모든 실험을 무작위순서로 수행한다. 요인A의 수준(level)이 A_1, A_2, A_3의 3개이고 각 수준별로 실험을 4번 반복하는 일원배치법의 경우, 모두 12번의 실험을 수행하게 된다.

일원배치법의 자료구조는 둘 이상의 모집단에서 추출한 독립표본의 자료구조와 같다. <그림 11.1>은 a개의 모집단에서 추출한 독립표본의 자료구조를 나타낸 것이다. 이 그림은 10장의 <그림 10.1>에 나타낸 두 모집단에서 추출한 독립표본의 자료구조를 a개의 모집단에서 추출하는 경우로 일반화한 것이다. 일원배치법의 자료구조에서 표본1, 표본2, $\cdots$, 표본 a은 모집단1, 모집단2, 모집단 a에서 각각 n_1, n_2, $\cdots$, n_a개의 개체를 무작위로 추출하여 구성한 확률표본이다.

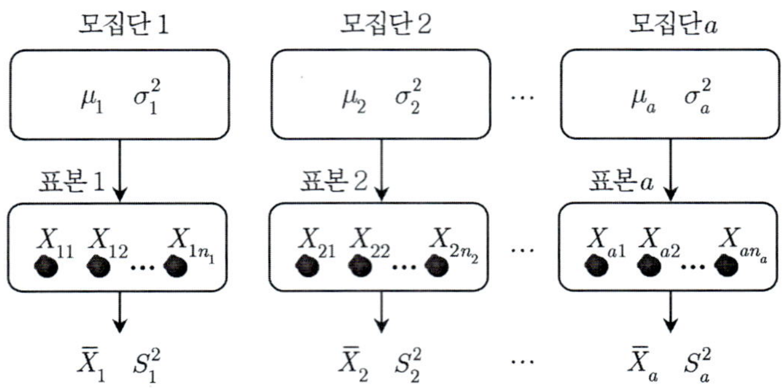

<그림 11.1> 일원배치법의 자료구조

실험을 수행하는 경우, 표본1, 표본2,⋯, 표본a은 처리1(요인수준A_1), 처리2(요인수준A_2),⋯, 처리a(요인수준A_a)에 대한 실험을 각각 n_1, n_2,⋯, n_a개의 실험단위를 대상으로 반복하여 구한 변응변수의 관측값들이다.

관측값 X_{ik}에서 i는 처리(요인수준)번호이고 k는 몇 번째 실험인가를 나타내는 번호이다. 예를 들어 X_{12}는 처리1에 대한 2번째 실험에서 구한 관측값이다. 모집단1, 모집단2,⋯, 모집단a 등은 처리1, 처리2,⋯, 처리a의 실험을 무한 번 반복할 경우의 관측값으로 생각할 수 있다. μ_1, μ_2,⋯, μ_a은 각 처리의 모평균이고 σ_1^2, σ_2^2,⋯, σ_a^2은 각 처리의 모분산이다. $\bar{X}_1$, $\bar{X}_2$,⋯, $\bar{X}_a$은 각 처리의 표본분산이며 S_1^2, S_2^2,⋯, S_a^2은 각 처리의 표본분산이다.

일원분산분석의 자료구조

a = 처리(요인수준)의 수

n_i = i번째 처리에 대한 실험의 반복횟수

$n_T = n_1 + n_2 + \cdots + n_a$ 전체(모든 처리)의 반복횟수

X_{ik} = i번째 처리에 대한 k번째 실험에서 구한 반응변수의 관측값

$\bar{X}_i$ = i번째 처리의 표본평균 (μ_i = i번째 처리의 모평균)

S_i^2 = i번째 처리의 표본분산 (σ_i^2 = i번째 처리의 모분산)

$\bar{X}$ = 전체의 표본평균 (μ = 전체의 모평균)

[예제 11.1] 탄소섬유의 인장강도

탄소섬유를 생산하는 세 가지 공법 Ⅰ, Ⅱ, Ⅲ이 탄소섬유의 인장강도에 영향을 주는가를 살펴보기 위해 K연구원은 각 공법을 적용하여 탄소섬유를 생산하는 실험을 반복하여 수행하였다. 생산공법 이외의 영향요인을 제거하기 위해 실험은 무작위순서로 진행하였다. 실험에서 생산된 탄소섬유 시편의 인장강도(단위: MPa)를 측정한 결과는 다음과 같다.

반복	생산공법		
	Ⅰ	Ⅱ	Ⅲ
1	660	668	634
2	657	697	647
3	638	702	672
4	621	680	
5		656	

다른 생산공법을 적용하면 탄소섬유의 인장강도가 달라지는가를 살펴보기 위해 분산분석을 적용하고자 한다. 자료구조를 설명하시오.

풀이

* 방법: 분산분석을 통한 생산공법에 따른 탄소섬유의 인장강도의 평균비교.
* 실험단위: 탄소섬유 시편, * 반응변수: 인장강도 * 요인(factor): 생산공법
* 요인수준(factor level): Ⅰ, Ⅱ, Ⅲ * 처리(treatment): 요인수준과 동일.
* 분석을 위한 기본 필요 통계량: 분산분석은 반응변수의 표본평균($\bar{X}_1$, $\bar{X}_2$, $\bar{X}_3$)과 표본분산(S_1^2, S_2^2, S_3^2)을 분석하여 모집단1, 2, 3의 모평균(μ_1, μ_2, μ_3)이 다른가를 통계적으로 검정.

→ $n_1 = 4$, $n_2 = 5$, $n_3 = 3$ → $\bar{X}_1 = 644$, $\bar{X}_2 = 680.6$, $\bar{X}_3 = 651$

→ $S_1^2 = 330$, $S_2^2 = 372.8$, $S_3^2 = 373$

참고: 분산분석은 상기의 자료와 같이 실험단위가 속할 집단을 분석자가 할당한 상황에서 수집된 실험자료뿐만 아니라 개체가 속한 집단이 사전에 결정되어 있거나 각 집단에서 무작위로 추출한 개체가 스스로 자신이 속할 집단을 결정하는 상황에서 수집된 관측자료로도 가능하다(다음 예제 참조)

[예제 11.2] 보일러의 열효율

소비자원의 L과장은 우리나라 가정용 기름보일러 시장의 대부분을 점유하고 있는 A, B, C 세 회사의 제품의 열효율이 다른가를 살펴보기 위해 각 회사의 제품을 5대씩 무작위로 추출하여 열효율(단위: %)을 조사하였다. 다음 표는 조사결과를 나타낸 것이다.

보일러	회사		
	A	B	C
1	85	93	89
2	83	96	95
3	89	97	93
4	86	89	86
5	91	94	90

제조회사에 따라 보일러의 열효율이 다른가를 살펴보기 위해 분산분석을 적용하고자 한다. 자료구조를 설명하시오.

풀이

* 방법: 분산분석을 통한 A, B, C 세 회사의 보일러에 따른 열효율의 평균비교.
* 실험단위: 보일러, * 반응변수: 열효율 * 요인(factor): 보일러 제조회사
* 요인수준(factor level): A, B, C * 처리(treatment): 요인수준과 동일.
* 분석을 위한 기본 필요 통계량

→ $n_1 = 5$, $n_2 = 5$, $n_3 = 5$ → $\bar{X}_1 = 86.8$, $\bar{X}_2 = 93.8$, $\bar{X}_3 = 90.6$

→ $S_1^2 = 10.2$, $S_2^2 = 9.7$, $S_3^2 = 12.3$ 이다.

11.2.2 일원분산분석의 가설

일원배치법의 분산분석은 간단히 일원분산분석(one-way ANOVA)으로 부른다. a개의 모평균이 다른가를 살펴보기 위한 일원분산분석의 가설은 다음과 같이 2가지 방법으로 나타낼 수 있다.

1) μ을 이용

일원분산분석의 가설

H_0: $\mu_1 = \mu_2 = \cdots = \mu_a$ (모든 처리의 모평균이 같다)

H_1: not H_0 (적어도 하나의 모평균은 다르다)

* 대립가설에서 not H_0는 모든 모평균이 다른 경우, 즉 $\mu_1 \neq \mu_2 \neq \cdots \neq \mu_a$을 포함하여 적어도 하나의 모평균이 다른 모든 경우를 나타낸다.

[예제 11.3] 탄소섬유의 인장강도 (일원분산분석의 가설)

예제 11.1의 자료수집 목적을 일원분산분석의 가설로 작성하시오.

풀이

예제 11.1의 자료수집 목적은 다른 생산공법을 적용할 경우, 탄소섬유의 인장강도가 달라지는가를 살펴보는 것이다.

H_0 : $\mu_1 = \mu_2 = \mu_3$ (3가지 생산공법의 탄소섬유의 평균인장강도가 모두 같다)

H_1 : not H_0 (적어도 한 가지 생산공법에 의한 평균인장강도는 다르다)

로 나타낼 수 있다. 여기서 모평균 μ_1, μ_2, μ_3은 각각 생산공법 I, II, III을 적용한 생산실험을 무한 번 반복하여 얻은 탄소섬유의 평균인장강도로 생각할 수 있다. 참고로 본 연구의 대립가설(H_1: not H_0)은 다음의 경우를 모두 포함, 간단히 나타낸 것이다.

(1) $\mu_1 = \mu_2 \neq \mu_3$ ($\mu_1 = \mu_2 > \mu_3$, $\mu_1 = \mu_2 < \mu_3$)

(2) $\mu_1 = \mu_3 \neq \mu_2$ ($\mu_1 = \mu_3 > \mu_2$, $\mu_1 = \mu_3 < \mu_2$)

(3) $\mu_1 \neq \mu_2 = \mu_3$ ($\mu_1 > \mu_2 = \mu_3$, $\mu_1 < \mu_2 = \mu_3$)

(4) $\mu_1 \neq \mu_2 \neq \mu_3$ ($\mu_1 < \mu_2 < \mu_3$, $\mu_1 < \mu_3 < \mu_2$, $\mu_2 < \mu_1 < \mu_3$, $\mu_2 < \mu_3 < \mu_1$, $\mu_3 < \mu_1 < \mu_2$, $\mu_3 < \mu_2 < \mu_1$)

2) α(처리효과: treatment effect) 이용

모집단1부터 모집단a까지의 모든 모집단을 포함하는 전체의 평균을 μ라고 하자. 모든 처리 모평균이 같으면 처리 별 모평균 μ_i와 전체 모평균 μ도 같은 값이 된다.

$$\mu_1 = \mu_2 = \cdots = \mu_a = \mu$$

이를 바탕으로 i번째 처리(=요인수준)의 효과는 처리 모평균 μ_i와 전체 모평균 μ의 차이를 $\alpha_i = \mu_i - \mu$로 나타낼 수 있다.

모든 처리 모평균이 같으면 모든 처리효과, 즉 α_i는 0이 된다. 그러므로 일원분산분석의 가설은 처리효과(treatment effect)를 사용하여 다음과 같이 나타낼 수도 있다.

일원분산분석의 가설

$H_0: \alpha_1 = \alpha_2 = \cdots = \alpha_a = 0$ (모든 처리효과가 0이다)

H_1: not H_0 (적어도 하나의 처리효과는 0이 아니다)

11.2.3 일원분산분석의 검정통계량

검정통계량은 귀무가설의 검정(기각할 수 있는가에 대한 판단)에서 증거로 사용할 값을 표본자료에서 구하기 위한 계산공식이다.

일원분산분석의 귀무가설은 모집단 처리효과, 즉 $\alpha_1 = \mu_1 - \mu$, $\alpha_2 = \mu_2 - \mu$, $\cdots$, $\alpha_a = \mu_a - \mu$가 모두 0이라는 것이다.

모집단 처리효과의 상태를 가장 잘 보여주는 것은 표본평균과 전체의 표본평균간의 편차, 즉 $\bar{X}_1 - \bar{X}$, $\bar{X}_2 - \bar{X}, \cdots, \bar{X}_a - \bar{X}$이다. 여기서 $\bar{X}$는 표본1부터 표본a까지의 모든 표본을 포함하는 전체의 표본평균이다.

편차가 모두 0인가를 확인할 수 있는 지표 중 하나는 처리와 전체의 표본평균편차를 제곱한 후 이를 모두 더한 처리제곱합(sum of squares for treatments: SSTR)이다. $SSTR$의 각 제곱항에 곱해진 n_i는 일원배치법의 자료구조에서 정의된 각 처리의 관측값의 개수이다.

처리제곱합 (일원분산분석)

$$SSTR = \sum_{i=1}^{a} n_i \left(\bar{X}_i - \bar{X}\right)^2$$

$$= n_1\left(\bar{X}_1 - \bar{X}\right)^2 + n_2\left(\bar{X}_2 - \bar{X}\right)^2 + \cdots + n_a\left(\bar{X}_a - \bar{X}\right)^2$$

귀무가설이 채택(진실)이라면 모든 처리효과, $\mu_1 - \mu$, $\mu_2 - \mu, \cdots$, $\mu_a - \mu$가 0이고, $SSTR$의 값은 0에 근접하게 나타날 것이다. 반대로 귀무가설이 기각(거짓)이라면 처리효과, $\mu_1 - \mu$, $\mu_2 - \mu, \cdots$, $\mu_a - \mu$의 값이 커질 것이므로 $SSTR$의 값 또한 커질 것이다. 따라서 표본자료로부터 계산된 $SSTR$이 큰 값일수록 표본자료를 근거로 귀무가설을 기각할 수 없는 정도가 크다고 할 수 있다.

즉, 표본자료로부터 계산된 $SSTR$이 귀무가설의 기각을 지지하는 정도는 각 처리의 표본분산의 크기에 따라 달라진다. [표 11.1]의 (a)와 (b)는 3가지 처리의 실험을 각각 5번씩 반복하는 상황에서 수집한 가상의 표본자료이다.

[표 11.1] 두 가지 표본자료

반복	(a)			(b)		
	처리1	처리2	처리3	처리1	처리2	처리3
1	17	12	25	5	0	13
2	19	14	27	13	8	21
3	21	16	29	21	16	29
4	23	18	31	29	24	37
5	25	20	33	37	32	45
처리평균	21	16	29	21	16	29
전체평균		22			22	
처리분산	10	10	10	160	160	160

두 가지 표본자료, (a)와 (b)는 처리평균과 전체평균이 $\bar{X}_1 = 21$, $\bar{X}_2 = 16$, $\bar{X}_3 = 29$ 와 $\bar{X} = 22$ 로 같기 때문에 $SSTR$또한 같다.

$$SSTR = n_1\left(\bar{X}_1 - \bar{X}\right)^2 + n_2\left(\bar{X}_2 - \bar{X}\right)^2 + n_3\left(\bar{X}_3 - \bar{X}\right)^2$$
$$= 5(21-22)^2 + 5(16-22)^2 + 5(29-22)^2 = 430$$

그러나 각 처리의 처리분산(표본분산)이 작은 (a)의 $SSTR = 430$ 은 각 처리의 표본분산이 큰 (b)의 $SSTR = 430$ 보다 귀무가설의 기각을 지지하는 정도가 더 강하다고 할 수 있다. <그림 11.2>는 표본자료 (a)와 (b)를 상자그림으로 나타낸 것이다.

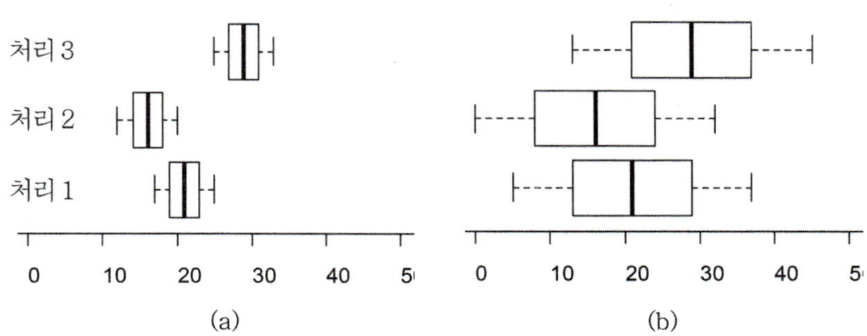

<그림 11.2> 처리제곱합이 같은 두 표본자료의 상자그림

상자그림에서 상자의 중심선은 평균의 위치에 근접하며 상자의 넓이는 분산의 크기가 반영된 것이다. 표본이 모집단에서 무작위로 추출된 확률표본이라면 모집단자료의 상자그림은 표본자료의 상자그림과 유사한 형태를 갖는다. 따라서 상자가 넓어 위치가 겹쳐있는 (b)보다 상자가 좁아 위치가 겹치지 않는 (a)의 경우가 세 모평균 μ_1, μ_2, μ_3이 다를 가능성이 더 크다.

그러므로 일원분산분석에서는 SSTR과 함께 또 다른 값인 모든 처리의 변동성의 크기, 즉 표본분산, S_1^2, $S_2^2,\cdots,S_a^2$을 반영하여 다음과 같은 오차제곱합(sum of squares for error: SSE)을 구한다.

오차제곱합 (일원분산분석)

$$SSE = \sum_{i=1}^{a}(n_i - 1)S_i^2$$
$$= (n_1 - 1)S_1^2 + (n_2 - 1)S_2^2 + \cdots + (n_a - 1)S_a^2$$

참고: $S^2 = \frac{1}{n-1}\sum_{i=1}^{n}\left(X_i - \overline{X}\right)^2$

귀무가설의 검정(기각할 수 있는가에 관한 판단)에 $SSTR$과 SSE을 동시에 사용하는 가장 간단한 방법은 $SSTR$을 SSE로 나누어 비율 $SSTR$ / SSE로 만드는 것이다. 즉, $SSTR$이 커질수록 그리고 SSE이 작아질수록 $SSTR$ / SSE은 커지며 귀무가설의 기각을 지지하는 정도가 강해진다. [표 11.1]의 표본자료, (a)의 오차제곱합은

$$SSE = (n_1 - 1)S_1^2 + (n_2 - 1)S_2^2 + (n_3 - 1)S_3^2$$
$$= (5-1)10 + (5-1)10 + (5-1)10 \quad = 120$$ 이고,

처리제곱합과 오차제곱합의 비율은 $SSTR\ /\ SSE = 430\ /\ 120 = 3.5833$ 이다.

표본자료, (b)의 오차제곱합은

$$SSE = (n_1 - 1)S_1^2 + (n_2 - 1)S_2^2 + (n_3 - 1)S_3^2$$
$$= (5-1)160 + (5-1)160 + (5-1)160 = 1,920$$ 이고,

처리제곱합과 오차제곱합의 비율은 $SSTR\ /\ SSE = 430\ /\ 1920 = 0.2240$ 이다.

표본자료로부터 구한 두 제곱합의 비율, $SSTR$ / SSE이 검정통계량으로 사용될

수 있으려면 계산된 *SSTR* / *SSE*의 값이 귀무가설의 기각을 지지하는 정도에 대하여 '충분하다' 또는 '부족하다'로 평가할 수 있어야 한다. 즉, 귀무가설의 채택 또는 기각을 최종판단하기 위한 가설검정을 위해서는 연구자가 설정한 유의수준(α)로부터 임계값, 관측값으로부터 p값을 구하기 위한 확률계산이 가능해야 한다.

그러나 *SSTR* / *SSE*만으로는 표본분포를 통한 확률 계산이 불가능하다.

그러므로 표본자료를 통한 가설검정을 위하여 표본분포(F-분포)를 이용, 확률계산이 가능한 자유도 및 통계량이 필요하다.

두 제곱합(SSTR, SSE)의 자유도

제곱합의 자유도(degree of freedom)는 제곱을 한 편차의 개수에서 편차들의 선형제약조건의 개수를 뺀 값이다.

* 처리제곱합($SSTR$)의 경우, 제곱을 한 편차의 개수는 a개이고, 이 편차들에 대하여 성립하는 선형제약조건은 전체표본평균 $\bar{X}$와 관련된

$n_1(\bar{X}_1-\bar{X})+n_2(\bar{X}_2-\bar{X})+\cdots+n_a(\bar{X}_a-\bar{X})=0$ 로 한 개다.

따라서 $SSTR$ 의 자유도는 $a-1$이다.

* 오차제곱합(SSE)의 경우, 처리1의 표본분산 S_1^2 을 구하는 공식은

$$S_1^2=\frac{\sum_{k=1}^{n_1}(X_{1k}-\bar{X}_1)^2}{n_1-1}$$ 이므로

$$(n_1-1)S_1^2=\sum_{k=1}^{n_1}(X_{1k}-\bar{X}_1)^2=(X_{11}-\bar{X}_1)^2+(X_{12}-\bar{X}_1)^2+\cdots+(X_{1n_1}-\bar{X}_1)^2$$

이 때 $(n_1-1)S_1^2$ 에서 편차의 개수는 n_1 개이고 이 편차들에 대하여 성립하는 선형제약조건은 처리표본평균 $\bar{X}_1$와 관련된

$(X_{11}-\bar{X}_1)+(X_{12}-\bar{X}_1)+\cdots+(X_{1n_1}-\bar{X}_1)=0$ 로 한 개이다.

따라서 제곱합, $(n_1-1)S_1^2$ 의 자유도는 n_1-1이고, 제곱합, $(n_2-1)S_2^2,\cdots,$ 제곱합,$(n_a-1)S_a^2$의 자유도는 각각 $n_2-1,\cdots,\ n_a-1$이다.

그러므로 오차제곱합(SSE)은 제곱합들, 즉, $(n_1-1)S_1^2$, $(n_2-1)S_2^2,\cdots,$ $(n_a-1)S_a^2$을 더한 것이므로 SSE 의 자유도는

$(n_1-1)+(n_2-1)+\cdots+(n_a-1)=n_1+n_2+\cdots+n_a-a=n_T-a$ 이다.

* $n_T=n_1+n_2+\cdots+n_a$

제곱합을 자유도로 나눈 값을 평균제곱(mean squares)이라 한다.

처리평균제곱(mean square for treatments: MSTR)은 처리제곱합($SSTR$)을 자유도, $a-1$로 나눈 값이고 오차평균제곱(mean square for error: MSE)은 오차제곱합(SSE)을 자유도, n_T-a로 나눈 값이다.

평균제곱 (일원분산분석)

$$MSTR=\frac{SSTR}{a-1} \qquad MSE=\frac{SSE}{n_T-a}$$

일원분산분석의 검정통계량은 처리평균제곱 $MSTR$을 오차평균제곱 MSE로 나눈 비율로 정의된다.

검정통계량 (일원분산분석)

$$F_o=\frac{MSTR}{MSE}$$

일원분산분석의 검정통계량 F_o은 다음과 같은 가정을 만족할 경우 자유도 $a-1$과 n_T-a의 F 분포를 따르는 것으로 알려져 있다.

일원분산분석의 가정

1) 정규성(normality): 각 처리의 모집단은 정규분포를 따른다.
2) 독립성(independence): 모든 표본은 독립표본이다.
3) 등분산성(homoscedasticity): 각 처리의 모분산은 모두 같다.

$(\sigma_1^2=\sigma_2^2=\cdots=\sigma_a^2)$

11.2.4 일원분산분석의 가설검정

일원분산분석의 검정통계량은 제곱합, 자유도, 평균제곱 등과 함께 분산분석표(ANOVA table)로 부르는 [표 11.2]과 같은 형태의 표로 나타낸다.

[표 11.2] 일원분산분석표

	제곱합	자유도	평균제곱	검정통계량
처리	$SSTR$	$a-1$	$MSTR$	$F_o = MSTR / MSE$
오차	SSE	$n_T - a$	MSE	
전체	SST	$n_T - 1$		

이 표에서 제곱합, SST(sum of squares for total: SST)은 SSTR+SSE이다.

참고: 총제곱합 (일원분산분석)

$$SST = \sum_{i=1}^{a}\sum_{k=1}^{n_k}\left(X_{ik} - \bar{X}\right)^2 = \left(X_{11} - \bar{X}\right)^2 + \left(X_{12} - \bar{X}\right)^2 + \cdots + \left(X_{an_1} - \bar{X}\right)^2$$

총제곱합, SST 에서 제곱을 한 편차의 개수는 $n_1 + n_2 + \cdots + n_a = n_T$ 개이고, 모든 편차의 합은 0이되므로 자유도는 $n_T - 1$ 이다.

참고: 총제곱합의 분해 (일원분산분석)

$$SST = SSTR + SSE\ ,\ n_T - 1 = a - 1 + n_T - a$$

[표 11.3]는 일원분산분석의 가설, 검정통계량, 검정통계량의 확률분포, 기각영역, p값 등을 나타낸 것이다.

[표 11.3] 일원분산분석의 가설검정

	일원분산분석 (우측검정)
가설	$H_0 : \mu_1 = \mu_2 = \cdots = \mu_a\ ,\ H_1 : not\ H_0$
검정통계량	$F_o = MSTR / MSE$
검정통계량의 확률분포	자유도 $r_1 = a-1\ ,\ r_2 = n_T - a$ 의 F 분포
기각영역	$F > F_{\alpha;a-1,n_T-a}$
p값	$P(F > F_o)$

* $F_{\alpha;a-1,n_T-a}$: 자유도 $r_1 = a-1$, $r_2 = n_T - a$ 의 F 곡선에서 이 값의 오른쪽 면적이 α 가 되는 F 확률변수의 값

[표 11.1]의 표본자료 (a)에서 구한 처리제곱합($SSTR$)=430이고, 오차제곱합(SSE)=120이며 총제곱합(SST) $= SSTR + SSE = 550$이다. 처리의 수(a)=3, 실험의 총반복횟수(n_T)=15, $SSTR$의 자유도($a-1$)=2, SSE의 자유도($n_T - a$)=12, 총제곱합의 자유도($n_T - 1$)=14이다. 처리평균제곱과 오차평균제곱은

$$MSTR = \frac{SSTR}{a-1} = \frac{430}{2} = 215 \qquad MSE = \frac{SSE}{n_T - a} = \frac{120}{12} = 10 \text{ 이다.}$$

검정통계량의 관측값은

$$F_o = \frac{MSTR}{MSE} = \frac{215}{10} = 21.5 \text{ 이다.}$$

[표 11.4]는 표본자료 (a)에 대한 일원분산분석표이다.

[표 11.4] 표본자료 (a)의 일원분산분석표

	제곱합	자유도	평균제곱	검정통계량
처리	430	2	215	21.5
오차	120	12	10	
전체	550	14		

유의수준(α)이 0.05일 때 [표 11.4]의 분산분석표의 임계값은

$$F_{\alpha;a-1,n_T-a} = F_{0.05;2,12} = 3.89 \text{ 이며 기각영역은 } F > 3.89 \text{ 이다.}$$

검정통계량의 관측값 $F_o = 21.5$이 기각영역에 속하므로 표본자료는 귀무가설을 기각하기에 충분한 증거라 할 수 있다.

또한 검정통계량은 자유도 $r_1 = 2$, $r_2 = 12$의 F 분포이므로 p값은

$$P(F > F_0) = P(F > 21.5) = 1 - F.DIST(21.5, 2, 12, 1) = 0.0001 \text{ 이다.}$$

p값, $0.0001 \le 0.05$이므로 이는 표본자료가 귀무가설의 기각을 지지하는 매우 강한 증거임을 의미한다.

[예제 11.4] 탄소섬유의 인장강도 (일원분산분석)

[예제 11.1]에서 생산공법이 탄소섬유의 인장강도에 영향을 주는가를 $\alpha = 0.05$에서 검정하시오.

풀이

* 분석 목적: 생산공법, 1, 2, 3이 탄소섬유의 평균인장강도에 미치는 영향

* 가설

$$H_0: \mu_1 = \mu_2 = \mu_3$$ (생산공법이 탄소섬유의 인장강도에 영향을 주지 않는다)

$$or\ H_0 : \alpha_1 = \alpha_2 = \alpha_3 = 0$$

$$H_1: \text{not } H_0$$ (생산공법이 탄소섬유의 인장강도에 영향을 준다)

* 필요 통계량

→ $n_1 = 4,\ n_2 = 5,\ n_3 = 3,\ n_T = 12$

→ $\bar{X}_1 = 644,\ \bar{X}_2 = 680.6,\ \bar{X}_3 = 651,\ \bar{X} = 661, S_1^2 = 330,\ S_2^2 = 372.8,\ S_3^2 = 373$

→ $SSTR = n_1\left(\bar{X}_1 - \bar{X}\right)^2 + n_2\left(\bar{X}_2 - \bar{X}\right)^2 + n_3\left(\bar{X}_3 - \bar{X}\right)^2$

$$= 4(644 - 661)^2 + 5(680.6 - 661)^2 + 3(651 - 661)^2 = 3,376.8$$

→ $SSE = (n_1 - 1)S_1^2 + (n_2 - 1)S_2^2 + (n_3 - 1)S_3^2$

$$= (4-1)330 + (5-1)372.8 + (3-1)373 = 3227.2$$

→ $MSTR = \dfrac{SSTR}{a-1} = \dfrac{3,376.8}{3-1} = 1,688.4$

→ $MSE = \dfrac{SSE}{n_T - a} = \dfrac{3,227.2}{12-3} = 358.58$

→ 관측값 : $F_o = \dfrac{MSTR}{MSE} = \dfrac{1,688.4}{358.58} = 4.7086$ 이다.

이를 분산분석표로 나타내면 다음과 같다.

	제곱합	자유도	평균제곱	검정통계량
처리	3,376.8	2	1,688.40	4.7086
오차	3,227.2	9	358.58	
전체	6,004.0	11		

→ 임계값: $F_{\alpha;a-1,n_T-a} = F_{0.05;2,9} = 4.26$

→ p값: $P(F > F_0) = P(F > 4.7086) = 1 - F.DIST(4.7086, 2, 9, 1) = 0.0399$

결론

기각영역은 $F > 4.26$이고, 관측값(F_o), 4.7086이 기각영역에 속하므로 귀무가설을 기각할 수 있는 충분한 증거라 할 수 있다. 즉 생산공법이 탄소섬유의 인장강도에 영향을 준다고 주장할 수 있다. 또한 p값, 0.0399≤0.05이므로 귀무가설을 기각할 수 있는 증거임을 의미한다.

제3절 다중비교

11.3.1 다중비교

분산분석은 모든 처리의 모평균이 같다는 귀무가설의 기각여부를 판단한다. 이 가설의 기각은 적어도 하나의 모평균이 다르다는 것이지 구체적으로 어떤 모평균이 다른지에 대한 결정이 아니다.

예제11.3-1에 대한 분산분석에서 처리는 세 가지 생산공법 I, II, III이다. 각 처리의 모평균 μ_1, μ_2, μ_3은 각 생산공법 I, II, III을 적용하여 생산한 탄소섬유의 평균인장강도이다. 세 모평균이 같다는 귀무가설의 기각은 적어도 한 가지 공법의 평균인장강도가 다르다는 것이지 구체적으로 어떤 공법의 평균인장강도가 다르다는 결정은 아니다. 어떤 모평균이 다른지를 구체적으로 결정하려면 분산분석이 아닌 다른 방법이 필요하다.

다중비교(multiple comparison)는 모평균을 비교하려는 처리들을 두 개씩 묶어 쌍으로 만들고 이렇게 만들어진 모든 처리쌍에 대하여 모평균차이를 추론(추정 또는 가설검정)하는 방법이다. 예제11.3-1에서 처리는 생산공법Ⅰ, Ⅱ, Ⅲ의 3개이고, 만들 수 있는 처리쌍은

(1) 생산공법 Ⅰ과 생산공법 Ⅱ

(2) 생산공법 Ⅰ과 생산공법 Ⅲ

(3) 생산공법 Ⅱ와 생산공법 Ⅲ 의 3개이다.

처리의 수가 a개이면 만들 수 있는 처리쌍의 수는 $a(a-1)/2$개가 된다. 각 처리쌍의 모평균차이는 LSD검정, 본페로니검정, 시다크검정, 튜키검정 등의 방법을 사용하여 추론할 수 있다.

11.3.2 LSD검정

등분산의 조건 하에 두 모집단에서 추출한 표본자료가 주어진 경우, 표본평균차이 $\bar{X}_1 - \bar{X}_2$ 의 표준오차에 대한 근사값은

$\sqrt{S_p^2\left(\frac{1}{n_1}+\frac{1}{n_2}\right)}$ 로 구할 수 있다. 여기서 S_p^2는 모분산의 추정치로 표본에서 구

한 합동표본분산(pooled sample variance), $S_P^2 = \dfrac{(n_1-1)S_1^2+(n_2-1)S_2^2}{n_1+n_2-2}$ 이다.

등분산의 두 모집단에서 추출한 표본자료가 주어진 경우 모평균차이 $\mu_1 - \mu_2$ 의 $100(1-\alpha)$%신뢰구간은

$$(\bar{X}_1 - \bar{X}_2) \pm t_{\alpha/2;n_1+n_2-2}\sqrt{S_p^2\left(\frac{1}{n_1}+\frac{1}{n_2}\right)}$$ 이고,

모평균차이에 관한 양측가설 $H_0: \mu_1 - \mu_2 = 0$, $H_1: \mu_1 - \mu_2 \neq 0$ 의 검정통계량은

$$t_o = \frac{(\bar{X}_1 - \bar{X}_2)}{\sqrt{S_p^2\left(\frac{1}{n_1}+\frac{1}{n_2}\right)}}$$ 이다.

임계값은 자유도($n_1 + n_2 - 2$)의 t 분포에서 구한 $t_{\alpha/2;n_1+n_2-2}$ 이며 기각영역은 $|t| > t_{\alpha/2;n_1+n_2-2}$ 이다.

LSD검정은 a개 모집단(단, $\sigma_1^2 = \sigma_2^2 = \cdots = \sigma_a^2$)에서 추출한 표본자료가 주어진 경우에는 표본평균차이 $\bar{X} - \bar{X}_{i'}$ 의 표준오차에 대한 더 좋은 근사값을 사용하여 모평균차이 $\mu_i - \mu_{i'}$ 의 신뢰구간을 추정하거나 가설을 검정할 수 있다.

즉, 두 표본분산 S_i^2 와 $S_{i'}^2$ 만을 사용하여 구한 합동표본분산(S_P^2)보다 모분산의 근사값으로 더 좋은 다음의 오차평균제곱을 이용한다.

$$\frac{(n_1-1)S_1^2+(n_2-1)S_2^2+\cdots+(n_a-1)S_a^2}{n_1+n_2+\cdots+n_a-a} = \frac{SSE}{n_T-a} = MSE$$

오차평균제곱(MSE)을 이용, 표본평균차이 $\bar{X}_i - \bar{X}_{i'}$ 의 표준오차는

$$\sqrt{MSE\left(\frac{1}{n_i}+\frac{1}{n_{i'}}\right)}$$

로 추정할 수 있다. 이 값을 모평균차이의 추론에 사용할 경우, 신뢰계수와 임계값은 자유도 $n_T - a$ 의 t 분포에서 구한 $t_{\alpha/2;n_T-a}$ 이 사용된다.

등분산의 a개 모집단에서 추출한 표본자료가 주어진 경우 모평균차이 $\mu_i - \mu_{i'}$

의 $100(1-\alpha)$%신뢰구간은

$$\left(\bar{X}_i - \bar{X}_{i'}\right) \pm t_{\frac{\alpha}{2};n_T-a}\sqrt{MSE\left(\frac{1}{n_i}+\frac{1}{n_{i'}}\right)}$$ 이고,

모평균차이에 관한 양측가설($H_0:\mu_i-\mu_{i'}=0$, $H_1:\mu_i-\mu_{i'}\neq 0$)의 검정통계량은

$$t_o = \frac{\left(\bar{X}_i - \bar{X}_{i'}\right)}{\sqrt{MSE\left(\frac{1}{n_i}+\frac{1}{n_{i'}}\right)}}$$ 이다.

임계값은 $t_{\alpha/2;n_T-a}$ 이고, 기각영역은 $|t| > t_{\alpha/2;n_T-a}$ 이다.

이 때 합동표본분산(S_P^2)대신 오차평균제곱(MSE)이 사용된 신뢰구간의 오차한계를 최소유의차(least significant difference: LSD)라고 한다.

$$LSD = t_{\frac{\alpha}{2};n_T-a}\sqrt{MSE\left(\frac{1}{n_i}+\frac{1}{n_{i'}}\right)}$$

모평균차이에 관한 양측가설($H_0:\mu_i-\mu_{i'}=0$, $H_1:\mu_i-\mu_{i'}\neq 0$)의 기각여부에 대한 판단은 표본평균차이의 절대값과 LSD를 사용하여 $\left|\bar{X}_i - \bar{X}_{i'}\right| > LSD$ 의 값으로 가능하다.

즉, 신뢰구간의 하한과 상한이 모두 음수이거나 또는 모두 양수이면 신뢰구간에 0이 포함되지 않음을 알 수 있다. 다시 말해 귀무가설($H_0:\mu_i-\mu_{i'}=0$)의 기각에 대한 판단은 $\left|\bar{X}_i - \bar{X}_{i'}\right| > LSD$ 이 만족되면 두 모평균이 다르다고 결정할 수 있다. 이러한 검정을 LSD검정(LSD test)이라 한다.

[예제 11.5] 탄소섬유의 인장강도 (LSD검정)

예제 11.5에서 어떤 생산공법으로 생산한 탄소섬유의 평균인장강도가 다른지에 대하여 LSD검정을 사용하여 신뢰수준 95%에서 결정하시오.

풀이

* 연구목적: 분산분석(one-wat ANOVA)은 생산공법에 따른 평균차이를 구체적으로 알 수 없으므로 쌍체표본분석(LSD검정)을 통해 각 처리에 대한 평균차이를 검정.
* 필요 통계량

1) 각 처리(생산공법 I, II, III)의 표본크기: $n_1 = 4$, $n_2 = 5$, $n_3 = 3$

2) 표본평균: $\bar{X}_1 = 644$, $\bar{X}_2 = 680.6$, $\bar{X}_3 = 651$

3) 오차평균제곱: $MSE = 358.58$ 이다.

4) 신뢰계수($\alpha = 0.05$): $t_{\alpha/2;n_T-a} = t_{0.025;9} = 2.2622$

5) 신뢰구간

5–1) 생산공법 I과 II: $\left(\bar{X}_1 - \bar{X}_2\right) \pm t_{\frac{\alpha}{2};n_T-a}\sqrt{MSE\left(\frac{1}{n_1}+\frac{1}{n_2}\right)}$

$$= \left(644 - 680.6\right) \pm 2.2622\sqrt{358.58\left(\frac{1}{4}+\frac{1}{5}\right)} = -36.6 \pm 28.736$$

→ 신뢰하한 $= -65.336$, 신뢰상한 $= -7.864$

5–2) 생산공법 I과 III: $\left(\bar{X}_1 - \bar{X}_3\right) \pm t_{\frac{\alpha}{2};n_T-a}\sqrt{MSE\left(\frac{1}{n_1}+\frac{1}{n_3}\right)}$

$$= \left(644 - 651\right) \pm 2.2622\sqrt{358.58\left(\frac{1}{4}+\frac{1}{3}\right)} = -7 \pm 32.717$$

→ 신뢰하한 $= -39.717$, 신뢰상한 $= 25.717$

5–3) 생산공법 II과 III: $\left(\bar{X}_2 - \bar{X}_3\right) \pm t_{\frac{\alpha}{2};n_T-a}\sqrt{MSE\left(\frac{1}{n_2}+\frac{1}{n_3}\right)}$

$$= \left(680.6 - 651\right) \pm 2.2622\sqrt{358.58\left(\frac{1}{5}+\frac{1}{3}\right)} = 29.6 \pm 31.283$$

→ 신뢰하한 $= -1.683$, 신뢰상한 $= 60.883$

6) 다음은 각 처리쌍의 표본평균차이, LSD, 신뢰하한, 신뢰상한 등을 요약한 표

처리쌍 (생산공법)	모수	표본 평균차이	LSD	신뢰 하한	신뢰 상한
I 과 II	$\mu_1 - \mu_2$	-36.6	28.736	-65.336	-7.864
I 과 III	$\mu_1 - \mu_3$	-7	32.717	-39.717	25.717
II와 III	$\mu_2 - \mu_3$	29.6	31.283	-1.683	60.883

결론

생산공법 I과 II는 신뢰하한과 신뢰상한의 부호가 같고, $\left|\bar{X}_i - \bar{X}_{i'}\right| > LSD$ 을 만족하여 모평균 μ_1과 μ_2가 다르다고 결정할 수 있다. 나머지 두 처리쌍 I과 III, II와 III은 신뢰하한과 신뢰상한의 부호가 달라 모평균이 다르다고 결정할 수 없다. 이는 생산공법 II로 생산한 탄소섬유의 평균인장강도가 생산공법 I로 생산한 탄소섬유의 평균인장강도보다 좋다는 증거가 존재한다는 점 그리고 생산공법 III으로 생산한 탄소섬유의 평균인장강도는 다른 두 방법으로 생산한 탄소섬유의 평균인장강도와 다르다는 증거가 존재하지 않는다는 점을 말해준다.

참고 1 실험오류율의 통제

다중비교는 다수의 처리쌍에 대하여 모평균차이에 관한 추정 또는 가설검정을 동시적으로 적용하는 방법이다. 일반적인 가설검정에서는 제1종오류가 발생할 가능성의 최대허용수준을 귀무가설에 대한 기각결정의 판단기준으로 사용하며 이를 유의수준이라 하고 α로 나타낸다. 다수의 처리쌍에 대한 가설검정을 동시적으로 수행하는 다중비교에서는 각각의 개별 처리쌍에 대한 가설검정의 유의수준(α)을 비교오류율(comparisonwise error rate: CER)이라 하며 다수의 처리쌍 중에서 적어도 한 처리쌍의 가설검정에서 제1종오류가 발생할 가능성을 실험오류율(experimentwise error rate: EER)이라 한다.

각 처리쌍에 대한 가설검정은 서로 독립적이지 않기 때문에 실험오류율의 정확한 값은 구하기 어렵다. 그러나 처리쌍의 수가 c개인 다중비교에서 각 처리쌍에 대한 가설검정이 서로 독립이라고 가정하면 실험오류율을

$$EER = 1 - \left(1 - CER\right)^{c}$$

로 구할 수 있다. 예제 11.5의 LSD검정에서 처리쌍의 수는 $c = 3$이고 비교오류율은 $CER = 0.05$ 이므로 실험오류율은

$$EER = 1 - \left(1 - CER\right)^{c} = 1 - \left(1 - 0.05\right)^{3} = 0.1426$$ 이다.

비교되는 처리쌍의 수가 많아질수록 LSD검정의 실험오류율은 급격하게 증가한다. 처리의 수가 6 개이고 모든 처리를 비교한다면 $6\left(6-1\right)/2 = 15$ 개의 처리쌍을 비교해야 한다. 이 경우, 비교오류율($CER = 0.05$)의 실험오류율은

$$EER = 1 - \left(1 - CER\right)^{c} = 1 - \left(1 - 0.05\right)^{15} = 0.5367$$ 이 된다.

이는 15개의 처리쌍 중에서 적어도 한 처리쌍의 모평균이 다르다고 잘못 판단할 가능성이 53.67%라는 것이다. LSD검정의 실험오류율을 일정한 수준으로 유지시키기 위해 통계학자들이 생각한 방법 중 하나는 일원분산분석을 먼저 수행하고 모든 처리모평균이 동일하다는 귀무가설이 기각된 경우에만 LSD검정을 사용하는 것이다. 그러나 이 방법이 실험오류율의 통제를 보장하지는 못하는 것으로 밝혀졌다. LSD검정의 실험오류율에 대한 통제를 보장하는 방법으로는 본페로니검정, 시다크검정, 튜키검정 등이 알려져 있다.

연습문제

11.1 A, B, C D의 네 회사가 시판하고 있는 알코올해독제를 10개씩 선택하여 40개를 준비한 후 술을 마신 40명에게 무작위로 나누어 주고 술 깨는 시간을 측정하였다. 제조회사에 따른 알코올해독제의 효과를 비교하기 위해 분산분석을 적용하고자 한다. 주어진 상황에서 다음 개념에 대응되는 것은?

(1) 실험단위 (2) 반응변수 (3) 요인
(4) 요인수준 (5) 처리 (6) 반복횟수

11.2 R1, R2, R3, R4의 네 종류의 테니스 라켓에 S1, S2, S3의 세 종류의 스트링을사용한 라켓으로 특정 테니스 선수에게 시차를 두고 3번씩 서브를 하게 하여 속도를 측정하였다. 라켓종류와 스트링종류가 서브속도에 주는 영향을 분산분석으로 살펴보고자 한다. 주어진 상황에서 다음 개념에 대응되는 것은?

(1) 실험단위 (2) 반응변수 (3) 요인
(4) 요인수준 (5) 처리 (6) 반복횟수

11.3 정규분포를 따르는 세 모집단에서 각각 크기가 $n_1 = 25$, $n_2 = 20$, $n_3 = 30$ 인 표본1, 표본2, 표본3을 무작위로 추출하였다. 각 표본에서 구한 평균과 분산은 $\bar{X}_1 = 63$, $S_1^2 = 22$, $\bar{X}_2 = 60$, $S_2^2 = 21$, $\bar{X}_3 = 64$, $S_3^2 = 25$ 이다. 세 모평균에 관한 가설 $H_0 : \mu_1 = \mu_2 = \mu_3$, $H_1 : not\ H_0$ 을 검정하고자 한다. 세 모분산 σ_1^2, σ_2^2, σ_3^2 이 같다는 가정하에 다음 물음에 답하시오.

(1) 표본 전체의 평균 $\bar{X}$ 를 구하시오.
(2) 처리제곱합 $SSTR$ 을 구하시오.
(3) 오차제곱합 SSE 를 구하시오.
(4) 검정통계량의 관측값을 구하시오.
(5) 유의수준 0.05에서 임계값과 기각영역을 구하고 검정의 결과를 설명하시오.
(6) p값을 구하고 그 의미를 해석하시오.

11.4 다음의 세 표본자료는 각각 정규분포 모집단에서 무작위로 추출한 것이다.

표본1	3	2	6	5	3	
표본2	10	4	12	8	9	5
표본3	9	13	11	5		

이 표본자료를 사용하여 세 모평균에 관한 가설, $H_0 : \mu_1 = \mu_2 = \mu_3$, H_1: not H_0을 검정하고자 한다. 세 모분산 $\sigma_1^2, \sigma_2^2, \sigma_3^2$이 같다는 가정하에 다음 물음에 답하시오.

(1) 처리평균제곱 $MSTR$을 구하시오.

(2) 오차평균제곱 MSE를 구하시오.

(3) 검정통계량의 관측값을 구하시오.

(4) 유의수준 0.05에서 임계값과 기각영역을 구하고 검정의 결과를 설명하시오.

(5) p값을 구하고 그 의미를 해석하시오.

11.5 정규분포를 따르는 세 모집단에서 각각 크기가 $n_1 = 25$, $n_2 = 20$, $n_3 = 30$인 세 표본을 무작위로 추출하였다. 각 표본에서 구한 평균은 $\bar{X}_1 = 63$, $\bar{X}_2 = 60$, $\bar{X}_3 = 64$이고 오차평균제곱은 $MSE = 22.94$이다. 다음 물음에 답하시오.

유의수준 0.05의 LSD검정으로 어떤 모평균이 다른가를 결정하시오.

11.6 정규분포를 따르는 다섯 모집단에서 각각 크기가 $n_1 = 4$, $n_2 = 3$, $n_3 = 5$, $n_4 = 5$, $n_5 = 2$인 다섯 표본을 무작위로 추출하였다. 각 표본에서 구한 평균은 $\bar{X}_1 = 521$, $\bar{X}_2 = 528$, $\bar{X}_3 = 564$, $\bar{X}_4 = 498$, $\bar{X}_5 = 574$이고 오차평균제곱은 $MSE = 48.96$이다. 다음 물음에 답하시오.

유의수준 0.05의 LSD검정으로 어떤 모평균이 다른가를 결정하시오.

참고 2 Excel활용

<그림 11.6>은 예제 11.5에 제시된 탄소섬유의 인장강도에 관한 표본자료를 워크시트에 입력하고 [분산분석: 일원 배치법]을 사용하여 일원분산분석을 수행한 결과이다. Excel의 [데이터]탭에 있는 [데이터 분석]을 클릭하여 나타난 [통계 데이터 분석] 대화상자에서 [분산분석: 일원 배치법]을 선택하면 <그림 11.3>과 같은 [분산분석: 일원 배치법]대화상자가 나타난다. 여기서 [입력 범위(I):]에 이름표 'I', 'II', 'III'와 인장강도자료가 입력되어 있는 범위주소 $B$2:$D$7을 입력하고 [첫째 행 이름표 사용(L)] 앞의 상자를 클릭하여 체크마크를 나타낸다. 그리고 [출력 범위(O):]를 $F$1으로 설정한 후 [확인]을 누르면 <그림 11.4>에 나타낸 것과 같은 내용이 출력된다.

예제 11.5에 대한 일원분산분석의 계산과정을 요약하여 나타내면 다음과 같다.

① 표본크기 $n_1 = 4$, $n_2 = 5$, $n_3 = 3$

② 표본평균 $\bar{X}_1 = 644$, $\bar{X}_2 = 680.6$, $\bar{X}_3 = 651$

③ 표본분산 $S_1^2 = 330$, $S_2^2 = 372.8$, $S_3^2 = 373$

④ 처리제곱합 $SSTR = 3376.8$

⑤ 오차제곱합 $SSE = 3227.2$

⑥ 총제곱합 $SST = SSTR + SSE = 6604$

⑦ 처리제곱합의 자유도 $a - 1 = 2$

⑧ 오차제곱합의 자유도 $n_T - a = 9$

⑨ 처리평균제곱 $MSTR = SSTR / \left(a - 1\right) = 1688.4$

⑩ 오차평균제곱 $MSE = SSE / \left(n_T - a\right) = 358.58$

⑪ 검정통계량의 관측값 $F_0 = MSTR / MSE = 4.7086$

⑫ p값 $P\left(F > 4.7086\right) =$ 1-F.DIST(4.7086,2,9,1)$= 0.0399$

⑬ 임계값 $F_{\alpha;a-1,n_T-a} =$ F.INV(1-0.05,2,9)$= 4.2565$

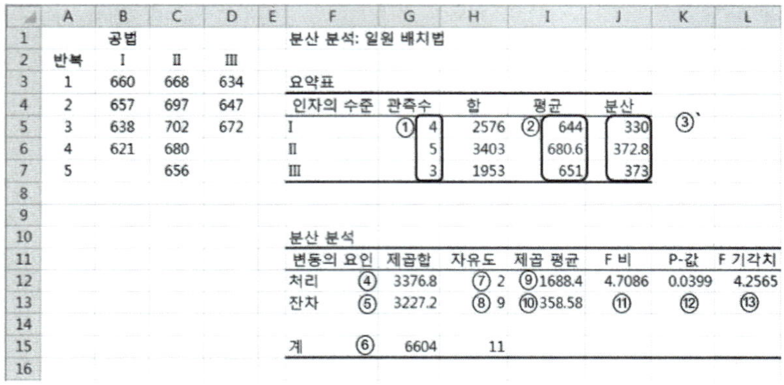

	공법		
반복	I	II	III
1	660	668	634
2	657	697	647
3	638	702	672
4	621	680	
5		656	

분산 분석: 일원 배치법

요약표

인자의 수준	관측수	합	평균	분산
I	① 4	2576	② 644	330 ③
II	5	3403	680.6	372.8
III	3	1953	651	373

분산 분석

변동의 요인	제곱합	자유도	제곱 평균	F 비	P-값	F 기각치
처리 ④	3376.8	⑦ 2	⑨ 1688.4	4.7086	0.0399	4.2565
잔차 ⑤	3227.2	⑧ 9	⑩ 358.58	⑪	⑫	⑬
계 ⑥	6604	11				

<그림 11.3> [분산분석: 일원 배치법]의 출력결과

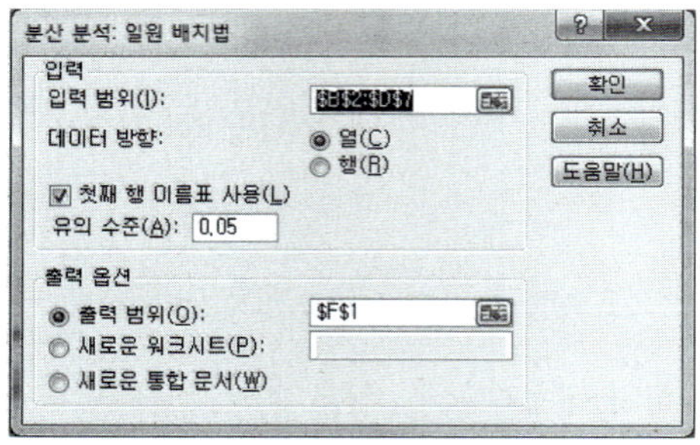

<그림 11.4> [분산분석: 일원 배치법] 대화상자

12 단순회귀분석

광고비 증가의 효과가 매출액 증가로 나타날 수 있는가? 광고효과가 있다면 어느 정도인가? 그리고 일정한 광고비 수준에서 예상되는 매출액 규모는 얼마인가? 등에 관한 정보는 경영자에게 매우 중요하다.

회귀분석(regression analysis)은 한 변수의 값이 변할 때 다른 변수의 값이 얼마나 변하는가? 한 변수의 값을 알고 있을 때 이에 상응하는 다른 변수의 값은 얼마인가? 등에 관한 정보를 구하는데 사용할 수 있는 통계적 방법이다. 회귀분석에서 매출액처럼 설명이나 예측의 대상이 되는 변수는 종속변수(dependent variable)라 하고 Y 로 나타낸다. 광고비처럼 설명 또는 예측의 근거로 사용하려는 변수는 독립변수(independent variable)라고 하고 X 로 나타낸다. 본 장에서는 독립변수가 하나인 단순회귀분석을 설명한다.

제1절 두 정량변수(X, Y)의 선형관계

먼저 회귀분석에 앞서 두 정량변수의 선형관계를 교차표, 산점도(scatter plot) 등의 표나 그림으로 요약할 수 있다. 본 장에서는 두 정량변수의 선형관계를 숫자로 요약하는 대표적인 방법인 공분산과 상관계수에 대해 먼저 살펴본다.

12.1.1 공분산

두 변수 X 와 Y의 공분산(covariance)은 각 변수의 관측값과 평균의 차이를 곱하고 그 평균을 구한 것이다. 모집단에서 구한 공분산은 모공분산(population covariance)이라 하고 σ_{XY}로 나타낸다. 표본에서 구한 공분산은 표본공분산(sample covariance)표본공분산(sample covariance)이라 하고 S_{XY}로 나타낸다. 공분산을 구하는 식은 다음과 같이 나타낼 수 있다. 표본분산의 경우와 마찬가지로 표본공분산에서 n 대신 $n-1$이 사용된 것은 모집단보다 표본에서 변동성이 작게 나타나는 현상을 조정하기 위한 것이다.

공분산

모공분산

$$\sigma_{XY} = \frac{\sum_{i=1}^{N}(X_i - \mu_X)(Y_i - \mu_Y)}{N}$$

표본공분산

$$S_{XY} = \frac{\sum_{i=1}^{n}(X_i - \bar{X})(Y_i - \bar{Y})}{n-1}$$

* 표본공분산의 간편공식 $S_{XY} = \frac{1}{n-1}\left(\sum_{i=1}^{n} X_i Y_i - \frac{1}{n}\sum_{i=1}^{n} X_i \sum_{i=1}^{n} Y_i\right)$

공분산은 두 변수의 산점도가 보여주는 선형관계를 숫자로 요약한 것이다. 두 변수의 산점도는 각 변수의 평균을 사용하여 <그림 12.1>과 같이 I, II, III, IV 의 4개 영역으로 구분할 수 있다.

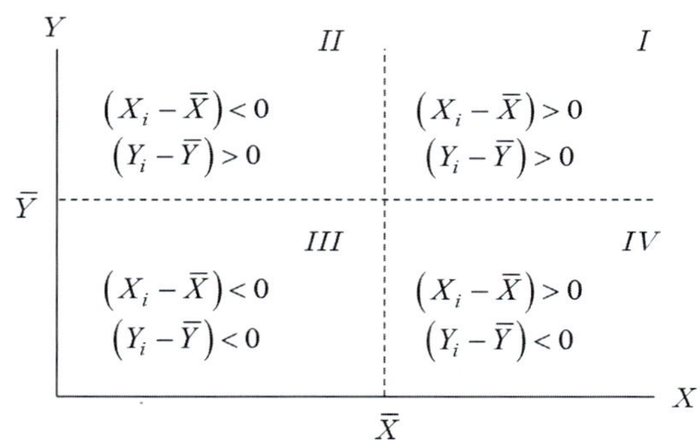

<그림12.1> 산점도의 영역 구분

이 그림에서 I과 III에 위치한 점은 두 변수의 관측값이 평균보다 모두 크거나 또는 모두 작아 각 변수의 관측값과 평균의 차이의 부호가 같으므로 이들의 곱 $(X_i - \bar{X})(Y_i - \bar{Y})$은 양수가 된다. II와 IV에 위치한 점은 한 변수의 관측값은 평균보다 크고 다른 변수의 관측값은 평균보다 작아서 관측값과 평균의 차이의 부호가 다르므로 이들의 곱 $(X_i - \bar{X})(Y_i - \bar{Y})$은 음수가 된다.

<그림 12.1>을 참고하여 다음 제시된 자료를 통해 구한 공분산과 두 정량자료의 상관관계를 그림으로 나타낸 산점도와 관계를 정(+)의 선형관계, 부(−)의 선형관계 및 선형관계가 없음에 대해 구체적으로 살펴본다.

1) 정(+)의 선형관계(공분산>0)

X_i	Y_i	$X_i-\bar{X}$	$Y_i-\bar{Y}$	$(X_i-\bar{X})(Y_i-\bar{Y})$
1	4	−2	−2.2	4.4
2	6	−1	−0.2	0.2
3	5	0	−1.2	0
4	7	1	0.8	0.8
5	9	2	2.8	5.6
$\bar{X}=3$	$\bar{Y}=6.2$			$S_{XY}=2.75$

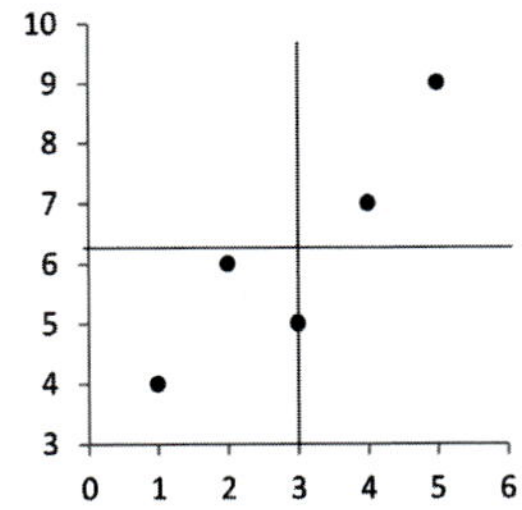

2) 부(−)의 선형관계(공분산<0)

X_i	Y_i	$X_i-\bar{X}$	$Y_i-\bar{Y}$	$(X_i-\bar{X})(Y_i-\bar{Y})$
1	8	−2	1.6	−3.2
2	8	−1	1.6	−1.6
3	7	0	0.6	0
4	5	1	−1.4	−1.4
5	4	2	−2.4	−4.8
$\bar{X}=3$	$\bar{Y}=6.4$			$S_{XY}=-2.75$

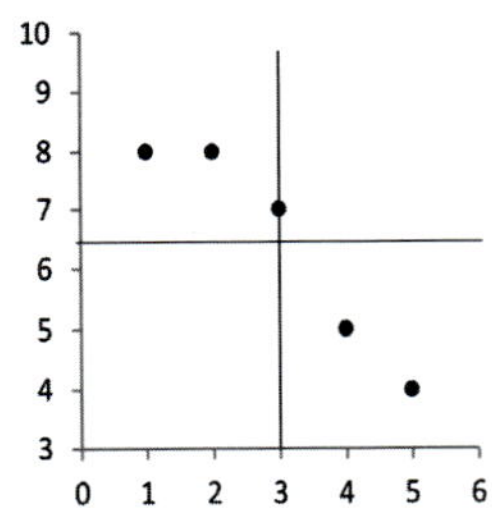

3) 선형관계 없음(공분산이 0에 가까움)

X_i	Y_i	$X_i-\bar{X}$	$Y_i-\bar{Y}$	$(X_i-\bar{X})(Y_i-\bar{Y})$
1	4	−2	−2.2	4.4
2	7	−1	0.8	−0.8
3	9	0	2.8	0
4	7	1	0.8	0.8
5	4	2	−2.2	−4.4
$\bar{X}=3$	$\bar{Y}=6.2$			$S_{XY}=0$

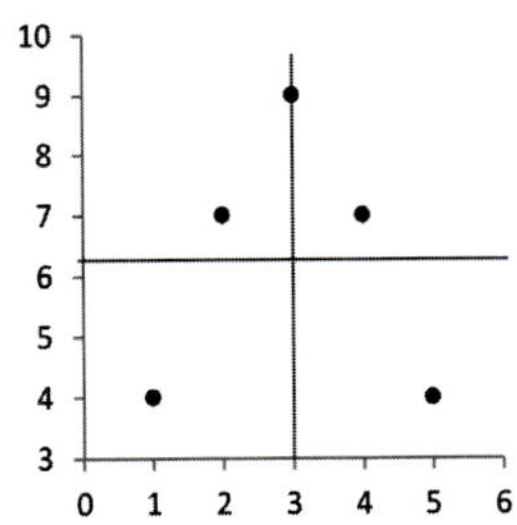

<그림12.2> 공분산의 해석

[예제 12.1] 자동차 영업사원의 경력과 판매량의 공분산

자동차 영업사원의 경력(단위: 년)과 판매량(단위: 대)을 나타낸 풀의의 자료에서 경력과 판매량의 공분산을 구하시오.

풀이

영업사원	경력(X)	판매량(Y)	XY
1	3	7	21
2	2	6	12
3	4	10	40
4	5	9	45
5	2	4	8
6	1	3	3
	17	39	129

$$S_{XY} = \frac{1}{n-1}\left(\sum_{i=1}^{n} X_i Y_i - \frac{1}{n}\sum_{i=1}^{n} X_i \sum_{i=1}^{n} Y_i\right) = \frac{1}{6-1}\left(129 - \frac{1}{6} \times 17 \times 39\right) = 3.7$$

판단: 공분산, 3.7>0이므로 (+)의 선형관계를 가짐.

12.1.2 상관계수

두 변수간의 선형관계의 형태는 강도와 방향으로 구분할 수 있다. 12.1.1의 <그림 12.2>에서 살펴본 산점도는 두 변수간의 선형관계의 강도를 완전(complete), 강(strong), 보통(moderate), 약(weak) 등의 4가지로 구분하고, 선형관계의 방향은 정(positive)과 부(negative)의 두 가지로 구분하였다.

선형관계의 방향은 공분산의 부호로 나타낼 수 있지만, 그 값은 관측값의 단위에 영향을 받기 때문에 공분산으로는 강도를 파악하기 어렵다. [예제 12.1]에서 1년을 단위로 측정한 경력과 판매량의 공분산은 3.7이지만, 같은 경력 자료에 12를 곱하여 단위를 1개월로 변경하면 공분산은 44.4가 된다.

같은 자료지만 공분산의 값이 측정단위에 따라 변한다는 것은 강도의 일관성을 보여주지 못한다는 증거이다. 또한 분산과 마찬가지로 공분산의 단위도 존재하지 않거나 의미가 없다.

두 변수의 공분산을 두 변수의 표준편차로 나누어 단위 문제도 해결하고 관계의 강도를 파악할 수 있다. 두 변수간의 공분산을 그 변수들의 표준편차의 곱으로 나눈 값을 상관계수(correlation coefficient)라고 하며 구하는 식은 다음과 같다

상관계수

모상관계수 $\rho = \frac{\sigma_{XY}}{\sigma_X \sigma_Y}$

표본상관계수 $r = \frac{S_{XY}}{S_X S_Y}$

위의 식으로 구한 상관계수는 -1과 +1사이의 값을 갖는다. 상관계수 -1은 완전한 부(-)의 선형관계를 나타내고 1은 완전한 정(+)의 선형관계를 나타내며 0은 선형관계가 없음을 나타낸다. 상관계수는 -1, 0, +1의 3개 값을 제외한 다른 값(예를 들어 -0.6, 0.3 등)을 정확하게 해석하기는 어렵지만 [표 12.1]과 같이 선형관계의 강도를 '강', '보통', '약'으로 구분하고, 선형관계의 방향을 '정'과 '부'로 구분하여 0.1~0.9 및 −0.1~−0.9의 상관계수를 해석할 수 있다.

<그림 12.3>은 [표 12.1]의 해석을 다시 나타낸 것이다. 또한 상관계수의 값 자체로는 정확한 의미를 부여하여 해석할 수 없기 때문에 상관계수의 제곱을 이용한다. 상관계수의 제곱을 결정계수(coefficient of determination)라고 하며, 이는 한 변수의 변동이 다른 변수의 변동을 설명하는 비율을 뜻한다.

상관계수는 두 변수간의 인과관계의 존재여부를 제공하는 것은 아니므로 해석에 유의하여야 할 것이다.

[표 12.1] 상관계수의 해석

상관계수	선형관계		
	강도	방향	해석
1.0	완전	정	완전한 정의 선형관계
0.9~0.7	강	정	강한 정의 선형관계
0.6~0.4	보통	정	(보통인) 정의 선형관계
0.3~0.1	약	정	약한 정의 선형관계
0.0	없음	없음	선형관계 없음
−0.1~−0.3	약	부	약한 부의 선형관계
−0.4~−0.6	보통	부	(보통인) 부의 선형관계
−0.7~−0.9	강	부	강한 부의 선형관계
−1.0	완전	부	완전한 부의 선형관계

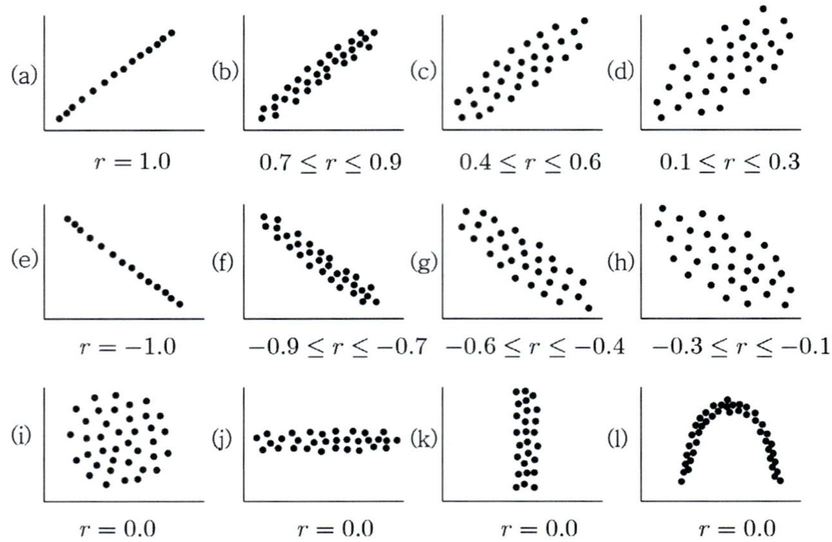

<그림 12.3> 상관계수와 산점도의 대응

[예제 12.2] 자동차 영업사원의 경력과 판매량의 상관계수

자동차 영업사원의 경력(단위: 년)과 판매량(단위: 대)을 나타낸 예제 12.1의 자료에서 경력과 판매량의 상관계수를 구하시오.

풀이

필요 통계량

1) 변수 X의 표준편차:

$$S_X = \sqrt{\frac{1}{n-1}\sum_{i=1}^{1}\left(X_i - \overline{X}\right)^2} = \sqrt{\frac{1}{5}\left((3-2.83)^2 + \cdots + (1-2.83)^2\right)} = 1.47$$

2) 변수 Y의 표준편차:

$$S_Y = \sqrt{\frac{1}{n-1}\sum_{i=1}^{1}\left(Y_i - \overline{Y}\right)^2} = \sqrt{\frac{1}{5}\left((7-6.5)^2 + \cdots + (3-6.5)^2\right)} = 2.74$$

3) 공분산: $S_{XY} = 3.7$

결론

상관계수: $r = S_{XY} / (S_X \cdot S_Y) = 3.7 / (1.47 \cdot 2.74) = 0.919$

해석: 자동차 판매원의 경력과 판매량의 상관계수는 0.9179이며 이는 경력과 판매량이 매우 강한 정의 선형관계를 가지고 있음을 보여준다.

표본회귀선의 추정

12.2.1 직선의 식

독립변수 X 와 종속변수 Y 간의 관계를 간단한 직선의 식 $Y=a+bX$ 로 나타낼 수 있다면 이 식으로 독립변수(X)의 값에 대응하는 종속변수(Y)의 값을 예측하거나 설명할 수 있다. <그림 12.4>의 (a)는 직선의 식 $Y=a+bX$ 을 그림으로 나타낸 것이다. 절편(intercept) a는 직선이 Y 축과 교차하는 위치의 Y 축 좌표이고, 기울기(slope) b는 X의 값이 한 단위 증가할 때 직선이 나타내는 Y 의 변화량이다.

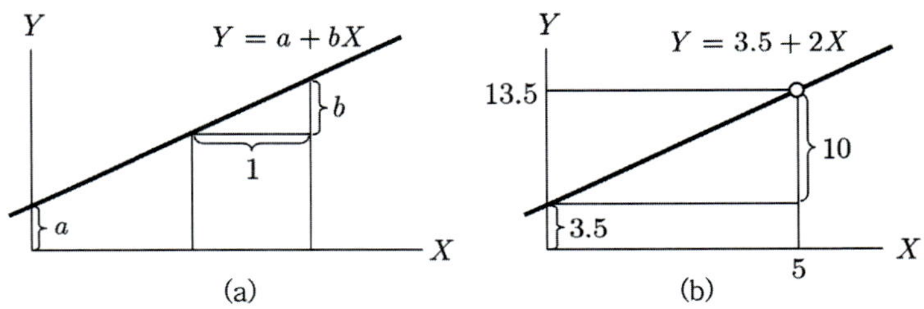

<그림 12.4> 직선의 식

여행사의 광고비(단위:천만원/월) X 와 매출액(단위:억원/월) Y 의 관계를 <그림 12.4> (b)의 직선의 식 $Y = 3.5 + 2X$ 로 나타낼 수 있다고 하자. 절편 3.5 는 광고비의 지출이 없을 때의 매출액이 3억5천만원임을 나타내며 기울기 2 는 광고비를 1천만원 증가할 때 매출액이 2억원 증가함을 나타낸다. 이 식을 사용하여 월간 광고비로 5 천만원을 지출할 경우의 매출액을 $Y = 3.5 + 2X = 3.5 + 2 \cdot 5 = 13.5$ (억원)로 예측할 수 있다.

12.2.2 표본회귀식과 표본회귀모형

실험 또는 관측으로 수집한 표본자료에서 독립변수 X 와 종속변수 Y 의 관계를 나타내는 직선의 식을 추정하고 이를 활용하는 통계적 방법을 단순선형회귀분석(simple linear regression analysis)이라 한다. 두 변수 X 와 Y 의 관계를 나타내기 위해 표본자료에서 구한 직선을 표본회귀선(sample regression line)이라 하고, 이 직선의 식을 표본회귀식(sample regression equation)이라 한다.

표본자료에 반영되어 있는 두 변수 X 와 Y 의 관련성은 1장에서 설명한 산점도로 나타낼 수 있다. 표본자료의 산점도가 <그림 12.5>의 (a)처럼 완전한 직선의 형태이면 표본회귀선은 (b)처럼 자료점들을 통과하는 직선으로 구할 수 있다. 이 직선의 식은 표본자료에 속한 임의의 두 점을 지나는 직선의 식으로 구할 수 있다.

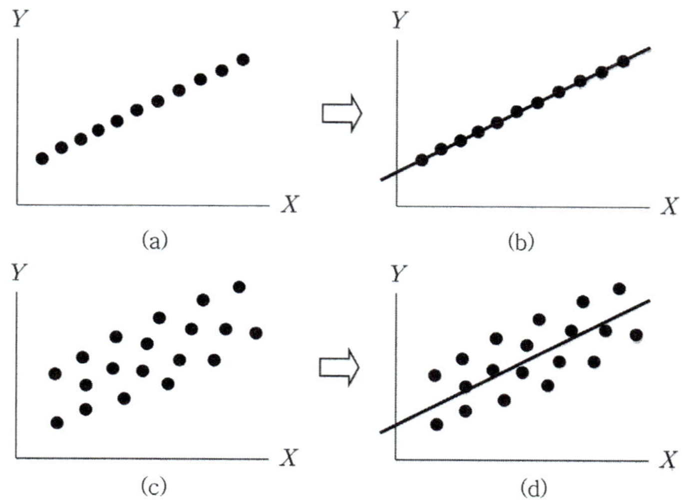

<그림 12.5> 산점도와 표본회귀선

[예제 12.3] 두 점을 지나는 표본회귀선의 식

두 점 (3,2), (8,4)을 지나는 표본회귀선의 식을 구하시오.

풀이

두 점 $(X_1, Y_1) = (3,2)$, $(X_2, Y_2) = (8,4)$을 지나는 직선의 기울기는

$$b = \frac{Y_2 - Y_1}{X_2 - X_1} = \frac{4-2}{8-3} = 0.4$$ 로 구할 수 있다.

기울기가 $b = 0.4$이고 점 $(X_1, Y_1) = (3,2)$을 지나는 표본회귀선의 식은

$$Y_i - Y_1 = b(X_i - X_1) \rightarrow Y_i - 2 = 0.4(X_i - 3) \Rightarrow Y_i = 0.8 + 0.4X_i$$ 이다.

그러나 표본자료의 산점도가 〈그림 12.5〉의 (c)처럼 점들이 흩어져 있는 경우에는 선택되는 두 점에 따라 직선의 기울기와 절편이 달라지기 때문에 (a)에서처럼 두 점을 지나는 직선의 식으로 표본회귀선을 구할 수 없다. 통계학자들은 (c)와 같은 산점도에서 각 자료점과 직선의 수직방향거리의 합이 가장 적은 그러한 직선을 표본회귀선으로 구하는 방법을 생각해냈다.

아래 <그림 12.6>에서 검은색 점은 관측된 자료점이고, 흰색 점은 수직방향거리의 기준이 되는 표본회귀선의 점이다. 검은색 점의 수평축 위치는 독립변수의 관측값(observed value) X_i이고 수직축 위치는 종속변수의 관측값 Y_i이다. 산점

도에서 구하려는 표본회귀선의 절편과 기울기를 a로 b와 나타내면 표본회귀식은 $\hat{Y}_i = a + bX_i$로 나타낼 수 있다.

여기서 종속변수의 값을 Y_i와 구별되는 $\hat{Y}_i$로 나타낸 것은 관측된 자료점의 위치가 표본회귀선과 다르기 때문이다. 표본회귀식으로 구한 종속변수의 값 $\hat{Y}_i$를 예측값(predicted value)이라 하며 관측값 Y_i와 예측값 $\hat{Y}_i$의 차이

$e_i = Y_i - \hat{Y}_i$을 잔차(residual)라고 한다.

<그림 12.6>은 i번째 자료점(=개체)의 종속변수의 관측값 Y_i, 예측값 $\hat{Y}_i$, 잔차 e_i 등을 나타낸 것이다. 표본회귀선보다 위쪽에 있는 자료점의 잔차는 양수이고, 아래쪽에 있는 자료점의 잔차는 음수이다. 따라서 단순하게 잔차를 더하면 음수와 양수가 상쇄되어 수직방향거리의 합을 나타내지 못한다. 잔차를 제곱하여 더하거나 또는 잔차의 절대값을 더하면 상쇄를 막을 수 있다.

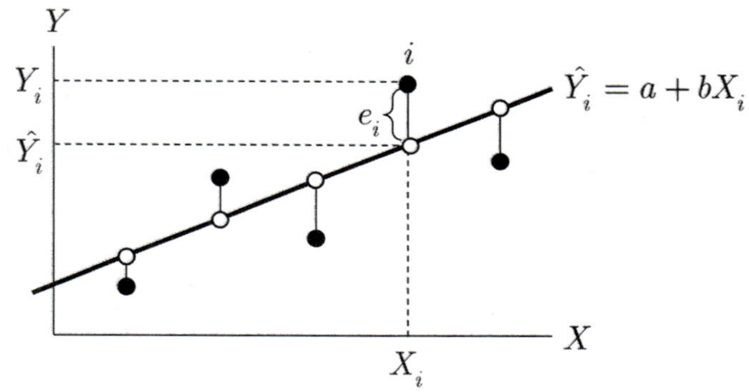

<그림 12.6> 자료점의 예측값과 잔차

독립변수의 관측값 X_i와 종속변수의 예측값 $\hat{Y}_1$의 관계를 나타내는 식을 회귀식(regression equation)이라 하며 독립변수의 관측값 X_i와 종속변수의 관측값 Y_i의 관계를 나타내는 식을 회귀모형(regression model)이라 한다. 잔차 e_i는 관측값 Y_i과 예측값, $\hat{Y}_i (= a + bX_i)$의 차이로 정의되므로 표본회귀모형(sample regression model)은 $Y_i = a + bX_i + e_i$로 나타낼 수 있다.

12.2.3 최소제곱법

산점도에서 표본회귀선을 구하는 방법으로 르장드르(Legendre)[3]가 제시한 최소제곱법(least squares method)은 모든 잔차 $e_1, e_2, \cdots, e_n$ 의 제곱합,

$\sum_{i=1}^{n} e_i^2 = e_1^2 + e_2^2 + \cdots + e_n^2$ 을 최소화하는 직선의 절편과 기울기를 구하는 방법이다.

최소제곱법으로 구한 직선을 최소제곱선(least squares line)이라 한다. 가우스(Gauss)[4]와 마코프(Markov)[5]는 몇 가지 가정을 전제로 한 후 최소제곱선이 표본회귀선으로 사용하기에 바람직함을 증명하였다.

최소제곱선의 기울기와 절편

모든 잔차의 제곱합을 최소화하는 직선의 기울기와 절편

기울기 $b = \dfrac{S_{XY}}{S_X^2}$ 절편 $a = \overline{Y} - b\overline{X}$

여기서 $S_{XY} = \sum_{i=1}^{n} (X_i - \overline{X})(Y_i - \overline{Y}) / (n-1)$	(X 와 Y 의 공분산)
$S_X^2 = \sum_{i=1}^{n} (X_i - \overline{X})^2 / (n-1)$	(X 의 분산)
$S_Y = \sqrt{S_Y^2} = \sqrt{\sum_{i=1}^{n} (Y_i - \overline{Y})^2 / (n-1)}$	(Y 의 표준편차)
$S_X = \sqrt{S_X^2}$	(X 의 표준편차)
$\overline{Y} = \sum_{i=1}^{n} Y_i / n$	(Y 의 평균)
$\overline{X} = \sum_{i=1}^{n} X_i / n$	(X 의 평균)

최소제곱선은 다음과 같은 몇 가지 특성을 가진다. 최소제곱선은 평균점, ($\overline{X}$, $\overline{Y}$)을 통과한다. 이러한 특성은 절편의 식 $a = \overline{Y} - b\overline{X}$ 을 보면 바로 알 수 있다. 최소제곱선으로 구한 예측값 $\hat{Y}_1$, $\hat{Y}_2, \cdots$, $\hat{Y}_n$ 의 평균은 종속변수의 평균 $\overline{Y}$ 와 같다. 각 자료점과 최소제곱선의 수직방향거리를 나타내는 잔차를 모두 더하면

3 르장드르(Adrien-Marie Legendre, 1752-1833)는 르장드르다항식(Legendre polynomial)으로 유명한 프랑스의 수학자이다. 1805 년 최소제곱법에 관한 논문을 발표하였으며 이 논문에서 최소제곱법이라는 용어를 처음 사용하였다.

4 가우스(Carl Friedrich Gauss, 1777-1855)는 정규분포(normal distribution)의 정립에 크게 기여하였고 최소제곱법(least squares method), 최대우도법(maximum likelihood method) 등의 이론에 기여한 독일의 수학자이다.

5 마코프(Andrey Markov, 1856-1922)는 마코프연쇄(Markov chain), 마코프과정(Markov process) 등으로 유명한 러시아의 수학자이다.

서로 상쇄되어 0이된다. 즉 $\sum_{i=1}^{n} e_i = 0$ 이다. 그리고 각 자료점의 독립변수 값과 잔차의 곱을 모두 더하여도 0이 된다. 즉 $\sum_{i=1}^{n} X_i e_i = 0$ 이다.

표본공분산 S_{XY} 와 표본분산 S_X^2 의 간편공식을 활용하면 표본회귀선의 기울기를 구하는데 필요한 계산을 줄일 수 있다.

참고: 표본공분산과 표본분산의 간편공식

$$표본공분산\ S_{XY} = \frac{1}{n-1}\left(\sum_{i=1}^{n} X_i Y_i - \frac{1}{n}\sum_{i=1}^{n} X_i \sum_{i=1}^{n} Y_i\right)$$

$$표본분산\ S_X^2 = \frac{1}{n-1}\left(\sum_{i=1}^{n} X_i^2 - \frac{1}{n}\left(\sum_{i=1}^{n} X_i\right)^2\right)$$

[예제 12.4] 여행사의 광고비와 매출액 (최소제곱법)

여행사협회의 L과장은 여행사가 지출하는 월간 광고비와 매출액의 관계를 파악하기 위해 6개 회원사를 무작위로 추출하여 광고비와 매출액을 조사하였다.

여행사	1	2	3	4	5	6
광고비(천만원), X	2	3	4	4	5	6
매출액(억원), Y	4	3	4	6	6	7

최소제곱법으로 표본회귀선을 구하고 기울기와 절편이 의미하는 바를 설명하시오. 표본회귀선을 표본자료의 산점도에 함께 나타내고 광고비를 3천5백만원 지출하는 여행사의 매출액을 예측하시오.

풀이

표본회귀선의 기울기와 절편을 구하기 위한 합계와 평균은 다음과 같이 구할 수 있다.

i	X_i	Y_i	X_i^2	X_iY_i
1	2	4	4	8
2	3	3	9	9
3	4	4	16	16
4	4	6	16	24
5	5	6	25	30
6	6	7	36	42
합계	24	30	106	129
평균	4	5		

* 필요 통계량

1) $S_{XY}=\frac{1}{n-1}\left(\sum_{i=1}^{n}X_iY_i-\frac{1}{n}\sum_{i=1}^{n}X_i\sum_{i=1}^{n}Y_i\right)=\frac{1}{6-1}\left(129-\frac{24\times30}{6}\right)=1.8$

2) $S_X^2=\frac{1}{n-1}\left(\sum_{i=1}^{n}X_i^2-\frac{1}{n}\left(\sum_{i=1}^{n}X_i\right)^2\right)=\frac{1}{6-1}\left(106-\frac{24^2}{6}\right)=2$

3) 표본회귀선의 기울기(b): $b=\frac{S_{XY}}{S_X^2}=\frac{1.8}{2}=0.9$

4) 절편(a): $a=\overline{Y}-b\overline{X}=5-0.9\cdot4=1.4$

이다.

결론1: 의미 해석

기울기 $b=0.9$ 는 광고비를 1 천만원 더 지출할 경우 매출액이 0.9 억원(= 9 천만원) 증가함을 나타낸다. 이러한 정보는 광고비 지출과 관련된 장기적인 계획수립에 사용될 수 있을 것이다. 절편 $a=1.4$ 는 광고비 지출이 0 일 때의 매출규모가 1.4 억원(= 1 억4 천만원)임을 나타낸다. 광고비를 지출하지 않는 여행사가 많을 경우에는 상관없지만 대부분의 여행사가 광고비를 지출하여 표본자료에 광고비 지출이 0 인 자료가 포함되어 있지 않은 경우에는 절편값의 해석이 비현실적일 수 있어 주의해야 한다.

결론2: 산점도 및 매출액 예측

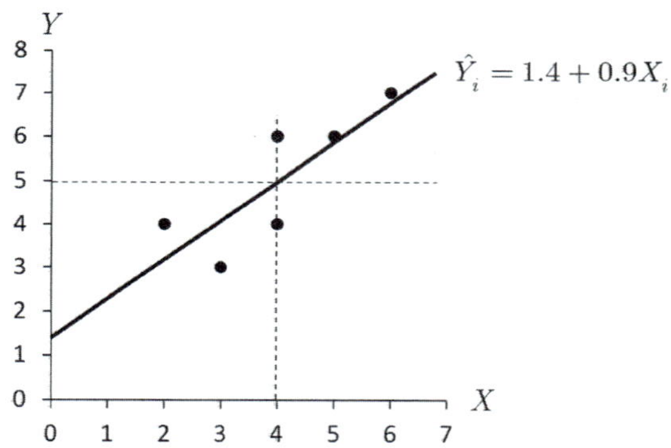

<그림 12.7> 산점도와 표본회귀선

독립변수의 값 $X_i=3.5$ 을 표본회귀식에 대입하면

$\hat{Y}_i=1.4+0.9X_i=1.4+0.9\cdot3.5=4.55$ 을 얻을 수 있다.

즉, 광고비를 3천5백만원 지출하는 여행사의 매출액은 4억5천5백만원으로 예측할 수 있다.

제3절 표본회귀선의 적합도

12.3.1 표본회귀선의 적합도

표본회귀선의 적합도(goodness of fit)는 표본의 자료점이 표본회귀선에 근접해 있는 정도를 나타낸다. <그림 12.8>에서 자료점이 직선에 강하게 근접해 있는 (a)의 적합도가 약하게 근접해 있는 (b)의 적합도보다 높다.

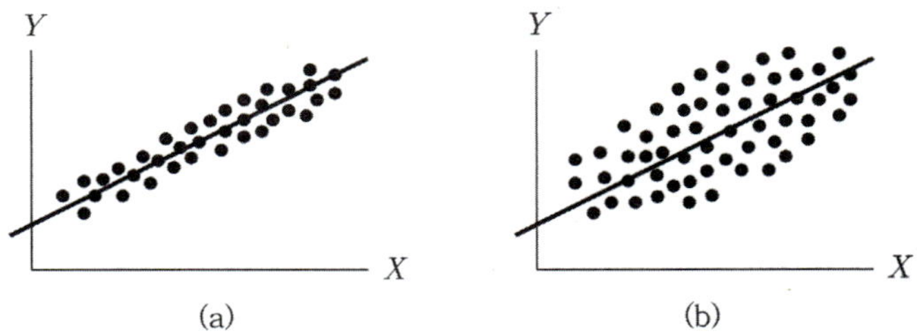

<그림 12.8> 표본회귀선의 적합도

종속변수의 값을 예측하려는 연구자는 (b)보다 (a)의 표본회귀선을 사용할 것이다. 즉 적합도는 표본회귀선을 비교하거나 평가하는 기준으로 사용할 수 있다.

12.3.1 오차제곱합

잔차(residual)는 최소제곱법으로 구한 표본회귀선과 각 자료점 사이의 수직방향 거리를 나타낸다. 회귀분석에서 잔차의 제곱합을 오차제곱합(sum of squares for error: SSE)이라 한다.

오차제곱합

$$SSE = \sum_{i=1}^{n} e_i^2 = \sum_{i=1}^{n} \left(Y_i - \hat{Y}_i \right)^2$$

자료점이 표본회귀선에 근접한 정도가 강할수록 오차제곱합(SSE)의 값은 0에 가까워지며 근접한 정도가 약할수록 SSE의 값은 커진다. 이러한 특성을 활용하여 오차제곱합(SSE)으로 표본회귀선의 적합도를 나타낼 수 있다.

[예제 12.5] 여행사의 광고비와 매출액 (표본회귀선의 오차제곱합)

예제 12.4에서 구한 표본회귀선의 오차제곱합 SSE를 구하시오.

풀이

표본회귀선($\hat{Y}_i = 1.4 + 0.9X_i$)으로 예측한 값 $\hat{Y}_i$, 잔차($e_i = Y_i - \hat{Y}_i$), 그리고 잔차의 제곱 e_i^2 등을 구하는 과정과 결과는 다음의 표로 나타낼 수 있다.

i	X_i	Y_i	$\hat{Y}_i$	e_i	e_i^2
1	2	4	3.2	0.8	0.64
2	3	3	4.1	-1.1	1.21
3	4	4	5.0	-1.0	1.00
4	4	6	5.0	1.0	1.00
5	5	6	5.9	0.1	0.01
6	6	7	6.8	0.2	0.04

결론

오차제곱합(SSE)

$$SSE = \sum_{i=1}^{n} e_i^2 = 0.64 + 1.21 + 1 + 1 + 0.01 + 0.04 = 3.9$$

오차제곱합(SSE)으로 두 표본회귀선의 적합도를 비교할 수는 있지만 하나의 표본회귀선의 적합도를 평가하기는 어렵다. 〈그림 12.8〉의 (a)의 SSE가 (b)의 SSE보다 작은 값을 나타낼 것이다. 이로부터 (a)의 적합도가 (b)의 적합도보다 높다는 판단을 할 수 있다. 그러나 예제 12.5에서 계산한 $SSE = 3.9$가 어느 정도의 적합도인지를 평가하기는 어렵다.

12.3.2 결정계수

한 표본회귀선의 적합도 평가에도 사용할 수 있는 지표로는 결정계수가 있다. 결정계수(coefficient of determination)는 종속변수 Y의 변동, $\sum_{i=1}^{n}(Y_i - \bar{Y})^2$에 대한 오차제곱합($SSE$)의 비율을 1에서 뺀 값으로 정의되며 R^2로 나타낸다.

결정계수

$$R^2 = 1 - \frac{SSE}{\sum_{i=1}^{n}(Y_i - \bar{Y})^2}$$

종속변수 Y 의 변동 $\sum_{i=1}^{n}\left(Y_i-\bar{Y}\right)^2$ 는 회귀분석에서 총제곱합(sum of squares for total: SST)이라 한다. <그림 12.9>에 나타낸 것처럼 총제곱합의 편차 $Y_i-\bar{Y}$ 는 예측값 $\hat{Y}_i$ 를 사용하여 $Y_i-\bar{Y}=\left(Y_i-\hat{Y}_i\right)+\left(\hat{Y}_i-\bar{Y}\right)$ 와 같이 두 부분으로 분해할 수 있다.

분해된 편차 중에서 $\hat{Y}_i-\bar{Y}$ 는 표본회귀선을 통해 독립변수의 편차 $X_i-\bar{X}$ 로 설명할 수 있는 부분이고, 나머지 $Y_i-\hat{Y}_i$ 는 잔차이다.

$X_i-\bar{X}$ 로 $Y_i-\hat{Y}_i$ 을 설명한다는 것은 독립변수의 변화에 종속변수의 변화를 대응시킨다는 것이지 독립변수의 변화가 원인으로 작용하고, 그 결과로 종속변수의 변화가 발생한다는 것은 아니다.

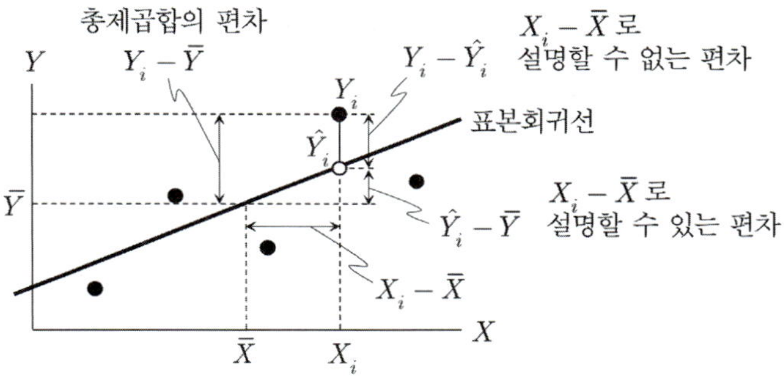

<그림 12.9> 편차 $Y_i-\bar{Y}$ 의 분해

독립변수의 변화 $X_i-\bar{X}$ 로 설명할 수 있는 종속변수의 변화 $\hat{Y}_i-\bar{Y}$ 의 제곱합을 회귀제곱합(sum of squares for regression: SSR)이라 한다.

회귀제곱합

$$SSR=\sum_{i=1}^{n}\left(\hat{Y}_i-\bar{Y}\right)^2$$

회귀제곱합(SSR), 오차제곱합(SSE), 총제곱합(SST)은 $SST=SSR+SSE$ 의 관계를 갖는다는 것은 <그림 12.9>를 통해 비교적 쉽게 증명할 수 있다. 이러한 관계를 활용하여 결정계수는 다음과 같이 나타낼 수 있다.

결정계수

$$R^2 = 1 - \frac{SSE}{SST} = \frac{SSR}{SST}$$

결정계수는 종속변수 Y의 변동(= 총제곱합 SST)에서 표본회귀선을 통해서 독립변수의 변동으로 설명할 수 있는 부분(= 회귀제곱합 SSR)의 비율로 해석할 수 있다. 이런 관점에서 결정계수는 표본회귀선의 설명력을 나타내는 지표라 할 수 있다. 회귀제곱합(SSR)은 총제곱합(SST)보다 작으므로 결정계수(R^2)는 0과 1사이의 값을 갖는다. 적합도가 낮아 오차제곱합 SSE가 클수록 상대적으로 SSR이 작아지고, 결정계수는 0에 가까워진다. 반대로 적합도가 높아 오차제곱합 SSE가 작을수록 상대적으로 SSR이 커지고 결정계수는 1에 가까워진다.

[예제 12.6] 여행사의 광고비와 매출액 (표본회귀선의 결정계수)

예제 12.4에서 구한 표본회귀선의 결정계수(R^2)을 구하고 의미를 해석하시오.

풀이

i	X_i	Y_i	$\hat{Y}_i$	$e_i = Y_i - \hat{Y}_i$	$\hat{Y}_i - \overline{Y}$
1	2	4	3.2	0.8	-1.8
2	3	3	4.1	-1.1	-0.9
3	4	4	5.0	-1.0	0
4	4	6	5.0	1.0	0
5	5	6	5.9	0.1	0.9
6	6	7	6.8	0.2	1.8

* 필요 통계량

1) $SSE = \sum_{i=1}^{n}(Y_i - \hat{Y}_i)^2 = 0.8^2 + \cdots + 0.2^2 = 3.9$

2) $SSR = \sum_{i=1}^{n}(\hat{Y}_i - \overline{Y})^2 = -1.8^2 + \cdots + 1.8^2 = 8.1 \quad * \overline{Y} = 5$

3) $SST = SSE + SSR = 3.9 + 8.1 = 12$

결론

→ 결정계수: $R^2 = 1 - \frac{SSE}{SST} = \frac{SSR}{SST} = \frac{8.9}{12} = 0.675$

결정계수(R^2) $= 0.675$는 매출액(Y, 억원)의 변동 중에서 광고비(X, 천만원)의 변동으로 설명되는 부분의 비율이 67.5%임을 보여준다.

12.3.3 결정계수와 상관계수

결정계수(R^2)은 종속변수의 변동 중에서 독립변수의 변동으로 설명할 수 있는 부분의 비율이며 독립변수의 종속변수에 대한 설명력을 나타낸다. 하나의 독립변수 X로 종속변수 Y을 설명하는 단순회귀분석의 결정계수 $R^2 = SSR / SST$는 두 변수 X와 Y의 상관계수($r = S_{XY} / (S_X S_Y)$)을 제곱한 값과 같다. 이는 상관계수의 제곱 r^2을 결정계수 R^2처럼 해석할 수 있다는 것이다.

상관계수에는 독립변수와 종속변수의 구분이 없으므로 상관계수의 제곱 r^2은 한 변수의 변동 중에서 다른 변수의 변동으로 설명할 수 있는 부분의 비율로 해석할 수 있다. 두 변수 X와 Y의 상관계수가 $r = 0.5$이면 상관계수의 제곱은 $r^2 = 0.25$이고 이는 X의 변동 중에서 Y의 변동으로 설명할 수 있는 부분이 25%이며 또한 Y의 변동 중에서 X의 변동으로 설명할 수 있는 부분도 25%임을 의미한다.

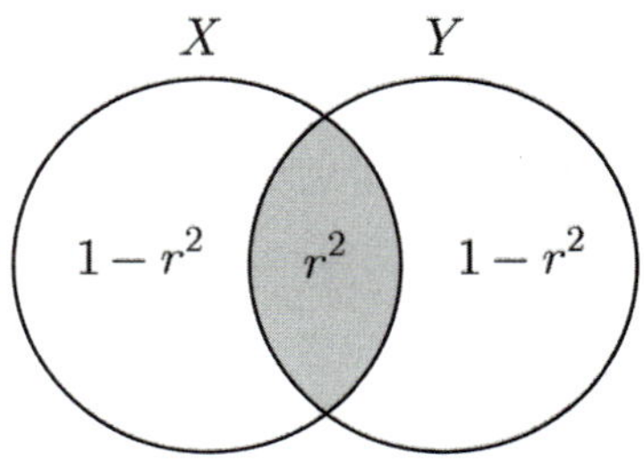

<그림 12.10> 상관계수의 제곱

상관계수의 제곱 r^2은 <그림 12.10>처럼 면적이 1인 두 원의 겹치는 부분의 면적으로 나타낼 수 있다. 이 그림에서 원의 면적 1은 표준화된 변수의 분산을 나타낸다. 겹치지 않는 부분의 면적 $1-r^2$은 한 변수의 변동 중에서 다른 변수의 변동으로 설명할 수 없는 부분의 비율을 나타낸다. 두 변수 X와 Y의 상관계수가 $r = 0.5$이면 $1 - r^2 = 0.75$이고 이는 X의 변동 중에서 Y의 변동으로 설명할 수 없는 부분이 75%이며 또한 Y의 변동 중에서 X의 변동으로 설명할 수 없는 부분도 75%임을 의미한다.

표본회귀선으로 예측한 값 $\hat{Y}$는 독립변수 X와 완전한 직선의 관계를 갖는다.

독립변수 X와 종속변수 Y의 상관계수, $r_{XY} = S_{XY} / (S_X S_Y)$은 표본회귀선으로 예측한 $\hat{Y}$와 종속변수 Y의 상관계수 $r_{\hat{Y}Y} = S_{\hat{Y}Y} / (S_{\hat{Y}} S_Y)$와 같다.

따라서 표본회귀선의 결정계수(R^2)는 예측값 $\hat{Y}$과 종속변수 Y의 상관계수($r_{\hat{Y}Y}$)를 제곱한 값과 같고, 또한 상관계수($r_{\hat{Y}Y}$)는 결정계수(R^2)의 부호부제곱근 $(\pm)\sqrt{R^2}$와 같다. 여기서 부호 ($\pm$)는 표본회귀선의 기울기 b의 부호와 같다.

제4절 모회귀계수에 관한 가설검정

12.4.1 모회귀식과 모회귀모형

관측으로 자료를 수집하는 경우, 표본은 실제로 관측을 수행한 일부 개체들을 나타내며 모집단은 관측의 대상이 되는 개체들의 전체를 말한다. 실험을 수행하는 경우 표본은 실제로 실험에 사용된 실험단위를 말하며 모집단은 실험을 무한 번 반복할 때의 실험단위 전체를 말한다. 독립변수 X와 종속변수 Y의 관계를 나타내기 위해 모집단자료에서 구한 직선을 모회귀선(population regression line)이라 하며 그 식을 모회귀식(population regression equation)이라 한다.

통계분석자가 실질적으로 알고 싶은 것은 모회귀식이다. 예제 12.3에서 L과장이 원하는 것은 여행사협회에 소속된 회원사 전체의 자료를 수집하고 광고비와 매출액의 관계를 나타내는 회귀선을 구하는 것이다. 그러나 대부분의 경우, 모집단자료의 수집이 어렵거나 불가능하며 현실적으로 알 수 있는 것은 표본자료에서 구한 표본회귀선이다.

모회귀선의 기울기는 표본회귀선의 기울기와 다를 수 있다. 절편도 마찬가지이다. 모회귀선의 절편과 기울기를 α와 β로 나타내면 모회귀식은 $\tilde{Y}_i = \alpha + \beta X_i$로 나타낼 수 있다.

여기서 $\tilde{Y}_i$은 모회귀식으로 구한 예측값이다.[6] <그림 12.11>에서 실선은 표본회귀선이고 점선은 모회귀선이다.

6 모회귀식으로 구한 예측값은 표본회귀식으로 구한 예측값 $\hat{Y}$와 구별되며 여기서는 $\tilde{Y}_i$로 나타낸다.

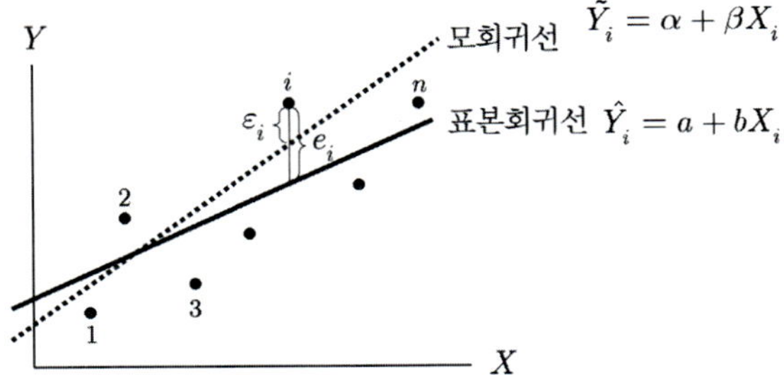

<그림 12.11> 잔차와 오차

표본의 각 자료점과 표본회귀선의 차이인 잔차(residual)는 $e_1, e_2, \cdots, e_n$ 로 나타내고, 표본의 각 자료점과 모회귀선과의 차이는 오차(error)라고 하며 $\varepsilon_1, \varepsilon_2, \cdots, \varepsilon_n$ 로 나타낸다. 관측값 Y_i과 표본회귀선으로 구한 예측값 $\hat{Y}_i (= a + bX_i)$의 차이로 정의되는 잔차$(e_i = Y_i - \hat{Y}_i)$ 로부터 표본회귀모형은 $Y_i = a + bX_i + e_i$ 로 나타낼 수 있다.

이와 유사하게 관측값 Y_i과 모회귀선으로 구한 예측값$(\tilde{Y}_i = \alpha + \beta X_i)$의 차이로 정의되는 오차$(\varepsilon_i = Y_i - \tilde{Y}_i)$로부터 모회귀모형(population regression model)은 $Y_i = \alpha + \beta X_i + \varepsilon_i$ 로 나타낼 수 있다.

이 식은 독립변수가 하나인 일차식이며 이를 나타내어 단순선형회귀모형(simple linear regression model)으로 부른다.

12.4.2 자료구조 및 가정

최소제곱법으로 구한 표본회귀선으로 모회귀선을 추정하거나 모회귀선에 관한 가설을 검정하기 위해서는 일정한 자료구조와 몇 가지 가정이 필요하다. 단순회귀분석에 적용할 수 있는 자료구조는 <그림 12.12>의 형태이다. 왼쪽은 모집단자료와 모회귀선을 나타낸 것이고, 오른쪽은 표본자료와 표본회귀선을 나타낸 것이다. 표본자료는 사전에 정해져 있는 독립변수의 값, $X_1, X_2, \cdots, X_n$ 에 상응하는 종속변수를 하나씩 무작위로 추출한 것이다. 즉, $(X_1, Y_1), (X_2, Y_2), \cdots, (X_n, Y_n)$ 을 무작위로 추출한 것이다.

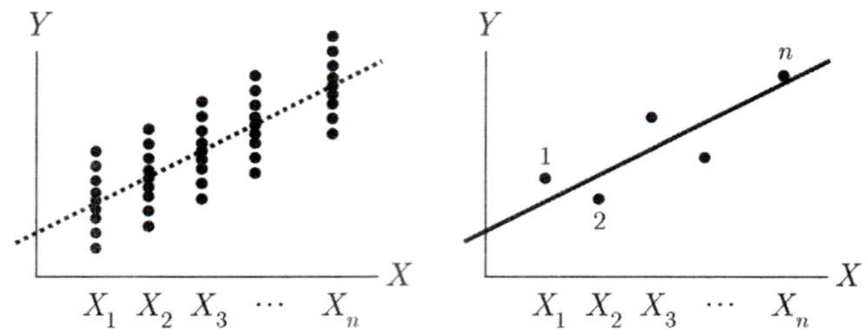

<그림12.12> 단순회귀분석의 자료구조

모회귀선을 추정하거나 모회귀선에 관한 가설을 검정하려면 오차, $\varepsilon_1, \varepsilon_2, \cdots, \varepsilon_n$의 확률분포에 관한 가정이 필요하다. 독립변수의 값($X_1, X_2, \cdots, X_n$)이 미리 정해져 있는 확정변수이므로 오차, $\varepsilon_1, \varepsilon_2, \cdots, \varepsilon_n$의 확률분포를 가정하면 된다.

단순선형회귀모형의 오차 ε_i에 대하여

1. 기대값이 모두 0이다.

   즉, $E(\varepsilon_1) = E(\varepsilon_2) = \cdots = E(\varepsilon_n) = 0$ 이다.

2. 등분산성(homoscedasticity): 분산은 σ_ε^2로 모두 같다.

   즉, $Var(\varepsilon_1) = Var(\varepsilon_2) = \cdots = Var(\varepsilon_n) = \sigma_\varepsilon^2$ 이다.

3. 독립성(independence): 오차, $\varepsilon_1, \varepsilon_2, \cdots, \varepsilon_n$는 서로 독립이다.

   즉, $Cov(\varepsilon_i, \varepsilon_j) = 0$ 이다.

4. 정규성(normality): 오차 $\varepsilon_1, \varepsilon_2, \cdots, \varepsilon_n$의 확률분포는 정규분포이다.

등을 가정하면 최소제곱법으로 구한 절편 a와 기울기 b는 모회귀선의 절편 α와 기울기 β에 대한 좋은 추정량으로서의 특성을 가지며 통계적 추론에 필요한 확률계산이 가능해진다.

표본자료에 적용하는 어떤 계산공식이 모수에 대한 좋은 추정량이 되려면 제8장에서 설명한 것처럼 불편성, 일치성, 상대효율성 등의 기준으로 평가하여 다른 계산공식보다 좋아야 한다. 또한 신뢰구간을 추정하거나 가설을 검정하려면 신뢰계수, 임계값, p값 등을 구하기 위한 확률계산이 가능해야 한다.

통계학자들은 오차, ε_i의 기대값이 0이며 등분산성, 독립성, 정규성 등을 만족할 때 최소제곱법으로 구한 a와 b가 불편성 및 일치성을 만족하며 불편성을 만족하는 추정량 중에서는 가장 분산이 작다는 것을 증명하였다. 또한 신뢰구간을 추정하거나 가설을 검정하기 위한 확률계산을 정규분포로 할 수 있다는 것도 증명

하였다. 또한 표본크기가 충분히 큰 경우에는 오차가 정규분포를 따르지 않더라도 통계적 추론에 필요한 확률계산을 할 수 있다.

12.4.3 기울기에 관한 가설검정 (F검정)

모회귀선의 기울기 β가 0이면 모회귀선이 수평선이 되므로 독립변수의 값(X_1, $X_2, \cdots, X_n$)에 대한 예측값($\tilde{Y}_1$, $\tilde{Y}_2, \cdots$, $\tilde{Y}_n$)이 모두 같아 $\tilde{Y}_1 = \tilde{Y}_2 = \cdots = \tilde{Y}_n$이 된다. 이는 모회귀선이 종속변수의 예측이나 설명에 아무런 도움도 주지 못함을 의미한다. 반면 모회귀선의 기울기 β가 0이 아니면 서로 다른 예측값($\tilde{Y}_1$, $\tilde{Y}_2, \cdots, \tilde{Y}_n$)을 얻어 $\tilde{Y}_1 \neq \tilde{Y}_2 \neq \cdots \neq \tilde{Y}_n$이 되며 이는 모회귀선이 종속변수의 예측이나 설명에 유용함을 의미한다.

모회귀선의 유용성에 관한 가설

$H_0 : \beta = 0$ ($\tilde{Y}_1 = \tilde{Y}_2 = \cdots = \tilde{Y}_n$, 모회귀선이 유용하지 못함)

$H_1 : \beta \neq 0$ ($\tilde{Y}_1 \neq \tilde{Y}_2 \neq \cdots \neq \tilde{Y}_n$, 모회귀선이 유용함)

모회귀선의 유용성에 관한 가설($H_0 : \beta = 0$, $H_1 : \beta \neq 0$)은 일원분산분석의 가설검정과 같은 방식으로 F 분포를 활용하여 검정할 수 있다. [표 12.2]는 단순회귀분석의 용어와 제11장에서 설명한 일원분산분석의 용어를 대응시킨 것이다.

[표 12.2] 단순회귀분석과 일원분산분석

단순회귀분석	일원분산분석
종속변수 Y	반응변수
독립변수 X	요인
종속변수의 관측값 Y_1, $Y_2, \cdots$, Y_n	반응변수의 관측값
독립변수의 값 X_1, $X_2, \cdots$, X_n	처리(요인수준)
종속변수의 평균 $\bar{Y}$	반응변수의 전체 표본평균
표본회귀선으로 구한 예측값 $\hat{Y}_1$, $\hat{Y}_2, \cdots$, $\hat{Y}_n$	반응변수의 처리 표본평균

이렇게 대응시킬 경우, 각 처리(요인수준)의 모평균은 모회귀선으로 구한 예측

값 $\tilde{Y}_1$, $\tilde{Y}_2, \cdots$, $\tilde{Y}_n$ 이 되며 일원분산분석의 가설은

$$H_0:\ \tilde{Y}_1 = \tilde{Y}_2 = \cdots = \tilde{Y}_n$$
$$H_1:\ \text{not}\ H_0$$

상기 귀무가설(H_0: $\tilde{Y}_1 = \tilde{Y}_2 = \cdots = \tilde{Y}_n$)은 회귀분석의 귀무가설($H_0$: $\beta = 0$)과 같다. 또한 대립가설(H_1: not H_0)은 예측값($\tilde{Y}_1$, $\tilde{Y}_2, \cdots$, $\tilde{Y}_n$) 중에서 적어도 하나는 다른 값을 의미하고, 이는 회귀분석의 대립가설(H_1: $\beta \neq 0$)와 같다.

일원분산분석의 처리제곱합(SSTR)은 반응변수의 처리 표본평균과 전체 표본평균의 편차의 제곱합으로 정의되며 오차제곱합(SSE)은 반응변수의 관측값과 처리 표본평균의 편차의 제곱하으로 정의된다.

[표 12.3]의 내용으로 각 요소들을 대응시키면 회귀분석에서 예측값($\hat{Y}_i$)와 평균($\bar{Y}$)의 편차 제곱합, $\sum_{i=1}^{n}\left(\hat{Y}_i - \bar{Y}\right)^2$ 로 정의되는 회귀제곱합(SSR)은 분산분석의 처리제곱합(SSTR)에 대응되고, 관측값(Y_i)와 예측값($\hat{Y}_i$)의 편차 제곱합, $\sum_{i=1}^{n}\left(Y_i - \hat{Y}_i\right)^2$ 로 정의되는 오차제곱합(SSE)는 분산분석의 오차제곱합(SSE)에 대응된다.

회귀제곱합(SSR)에서 제곱한 편차 $\hat{Y}_i - \bar{Y}$ 의 수는 n 개이지만 모든 예측값($\hat{Y}_i$)은 하나의 표본회귀선으로 구한 것이다. 표본회귀선과 관련된 자유도는 절편과 기울기에 대응되는 2 이며 편차 $\hat{Y}_i - \bar{Y}$ 에 관한 하나의 제약조건

$$\left(\hat{Y}_1 - \bar{Y}\right) + \left(\hat{Y}_2 - \bar{Y}\right) + \cdots + \left(\hat{Y}_n - \bar{Y}\right) = 0$$

로 회귀제곱합(SSR)의 자유도(2-1)는 1 이 된다.

오차제곱합(SSE)에서 제곱한 편차 $Y_i - \hat{Y}_i$ 의 수는 n 개이고 편차 $Y_i - \hat{Y}_i$ 에 관한 두 개의 제약조건

$$\left(Y_1 - \hat{Y}_1\right) + \left(Y_2 - \hat{Y}_2\right) + \cdots + \left(Y_n - \hat{Y}_n\right) = 0$$
$$X_1\left(Y_1 - \hat{Y}_1\right) + X_2\left(Y_2 - \hat{Y}_2\right) + \cdots + X_n\left(Y_n - \hat{Y}_n\right) = 0$$

로 오차제곱합(SSE)의 자유도는 $n-2$ 이다.

제곱합을 자유도로 나눈 값을 평균제곱(mean squares)이라 한다. 회귀평균제곱(mean squares for regression: MSR)은 회귀제곱합(SSR)을 자유도 1로 나눈 값이고, 오차평균제곱(mean squares for error: MSE)은 오차제곱합(SSE)을 자유도 $n-2$로 나눈 값이다.

평균제곱 (단순회귀분석)

$$MSR = \frac{SSR}{1} \qquad MSE = \frac{SSE}{n-2}$$

모회귀선의 예측유용성에 관한 양측가설(H_0: $\beta = 0$, H_1: $\beta \neq 0$)은 오차평균제곱 MSE에 대한 회귀평균제곱 MSR의 비율을 검정통계량으로 사용하여 검정할 수 있다.

검정통계량 (단순회귀분석)

$$F_o = \frac{MSR}{MSE}$$

모회귀선의 예측유용성에 관한 양측가설의 검정통계량은 제곱합, 자유도, 평균제곱 등과 함께 [표 12.3]의 분산분석표(ANOVA table)로 나타낼 수 있다.

[표 12.3] 단순회귀분석의 분산분석표

	제곱합	자유도	평균제곱	검정통계량
회귀	SSR	1	$MSR = SSR$	$F_o = \frac{MSR}{MSE}$
오차	SSE	$n-2$	$MSE = \frac{SSE}{n-2}$	
전체	SST	$n-1$		

이 표에서 SST는 관측값(Y_i)와 평균($\bar{Y}$)의 편차 제곱합 $\sum_{i=1}^{n}(Y_i - \bar{Y})^2$로 정의되는 총제곱합(sum of squares for total: SST)이다. 총제곱합 SST에서 제곱한 편차 $Y_i - \bar{Y}$의 수는 n개이고 편차 $Y_i - \bar{Y}$에 관한 한 개의 제약조건

$$(Y_1 - \bar{Y}) + (Y_2 - \bar{Y}) + \cdots + (Y_n - \bar{Y}) = 0$$

로 총제곱합(SST)의 자유도는 $n-1$이다.

총제곱합의 분해 (단순회귀분석)

$$SST = SSR + SSE$$

[표 12.4]은 모회귀선의 예측유용성을 검정하기 위한 가설, 검정통계량, 검정통계량의 확률분포, 기각영역, p값 등을 나타낸 것이다.

[표 12.4] 모회귀선의 예측유용성 검정

	모회귀선의 유용성 검정
가설	$H_0 : \beta = 0,\ H_1 : \beta \neq 0$
검정통계량	$F_o = MSR / MSE$
검정통계량의 확률분포	자유도($r_1 = 1$, $r_2 = n-2$)의 F 분포
기각영역	$F > F_{\alpha;1,n-2}$
p값	$P(F > F_o)$

[예제 12.7] 여행사의 광고비와 매출액 (모회귀선의 예측유용성 검정)

예제 12.4에서 표본회귀선의 식을 활용하여 광고비로 매출액을 예측하는 것이 유용한가를 신뢰수준 95%에서 F 분포를 활용하여 검정하시오.

풀이

1. 가설

$H_0 : \beta = 0$ (모회귀선이 예측에 유용하지 못함)

$H_1 : \beta \neq 0$ (모회귀선이 예측에 유용함)

2. 필요 통계량(앞선 예제 통계량 인용)

1) $SSR = 8.1$, $SSE = 3.9$, $SST = 12$, $n = 6$

2) $MSR = SSR / 1 = 8.1$, $MSE = SSE / (n-2) = 3.9 / 4 = 0.975$

3) $F_o = MSR / MSE = 8.1 / 0.975 = 8.3077$

* 단순회귀분석의 분산분석표

	제곱합	자유도	평균제곱	검정통계량
회귀	8.1	1	8.1	8.3077
오차	3.9	4	0.975	
전체	12.0	5		

4) 임계값($\alpha = 0.05$): $F_{\alpha;1,n-2} = F_{0.05;1,4} = 7.71$ * F.INV(0.95,1,4)

결론

기각영역은 $F_o > 7.71$ 이다. 검정통계량의 관측값($F_o = 8.3077$)이 기각영역에 속하므로 표본자료는 귀무가설을 기각할 수 있는 충분한 증거라 할 수 있다. 즉 모회귀선의 예측에 유용하다고 주장할 수 있다. 검정통계량은 자유도($r_1 = 1$, $r_2 = 4$)의 F 분포이므로 p값은 0.0449로 0.0449<0.050이므로 표본자료를 통한 귀무가설을 기각할 수 있는 증거가 있음을 의미한다.

p값: $P(F > F_0) = P(F > 8.3077) = 1 - F.DIST(8.3077,1,4,1) = 0.0449$

12.4.4 기울기에 관한 가설검정 (t검정)

모회귀선의 기울기 β에 관하여 t분포를 활용하여 통계적으로 검정할 수 있는 가설은 다음과 같이 나타낼 수 있다.

기울기 β에 관한 가설 (β^0는 임의의 실수)

1) $H_0 : \beta \le \beta^o$, $H_1 : \beta > \beta^0$ (우측가설)

2) $H_0 : \beta \ge \beta^0$, $H_1 : \beta < \beta^0$ (좌측가설)

3) $H_0 : \beta = \beta^0$, $H_1 : \beta \ne \beta^0$ ($\Leftrightarrow$ $\beta > \beta^0$ or $\beta < \beta^0$) (양측가설)

모회귀선의 유용성에 관한 양측가설($H_0 : \beta = 0, H_1 : \beta \ne 0$)은 F 분포로 검정할 수도 있지만 t 분포로 검정할 수도 있다. 예제 12.4와 관련하여 새로 창업한 여행사가 광고비로 1천만원을 지출할 경우, 매출액이 1억 이상 증가한다는 강력한 증거가 없는 한 광고비를 지출하지 않기로 했다고 하자. 이 여행사의 광고비 지출여부에 관한 의사결정을 위한 가설은 아래와 같이 우측가설로 나타낼 수 있다.

$H_0 : \beta \le 1$ (광고비 1천만원으로 증가시킬 수 있는 매출액은 1억보다 작다)

$H_1 : \beta > 1$ (광고비 1천만원으로 증가시킬 수 있는 매출액은 1억보다 크다)

모회귀식의 개별 기울기 β에 관한 양측가설, 좌측가설, 우측가설 등은 제9장에서 설명한 모평균 μ에 관한 가설검정과 유사하게 t 분포를 활용하여 검정할 수 있다.

모회귀선의 기울기 β에 대한 가장 좋은 근사값은 표본에서 최소제곱법으로 구한 기울기 b이고, 이 값의 표준오차는

$$S_b = \frac{S_\varepsilon}{\sqrt{(n-1)S_X^2}} \text{ 이다.}$$

여기서 $S_\varepsilon = \sqrt{MSE} = \sqrt{SSE/(n-2)}$ 는 회귀표준오차추정치

$S_X^2 = \sum_{i=1}^{n}(X_i - \bar{X})^2 /(n-1)$ 는 독립변수 X 의 표본분산

$(n-1)S_X^2 = \sum_{i=1}^{n}(X_i - \bar{X})^2$ 는 독립변수 X 의 표본변동크기

β에 관한 가설의 검정통계량은

$t_o = \dfrac{b-\beta^0}{S_b}$ 로 나타낼 수 있다.

표본자료로 수집된 관측값의 오차, $\varepsilon_1, \varepsilon_2, \cdots, \varepsilon_n$에 대하여 각각의 확률분포가 평균이 0인 정규분포이고, 분산이 σ_ε^2로 모두 같으며 서로 독립임을 가정하면 검정통계량 $t_o = (b-\beta^0)/S_b$에 대하여 자유도 $n-2$의 t분포를 이용, 확률계산을 할 수 있다.

[표 12.5]는 모회귀선의 기울기 β에 관한 가설검정의 기각영역과 p값을 나타낸 것이다. 이 표에서 임계값은 t분포표에서 찾거나 또는 Excel함수, T.INV로 구할 수 있으며 p값은 Excel함수, T.DIST로 구할 수 있다.

[표 12.5] 모회귀선의 기울기 β에 관한 가설검정의 기각영역과 p값

	우측검정	좌측검정	양측검정
귀무가설 H_0 대립가설 H_1	$\beta \le \beta^0$ $\beta > \beta^0$	$\beta \ge \beta^0$ $\beta < \beta^0$	$\beta = \beta^0$ $\beta \ne \beta^0$
기각영역	$t > t_{\alpha;n-2}$	$t < -t_{\alpha;n-2}$	$t < -t_{\alpha/2;n-2}$, $t > t_{\alpha/2;n-2}$
P값	$P(t > t_0)$	$P(t < t_0)$	$2 \times P(t > \lvert t_0 \rvert)$

t : 자유도 $n-2$의 t확률변수

$t_{\alpha;n-2}$와 $t_{\alpha/2;n-2}$: 검정통계량의 임계값, 자유도 $n-2$의 t분포곡선과 수평축 사이에서 이 값의 오른쪽 면적이 α와 $\alpha/2$인 t값

t_o : 검정통계량의 관측값

[예제 12.8] 여행사의 광고비와 매출액 (모회귀선의 예측유용성 검정)

예제 12.4에서 표본회귀직선의 식을 활용하여 광고비로 매출액을 예측하는 것이 유용한가를 신뢰수준 95%에서 t분포를 활용하여 검정하시오.

풀이

1. 가설(광고비로 매출액을 예측하기 위한 모회귀선의 예측유용성에 대한 양측가설)

$H_0 : \beta = 0$ (모회귀선이 예측에 유용하지 못함)

$H_1 : \beta \neq 0$ (모회귀선이 예측에 유용함)

2. 필요 통계량(앞선 예제 통계량 인용)

1) $MSE = 0.975$. $\rightarrow$ $S_\varepsilon = \sqrt{MSE} = \sqrt{0.975} = 0.9874$

2) $b = 0.9$, $S_X^2 = 2$, $n = 6$ $\rightarrow$ $S_b = \dfrac{S_\varepsilon}{\sqrt{(n-1)S_X^2}} = \dfrac{0.9874}{\sqrt{(6-1)2}} = 0.3122$

3) 관측값

$$t_o = \frac{b - \beta^0}{S_b} = \frac{0.9 - 0}{0.3122} = 2.88$$

4) 임계값($\alpha = 0.05$), 양측검정

$$t_{\alpha/2;n-2} = t_{0.025;4} = 2.7765, \quad -t_{\alpha/2;n-2} = -t_{0.025;4} = -2.7765$$

결론

기각영역은 $t < -2.7765$, $t > 2.7765$ 이다. 관측값($t_o = 2.88$)이 기각영역에 속하므로 표본자료는 귀무가설을 기각할 수 있는 증거라 할 수 있다. 즉, 모회귀선이 예측에 유용하다고 주장할 수 있다. 또한 관측값에 대한 자유도 $r = 4$ 의 t 분포이므로 p값이 0.0225이고, 0.0225<0.025 또는 0.045(=0.0225*2)<0.05이므로 표본자료가 귀무가설의 기각을 지지하는 증거임을 의미한다.

$$2 \times P(t > |t_0|) = 2 \times P(t > 2.88) = 2 \cdot (1 - T.DIST(2.88, 4, 1)) = 0.045$$

[예제 12.9] 여행사의 광고비와 매출액 (광고비의 효과에 관한 판단)

새로 창업한 K여행사는 광고비 1천만원으로 매출액이 1억 이상 증가한다는 강력한 증거가 없는 한 광고비를 지출하지 않기로 했다. 예제 12.4의 표본자료를 근거로 신뢰수준 95%에서 광고비의 지출여부를 통계적으로 판단하시오.

풀이

1. 가설(K여행사의 광고비 지출여부에 관한 의사결정을 위한 우측가설)

$H_0 : \beta \leq 1$ (광고비 1천만원으로 증가시킬 수 있는 매출액은 1억보다 작다)

$H_1 : \beta > 1$ (광고비 1천만원으로 증가시킬 수 있는 매출액은 1억보다 크다)

2. 필요 통계량

1) 관측값

$$t_o = \frac{b - \beta^0}{S_b} = \frac{0.9 - 1}{0.3122} = -0.3203$$

2) 임계값($\alpha = 0.05$), 우측검정

$$t_{\alpha;n-2} = t_{0.05;4} = 2.1318$$

기각영역은 $t > 2.1318$ 이다. 관측값($t_o = -0.3203$)이 기각영역에 속하지 않으므로 표본자료는 귀무가설을 기각할 수 있는 증거라 할 수 없다. 즉 표본자료를 근거로 사용하여 광고비 1천만원으로 증가시킬 수 있는 매출액이 1억보다 크다고 주장할 수 없다.

또한 관측값에 대한 자유도 $r = 4$ 의 t 분포이므로 p값이 0.6176이고, 0.6176>0.05이므로 표본자료가 귀무가설의 기각을 지지하는 강한 증거임을 의미한다.

$$P(t > t_0) = P(t > -0.3203) = 1 - T.DIST(-0.3203, 4, 1) = 0.6176$$

12.4.5 절편에 관한 가설검정

모회귀선의 절편 α 에 관하여 통계적으로 검정할 수 있는 가설은 다음과 같이 나타낼 수 있다.

기울기 α에 관한 가설 (α^0는 임의의 실수)

1) $H_0 : \alpha \le \alpha^0,\ H_1 : \alpha > \alpha^0$ (우측가설)

2) $H_0 : \alpha \ge \alpha^0,\ H_1 : \alpha < \alpha^0$ (좌측가설)

3) $H_0 : \alpha = \alpha^0,\ H_1 : \alpha \ne \alpha^0$ ($\Leftrightarrow$ $\alpha > \alpha^0$ or $\alpha < \alpha^0$) (양측가설)

절편은 독립변수의 값이 0일 때의 종속변수의 값으로 해석할 수 있다. 이러한 해석이 비현실적인 경우라 하더라도 절편은 회귀선의 적합도를 높여주는 역할을 할 수 있어 일반적으로 기울기와 함께 추정한다.

절편 α 에 관한 양측가설, 좌측가설, 우측가설 또한 앞에서 기울기의 가설검정과 유사하게 t 분포를 활용하여 검정할 수 있다. 모회귀선의 절편 α 에 대한 가장 좋은 근사값은 표본에서 최소제곱법으로 구한 절편 a 이고 이 값의 표준오차는

$$S_a = \sqrt{\frac{S_\varepsilon^2}{n} + \bar{X}^2 S_b^2}$$

여기서 $S_\varepsilon = \sqrt{MSE} = \sqrt{SSE/(n-2)}$ 는 회귀표준오차

S_b 는 기울기 b 의 표준오차추정치

$\bar{X}$ 는 독립변수 X 의 평균

로 추정할 수 있다. 절편 α 에 관한 가설의 검정통계량은

$t_o = \dfrac{a - \alpha^0}{S_a}$ 로 나타낼 수 있다.

표본자료로 수집된 관측값의 오차, $\varepsilon_1, \varepsilon_2, \cdots, \varepsilon_n$ 에 대하여 각각의 확률분포가 평균이 0인 정규분포이고, 분산이 σ_ε^2 로 모두 같으며 서로 독립임을 가정하면 검

정통계량 $t_o = (a - \alpha^0) / S_a$ 와 관련된 확률을 자유도 $n-2$ 의 t 분포로 계산할 수 있다.

[표 12.6]는 모회귀선의 절편 α에 관한 가설검정의 기각영역과 p값을 나타낸 것이다.

[표 12.6] 모회귀선의 절편 α에 관한 가설검정의 기각영역과 p값

	우측검정	좌측검정	양측검정
귀무가설, H_0	$\alpha \le \alpha^0$	$\alpha \ge \alpha^0$	$\alpha = \alpha^0$
대립가설, H_1	$\alpha > \alpha^0$	$\alpha < \alpha^0$	$\alpha \ne \alpha^0$
기각영역	$t > t_{\alpha;n-2}$	$t < -t_{\alpha;n-2}$	$t < -t_{\alpha/2;n-2}$, $t > t_{\alpha/2;n-2}$
P값	$P(t > t_o)$	$P(t < t_o)$	$2 \times P(t > \lvert t_o \rvert)$

t : 자유도 $n-2$ 의 t 확률변수

$t_{\alpha;n-2}$ 와 $t_{\alpha/2;n-2}$: 검정통계량의 임계값, 자유도 $n-2$ 의 t 분포곡선과 수평축 사이에서 이 값의 오른쪽 면적이 α 와 $\alpha/2$ 인 t 값

t_o : 검정통계량의 관측값

[예제 12.10] 여행사의 광고비와 매출액 (절편에 관한 가설검정)

예제 12.8에서 광고비로 매출액을 예측하기 위한 회귀선의 절편 0이라는 귀무가설을 신뢰수준 95%에서 검정하시오.

풀이

1. 가설

$$H_0 : \alpha = 0$$

$$H_1 : \alpha \ne 0$$

2. 필요 통계량

1) $n = 6$, $\bar{X} = 4$, $S_\varepsilon = 0.9874$, $S_b = 0.3122$

2) $S_a = \sqrt{\frac{S_\varepsilon^2}{n} + \bar{X}^2 S_b^2} = \sqrt{\frac{0.9874^2}{6} + 4^2 \times 0.3122^2} = 1.3122$

3) 관측값

$$t_o = \frac{a - \alpha^0}{S_a} = \frac{1.4 - 0}{1.3122} = 1.067$$

4) 임계값 : $\alpha = 0.05$, 양측검정

$$t_{\alpha/2;n-2} = t_{0.025;4} = 2.7765,\ -t_{\alpha/2;n-2} = -t_{0.025;4} = -2.7765$$

결론

기각영역은 $t < -2.7765$, $t > 2.7765$ 이다. 관측값($t_o = 1.067$)이 기각영역에 속하지 않으므로 표본자료는 귀무가설을 기각할 수 있는 충분한 증거라 할 수 없다.

또한 관측값은 자유도 $r = 4$ 의 t 분포이므로 p값이 0.173이고, 0.173>0.025 또는 2*0.173>0.05이므로 표본자료를 귀무가설의 기각을 지지하는 증거로 볼 수 없음을 의미한다.

$$2 \times P(t > |t_0|) = 2 \times P(t > 1.067) = 2 \cdot (1 - T.DIST(1.067, 4, 1)) = 0.346$$

제5절 모회귀계수의 구간추정

12.5.1 기울기의 신뢰구간

모회귀선의 기울기 β의 $100(1-\alpha)\%$ 신뢰구간은 신뢰하한과 신뢰상한 사이에 기울기 β가 속해 있다고 믿을 수 있는 정도가 $100(1-\alpha)\%$ 임을 의미하며 이는 P(신뢰하한$\le \mu \le$신뢰상한)$= 1-\alpha$ 로 나타낼 수 있다.

표본회귀선의 기울기 b에 관한 공식, $t = \dfrac{b-\beta}{S_b}$ * 자유도($n-2$)의 t 분포

$$P\left(-t_{\alpha/2;n-2} \le \frac{b-\beta}{S_b} \le t_{\alpha/2;n-2}\right) = 1-\alpha \text{ 이고,}$$

이를 β을 기준으로 정리하면

$$P\left(b - t_{\alpha/2;n-2} \cdot S_b \le \beta \le b + t_{\alpha/2;n-2} \cdot S_b\right) = 1-\alpha$$

이 식으로부터 기울기 β 의 신뢰하한과 신뢰상한을 표본에서 구할 수 있는 공식을 얻을 수 있다.

기울기 β의 $100(1-\alpha)\%$ 신뢰구간

$$\text{신뢰하한} = b - t_{\alpha/2;n-2} \cdot S_b, \quad \text{신뢰상한} = b + t_{\alpha/2;n-2} \cdot S_b$$

$$\text{여기서} \quad S_b = \frac{S_\varepsilon}{\sqrt{(n-1)S_X^2}}$$

참고: 기울기 β 의 신뢰구간은 β 에 관한 양측가설($H_0 : \beta = \beta^0$, $H_1 : \beta \neq \beta^0$)을 검정하는데 사용할 수 있다. $100(1-\alpha)\%$ 의 신뢰하한과 신뢰상한 사이에 가설의 모수값 β^0 가 포함되어 있지 않으면 유의수준(α)에서 귀무가설(H_0: $\beta = \beta^0$)을 기각한다.

[예제 12.11] 여행사의 광고비와 매출액 (기울기의 신뢰구간)

예제 12.4에서 광고비로 매출액을 예측하기 위한 모회귀선의 기울기에 관한 신뢰수준 95%의 신뢰구간을 구하고, 이를 활용하여 기울기가 0이라는 귀무가설을 유의수준, 0.05에서 검정하시오.

풀이

1. 필요 통계량
   1) $b = 0.9$, $S_b = 0.3122$ (예제 12.4), $n = 6$
   2) 신뢰계수($\alpha = 0.05$): $t_{\alpha/2;n-2} = t_{0.025;4} = 2.7765$
   3) 오차한계(error margin): $t_{\alpha/2;n-2} \cdot S_b = 2.7765 \cdot 0.3122 = 0.867$
2. 신뢰하한과 상한 : $b \mp$ 오차한계 $= 0.9 \mp 0.867$

   → 신뢰하한 $= 0.033$, → 신뢰상한 $= 1.767$.

결론

이 신뢰구간에 0이 속하지 않으므로 기울기가 0이라는 귀무가설은 유의수준, 0.05에서 기각할 수 있다.

12.5.2 절편의 신뢰구간

표본회귀선의 절편 a에 관한 공식, $(a-\alpha)/S_a$은 자유도 $n-2$의 t분포를 따르며 이러한 특성으로부터 모회귀선의 절편 α에 관한 $100(1-\alpha)\%$ 신뢰구간의 공식을 구할 수 있다.

절편 α 의 $100(1-\alpha)\%$ 신뢰구간

$$\text{신뢰하한} = a - t_{\alpha/2;n-2} \cdot S_a, \quad \text{신뢰상한} = a + t_{\alpha/2;n-2} \cdot S_a$$

$$\text{여기서 } S_a = \sqrt{\frac{S_\varepsilon^2}{n} + \bar{X}^2 S_b^2}$$

[예제 12.12] 여행사의 광고비와 매출액 (절편의 신뢰구간)

예제 12.4에서 광고비로 매출액을 예측하기 위한 모회귀선의 절편에 관한 신뢰수준 95%의 신뢰구간을 구하시오.

풀이

1. 필요 통계량

   1) $a = 1.4$, $S_a = 1.3124$ (예제 12.10 참조), $n = 6$

   2) 신뢰계수($\alpha = 0.05$): $t_{\alpha/2;n-2} = t_{0.025;4} = 2.7765$

   3) 오차한계(error margin): $t_{\alpha/2;n-2} \cdot S_a = 3.643$

2. 신뢰하한과 상한: $b \mp$ 오차한계$= 1.4 \mp 3.643$

   → 신뢰하한$= -2.243$, → 신뢰상한$= 5.043$.

   * 참고: 모회귀선 기울기의 신뢰구간 추정 결과, 기울기에 대한 가설(양측)의 판단이 가능했듯이 절편 또한 신뢰구간 추정을 통해 가설(양측)에 대한 판단이 가능하며 본 예제의 경우, 0이 신뢰구간에 포함, 귀무가설을 기각할 수 없음을 판단할 수 있다.

연습문제

12.1 다음은 두 변수 X와 Y에 관한 표본자료이다. 물음에 답하시오.

X	2	2	3	3	4	4
Y	1	3	3	4	4	6

(1) 두 변수 X와 Y의 표본평균 $\bar{X}$, $\bar{Y}$, 표본분산 S_X^2, S_Y^2을 구하시오.

(2) 두 변수 X와 Y의 표본공분산 S_{XY}을 구하시오.

(3) X로 Y을 예측하기 위한 표본회귀선의 기울기와 절편을 최소제곱법으로 구하시오.

(4) (3)에서 구한 표본회귀선을 산점도에 함께 나타내시오.

(5) (3)에서 구한 표본회귀선으로 $X_0 = 3.5$일 때의 예측값 $\hat{Y}_0$을 구하시오.

(6) (3)에서 구한 표본회귀선으로 $X_0 = \bar{X}$일 때의 예측값 $\hat{Y}_0$을 구하시오.

(7) 예측값 $\hat{Y}$의 평균을 구하시오.

(8) 잔차의 합 $\sum_{i=1}^{n} e_i$을 구하시오.

(9) 독립변수 값과 잔차의 곱의 합 $\sum_{i=1}^{n} X_i e_i$을 구하시오.

12.2 두 변수 X와 Y의 표본평균, 표본분산, 표본공분산 등을 계산한 결과는

$$\bar{X} = 4,\ \bar{Y} = 9,\ S_X^2 = 5,\ S_Y^2 = 10,\ S_{XY} = 8$$

이다. 물음에 답하시오.

(1) X로 Y를 예측하기 위한 표본회귀선의 기울기와 절편을 최소제곱법으로 구하시오.

(2) Y로 X를 예측하기 위한 표본회귀선의 기울기와 절편을 최소제곱법으로 구하시오.

(3) 첫 번째 관측값의 X와 Y의 값은 $X_1 = 3$, $Y_1 = 7$이다. (1)에서 구한 표본회귀선으로 첫 번째 관측값의 예측값 $\hat{Y}_1$을 구하시오.

(4) (1)에서 구한 표본회귀선으로 첫 번째 관측값의 잔차 e_1를 구하시오.

(5) (2)에서 구한 표본회귀선으로 첫 번째 관측값의 예측값 $\hat{X}_1$을 구하시오.

(6) (2)에서 구한 표본회귀선으로 첫 번째 관측값의 잔차 e_1를 구하시오.

12.3 경매에서 거래된 아파트의 낙찰가격과 크기의 관계를 분석하기 위해최근 거래된 15개 아파트의 낙찰가격(Y, 백만원)과 크기(X, 평)에 관한 자료를 수집하였다.

아파트	1	2	3	4	5	6	7	8
크기 (X)	38	25	36	25	16	13	17	25
낙찰가격 (Y)	274	234	215	213	95	65	150	260
아파트	9	10	11	12	13	14	15	
크기 (X)	25	25	38	25	45	12	25	
낙찰가격 (Y)	154	178	264	196	582	81	225	

크기(X, 평)와 낙찰가격(Y, 백만원)의 표본평균은 $\bar{X} = 26$, $\bar{Y} = 212.4$ 이고 표본분산은 $S_X^2 = 93$, $S_Y^2 = 14820.83$ 이며 표본공분산은 $S_{XY} = 994.643$ 이다.

(1) 크기로 낙찰가격을 예측하기 위한 표본회귀선의 기울기를 최소제곱법으로 구하고 그 의미를 설명하시오.

(2) 크기로 낙찰가격을 예측하기 위한 표본회귀선의 절편을 최소제곱법으로 구하고 그 의미를 설명하시오.

(3) (1)과 (2)에서 구한 표본회귀선으로 27평 아파트의 낙찰가격을 예측하시오.

(4) 표본자료로 수집된 첫 번째 아파트의 잔차를 구하시오.

12.4 문제 12.1을 참조하여 다음 물음에 답하시오.

(1) 오차제곱합, SSE 을 구하시오.

(2) 회귀제곱합, SSR 을 구하시오.

(3) 결정계수, R^2 을 구하시오.

(4) 예측값, $\hat{Y}$ 와 종속변수 Y 의 상관계수를 구하시오.

12.5 표본크기는 $n = 100$ 이고 Y 의 표본분산은 $S_Y^2 = 10$ 이며 X 와 Y 의 표본공분산은 $S_{XY} = -50$ 이다. 그리고 X 로 Y 를 예측하기 위한 표본회귀선의 결정계수는 $R^2 = 0.8$ 이다. 다음 물음에 답하시오.

(1) 총제곱합, SST 을 구하시오.

(2) 오차제곱합, SSE 을 구하시오.

(3) 예측값, $\hat{Y}$ 와 종속변수 Y 의 상관계수를 구하시오.

(4) 독립변수 X 와 종속변수 Y 의 상관계수를 구하시오.

12.6 문제 12.3을 참조하여 다음 물음에 답하시오.

(1) 결정계수, R^2 을 구하고 의미를 설명하시오.

(2) 총제곱합, SST 을 구하시오.

(3) 회귀제곱합, SSR 을 구하시오.

12.7 문제 12.1을 참조하여 다음 물음에 답하시오.

(1) 모회귀선 기울기, β의 95%신뢰구간을 구하시오.

(2) 모회귀선 절편, α의 95%신뢰구간을 구하시오.

12.8 표본크기는 $n=50$ 이고 표본회귀선의 절편과 기울기는 $a=1.2$, $b=0.4$ 이다. 독립변수의 표본평균과 표본분산은 $\bar{X}=3$, $S_X^2=4$ 이고 회귀표준오차추정치는 $S_\varepsilon=2$ 이다. 다음 물음에 답하시오.

(1) 표본회귀선 기울기 b의 표준오차추정치 S_b을 구하시오.

(2) 모회귀선 기울기 β의 95%신뢰구간을 구하시오.

(3) 표본회귀선 절편 a의 표준오차추정치 S_a을 구하시오.

(4) 모회귀선 절편 α의 95%신뢰구간을 구하시오.

12.6.1 표본회귀선의 기울기 [SLOPE]

SLOPE는 종속변수 및 독립변수 자료의 범위주소를 입력받아 표본회귀선의 기울기 b를 출력해준다.

=SLOPE(y , x)

여기서 y = 종속변수 자료의 범위주소
x = 독립변수 자료의 범위주소

<그림 12.12>은 예제 12.2의 표본자료가 입력된 워크시트에서 SLOPE로 표본회귀선의 기울기 b를 구하기 위한 입력내용과 출력결과를 보여주고 있다.

	A	B	C	D	E	F
1	x	y		기울기 =	0.9	
2	2	4		절편 =	1.4	
3	3	3		결정계수 =	0.675	
4	4	4				
5	4	6				
6	5	6				
7	6	7				
8						

=SLOPE(B2:B7,A2:A7)

<그림 12.12> SLOPE를 활용한 표본회귀선 기울기의 계산

12.6.2 표본회귀선의 절편 [INTERCEPT]

INTERCEPT는 종속변수 및 독립변수 자료의 범위주소를 입력받아 표본회귀선의 절편 a를 출력해준다.

=INTERCEPT(y , x)

여기서 y = 종속변수 자료의 범위주소
x = 독립변수 자료의 범위주소

<그림 12.13>은 예제 12.2의 표본자료가 입력된 워크시트에서 INTERCEPT로 표본회귀선의 절편 a를 구하기 위한 입력내용과 출력결과를 보여주고 있다.

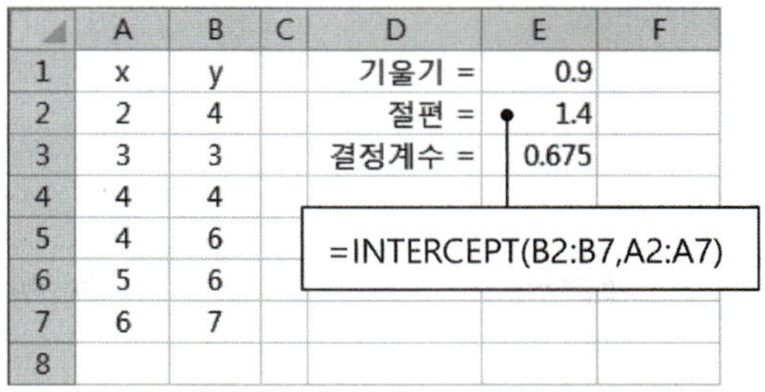

	A	B	C	D	E	F
1	x	y		기울기 =	0.9	
2	2	4		절편 =	1.4	
3	3	3		결정계수 =	0.675	
4	4	4				
5	4	6				
6	5	6				
7	6	7				
8						

<그림 12.13> INTERCEPT를 활용한 표본회귀선 절편의 계산

12.6.3 표본회귀선의 결정계수 [RSQ]

RSQ는 종속변수 및 독립변수 자료의 범위주소를 입력받아 표본회귀선의 결정계수 R^2를 출력해준다.

=RSQ(y , x)

여기서 y = 종속변수 자료의 범위주소
x = 독립변수 자료의 범위주소

<그림 12.14>는 예제 12.2의 표본자료가 입력된 워크시트에서 RSQ로 표본회귀선의 결정계수 R^2를 구하기 위한 입력내용과 출력결과를 보여주고 있다.

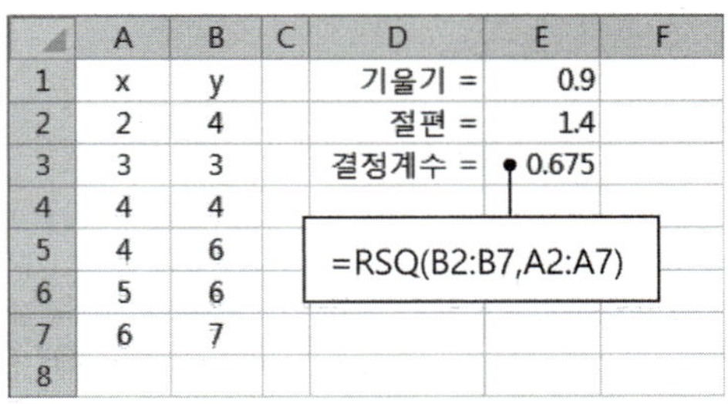

	A	B	C	D	E	F
1	x	y		기울기 =	0.9	
2	2	4		절편 =	1.4	
3	3	3		결정계수 =	0.675	
4	4	4				
5	4	6				
6	5	6				
7	6	7				
8						

<그림 12.14> RSQ를 활용한 표본회귀선 결정계수의 계산

12.6.4 LINEST의 활용

<그림 12.15>은 예제 12.2의 표본자료가 입력된 워크시트에서 LINEST로 단순회귀분석을 수행한 출력결과를 나타낸 것이다.

	A	B	C	D	E	F	G	H
1	x	y			기울기	절편		
2	2	4		계수	① 0.9	⑥ 1.4		
3	3	3		표준오차	② 0.3122	⑦ 1.3124		
4	4	4		결정계수	③ 0.675	⑧ 0.9874	회귀표준오차	
5	4	6		F관측값	④ 8.3077	⑨ 4	오차제곱합의 자유도	
6	5	6		회귀제곱합	⑤ 8.1	⑩ 3.9	오차제곱합	
7	6	7						

<그림 12.15> LINEST를 활용한 단순회귀분석

LINEST의 사용방법은 다음과 같다.

=LINEST(y , x , const , stats)

여기서 y = 종속변수 자료의 범위주소
x = 독립변수 자료의 범위주소
const = 0이면 회귀모형에서 절편을 생략 (절편이 출력되지 않음)
1이면 회귀모형에 절편을 포함 (절편을 계산하여 출력함)
stats = 0이면 기울기, 절편을 제외한 다른 결과들을 생략
1이면 기울기, 절편을 포함한 다른 결과들을 출력

LINEST는 일반적인 Excel함수와는 다른 방법으로 입력되어야 한다. 먼저 워크시트에서 결과가 출력될 영역을 <그림 12.16>의 (a)에서처럼 블록형태로 선택한다. 이 상태에서 (b)에 나타낸 것처럼 =LINEST(B2:B7,A2:A7,1,1)을 입력한 후 Ctrl + Shift + Enter를 누르면 <그림 12.16>에 나타낸 결과가 출력된다.

(a)

C	D	E	F	G	H
		기울기	절편		
	계수				
	표준오차				
	결정계수			회귀표준오차	
	F관측값			오차제곱합의 자유도	
	회귀제곱합			오차제곱합	

(b)

	A	B	C	D	E	F	G	H
1	x	y			기울기	절편		
2	2	4		계수	=LINEST(B2:B7,A2:A7)			
3	3	3		표준오차				
4	4	4		결정계수			회귀표준오차	
5	4	6		F관측값			오차제곱합의 자유도	
6	5	6		회귀제곱합			오차제곱합	
7	6	7						
8								

<그림 12.16> LINEST함수의 입력방법

<그림 12.17>에서 LINEST로 출력한 각 항목의 내용, 계산공식 및 간단한 계

산과정 등을 요약하면 다음과 같다.

$$n=6,\ \overline{X}=4,\ \overline{Y}=5,\ S_X^2=2,\ S_Y^2=2.4,\ S_{XY}=1.8$$

① 표본회귀선의 기울기 $b=S_{XY}\,/\,S_X^2=1.8\,/\,2=0.9$

② 표본회귀선의 절편 $a=\overline{Y}-b\overline{X}=5-0.9\times 4=1.4$

③ 표본회귀선 기울기의 표준오차추정치

$$S_b=S_\varepsilon\,/\,\sqrt{(n-1)S_X^2}=0.9874\,/\,\sqrt{(6-1)\times 2}=0.3122$$

④ 표본회귀선 절편의 표준오차추정치

$$S_a=\sqrt{S_\varepsilon^2\,/\,n+\overline{X}^2S_b^2}=\sqrt{0.9874^2\,/\,6+4^2\times 0.3122^2}=1.3124$$

⑤ 결정계수 $R^2=SSR\,/\,SST=SSR\,/\,(SSR+SSE)$

$$=8.1\,/\,(8.1+3.9)=0.675$$

⑥ 회귀표준오차추정치 $S_\varepsilon=\sqrt{MSE}=\sqrt{SSE\,/\,df(SSE)}$

$$=\sqrt{3.9\,/\,4}=0.9874$$

⑦ 기울기 β에 관한 가설 $H_0:\ \beta=0$, $H_1:\ \beta\neq 0$의

검정통계량 관측값 $F_0=MSR\,/\,MSE=SSR\,/\,(SSE\,/\,df(SSE))$

$$=8.1\,/\,(3.9\,/\,4)=8.3077$$

⑧ 오차제곱합의 자유도 $df\left(SSE\right)=n-2=6-2=4$

⑨ 회귀제곱합 $SSR=8.1$

⑩ 오차제곱합 $SSE=3.9$

<그림 12.18>에 나타낸 LINEST의 출력결과를 살펴보면 10개의 항목이 5개의 행(=가로줄)과 2개의 열(=세로줄)을 갖는 범위에 출력되어 있다. INDEX를 사용하면 LINEST의 출력결과 중에서 한 항목만을 선택하여 나타낼 수 있다. INDEX의 사용방법은 다음과 같다.

=INDEX(array , row_num , col_num)

여기서 array = 범위주소
row_num = 행번호

col_num = 열번호

LINEST의 출력결과 중에서 2행 1열은 표본회귀선 기울기의 표준오차추정치 S_b를 나타낸다. <그림 12.19>은 기울기가 0이라는 귀무가설에 대한 검정통계량의 관측값 $t_0 = b / S_b$와 p값 $2 \times P\left(t > \left|t_0\right|\right)$을 구하기 위한 입력내용 및 출력결과를 나타낸 것이다.

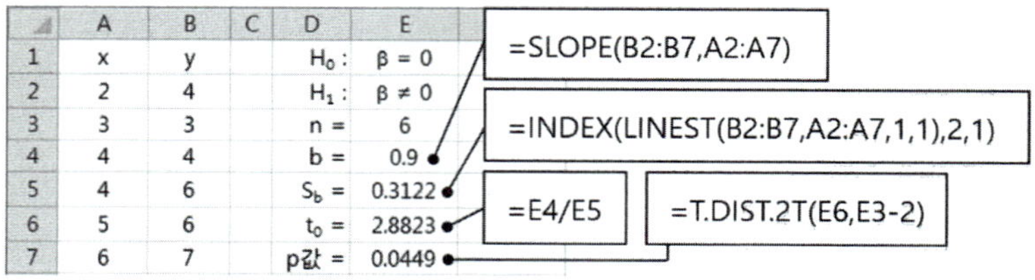

<그림 12.17> INDEX와 LINEST함수의 활용

13 비모수통계학

지금까지 설명한 추리통계학은 모집단의 분포에 대한 엄격한 가정을 두고 있는 **모수통계학**(parametric statistics)이다. 그러나 실제로 이러한 정규분포의 가정에 맞지 않거나 표본의 수를 많이 할 수 없는 경우도 허다하다. 따라서 본 장에서는 모집단의 분포에 대한 가정이 필요하지 않고, 명목척도나 순위척도로 측정된 변수에도 적용할 수 있는 비모수통계학을 설명한다. 비모수통계학의 영역에 속하는 기법들은 다양하지만, 본 장에서는 독립성검정과 적합성검정에 이용되는 카이제곱검정을 다루기로 한다.

제1절 비모수통계학의 특성

위에서 언급한 바와 같이 비모수통계학은 모수통계학에 비해 다음과 같은 장점을 가지고 있다.

비모수통계학의 장점

1) 모집단의 분포에 대한 가정이 필요하지 않다.
2) 표본의 수가 작은 경우에도 적용이 가능하다.
3) 순위척도나 명목척도의 변수에도 적용이 가능하다.
4) 계산이 비교적 용이하다.

한편, 비모수통계학은 모수통계학에 비해 다음과 같은 단점도 가지고 있다.

비모수통계학의 단점

1) 모수통계학에 비해 검정력(power of test)이 약하다.
2) 검정을 위해 분포표에 대한 의존도가 크다.

비모수통계학은 모수통계학보다 검정력이 약하고, 자료에 포함되어 있는 정보를 효율적으로 사용하지 못하고 있으므로 모수통계학을 적용할 수 없는 상황에만 적용하는 것이 바람직하다.

제2절 다항분포모형과 카이제곱(χ^2) 검정

13.2.1 다항분포모형

변수가 취할 수 있는 값이 몇 가지의 범주로 구성될 때, 각 범주에 대한 확률값을 구하기 위해서는 범주형 자료분석을 이용하게 된다. 범주가 세 개 이상의 다항으로 이루어져 있을 때, 실험결과로 어떤 범주가 나타날 수 있을지에 관한 실험을 다항실험(multinomial experiment)이라 한다. 한편 다항 실험은 다음과 같은 특성을 가지고 있다.

다항실험의 성격

1) 실험은 n개의 시행(trial)으로 구성된다.
2) 각 시행의 관측 가능한 결과(범주)가 k개 있다.
3) 각 시행에서 관측값이 i번째 범주에 속할 확률 p_i는 매 시행마다 일정하다.
   단, $p_1 + \cdots + p_k = 1$이다.
4) 각 시행은 상호독립적이다.
5) 관심의 대상인 확률변수는 k개의 결과와 이 결과에 속하는 관측도수 n_i이다.
   단, $n_1 + \cdots + n_k = n$이다.
   여기서 $n_1, n_2, \cdots, n_k$를 각 범주에 속하는 칸 도수(cell count)라고 한다.

주사위 던지기가 대표적인 다항실험에 속한다. 이 실험에서는 가능한 범주(결과)의 수가 $k = 6$이며, 유전학자 멘델의 법칙에서의 완두콩을 색깔과 모양에 따라 4종류로 분류하는 것도 $k = 4$인 다항실험으로 간주할 수 있다. 주사위 던지기의 예를 보면, 이 실험을 위해 주사위를 n번 던질 경우, 각 시행의 결과는 여섯 가지의 가지의 가능한 결과 중의 각각의 수가 나타날 확률은 매 시행마다 일정하다. 그러므로 주사위 던지기는 다항실험의 성격을 만족한다.

앞에서 설명한 것처럼 n번의 시행에서 i범주에 속하는 횟수를 $n_1, n_2, \cdots, n_k$

로 표시하면, $n_1+\cdots+n_k=n$ 이며, 확률변수 $n_1, n_2, \cdots, n_k$ 의 결합확률분포를 다항분포라고 한다.

이항실험과 다항실험을 비교하면, $k=2$ 인 것을 이항실험이라고 하며, $k\geq 3$ 인 것을 다항실험이라고 한다. 이항확률변수와 관련된 성공확률에 대한 추론에서는 표준정규분포를 사용하지만, 다항확률 $p_1, p_2, \cdots, p_k$ 에 대한 추론에서는 카이제곱(χ^2)분포를 이용한다.

13.2.2 카이제곱검정

χ^2 검정은 도수에 근거를 두고 있는 통계기법이다. 검정하고자 하는 가설에 입각한 기대도수와 실제로 관측한 도수의 차이를 이용한 χ^2 검정은 집단으로 분류하는 두 분류변수가 상호독립적인가를 파악하는 **독립성검정**(test of independence), 다수의 모집단에서 특정사안에 대한 비율이 같은지 즉 특정표본이 같은 모집단에서 추출된 것인지를 파악하는 **동질성검정**(test of equality), 실제 관측한 자료가 이론적인 또는 가정한 분포를 이루고 있는지를 파악하는 **적합성검정**(test of goodness-of-fit)에 주로 사용되고 있다. 어떤 유형의 검정을 하던 관측값 χ_o^2의 계산 원리는 아래의 식과 같이 계산한다.

$$\chi_o^2 = \sum \frac{(f_o - f_e)^2}{f_e}$$

여기서 f_o = 관측도수, f_e = 기대도수

임계값을 결정하기 위한 자유도의 수는 칸의 수가 결정하며, 자유도를 계산하는 기본적인 원리는 칸(cell)의 수보다 1이 적은 수가된다. 즉 칸의 수가 k 개라면 자유도는 $(k-1)$이 된다. 관측도수의 값과 기대도수의 값의 차이가 작으면 χ_o^2 값은 작아지고, 차이가 크면 커진다. 귀무가설을 기각하기 위해서는 χ_o^2값이 커야 하므로 비모수통계학에서 χ^2 검정은 우측의 단측검정이 되어야한다.

위의 관측값 χ_o^2공식에 의한 값이 χ^2 분포를 이루기 위해서는 표본이 다항분포의 모집단에서 무작위로 추출된 것이어야 하고 모든 칸의 기대도수가 5이상이 되어야 한다. 그러나 모든 칸의 기대도수가 5이상이 되어야 한다는 요건은 너무 엄격한 것으로 조금은 완화될 수 있다고 주장하는 학자들도 있다.

모든 칸의 기대도수가 5이상이 되려면 표본의 수가 많거나, 칸의 수를 조정하여 발생확률을 높여야 한다. 표본의 수를 늘리는 것은 마음대로 할 수 있는 것도 아니지만 표본의 수를 k 배 늘리면 관측값 χ_o^2도 k 배 증가하여 귀무가설을 쉽게 기각하게 되는 문제점도 발생한다. 따라서 칸의 수를 조정하는 방법이 무난한 방법이라고 할 수 있다. 기대도수가 5미만인 칸을 인접한 칸과 묶어 칸의 수를 조정하는 경우 묶여진 칸은 설명이 가능한 의미를 가져야 한다. 조사의 특성상 칸의 조정이 불가능한 경우도 있다. 이러한 경우의 해결책은 표본의 수를 늘리는 방법뿐이다.

13.2.3 독립성검정

수집한 자료를 분류기준에 의하여 다수의 집단으로 분류할 수 있다. 분류기준이 두 개일 경우, 한 분류기준에 따라 r개의 집단으로 분류하여 행(row)으로, 또 다른 한 분류기준에 따라 c개 집단으로 분류하여 열(column)로 구성한 $(r \times c)$개의 칸으로 구성된 표를 작성할 수 있다. $(r \times c)$개의 칸으로 구성된 표의 각 칸에 속하는 자료의 수 즉 도수를 기입한 아래의 [표 13.1]과 표를 **분할표**(contingency table)라고 한다.

[표 13.1] 관측분할표

변수2 \ 변수1	1	2	⋯	c	계
1	o_{11}	o_{12}	⋯	o_{1c}	$o_{1.}$
2	o_{21}	o_{22}	⋯	o_{2c}	$o_{2.}$
⋮	⋮	⋮	⋱	⋮	⋮
r	o_{r1}	o_{r2}	⋯	o_{rc}	$o_{r.}$
계	$o_{.1}$	$o_{.2}$	⋯	$o_{.c}$	n

$o_{ij} = i$ 번째 행과 j번째 열에 있는 칸의 관측도수
$o_{i.} = i$번째 행의 관측도수의 합
$o_{.j} = j$번째 열의 관측도수의 합

위의 표와 같이 분할표를 작성하는 데 사용한 두 변수 즉 분류기준의 상호독립성 여부에 대한 검정을 χ^2 독립성검정이라고 한다.

독립성검정을 위한 귀무가설과 대립가설은 다음과 같다.

H_0 : 두 분류기준변수는 상호독립적이다.

H_1 : 두 분류기준변수는 상호독립적이 아니다.

제5장의 확률이론에서 설명한 바와 같이 두 변수가 상호독립적이라면 다음의 식을 충족하여야한다.

$$P(A \cap B) = P(A) \times P(B)$$

독립성 요건인 위식의 확률에 표본의 계수를 곱하면 기대도수가 되며 다음과 같다.

$$e = n \times P(A) \times P(B)$$

위의 식을 이용한 i 번째 열과 j 번째 행의 기대도수를 구하는 공식은 다음의 식과 같다.

독립성 검정의 기대도수의 공식

$$e_{i\,j} = n \times \frac{o_{i.}}{n} \times \frac{o_{.j}}{n} = \frac{o_{i.} \times o_{.j}}{n}$$

독립성검정에서 χ^2 관측값 χ_o^2를 구하는 공식은 다음의 식과 같다.

χ^2 관측값의 공식

$$\chi_o^2 = \sum_{i=1}^{r} \sum_{j=1}^{c} \frac{(o_{i\,j} - e_{i\,j})^2}{e_{i\,j}}$$

각 행의 합이 주어져 있는 상황에서 $(c-1)$ 개 칸의 도수를 알면 마지막 한 칸의 도수는 결정되므로 열의 자유도는 $(c-1)$ 이 된다. 같은 이치로 각 행의 자유도는 $(r-1)$이 되므로 전체 자유도는 $(r-1)(c-1)$이 된다. 따라서 임계값 χ_o^2는 아래의 식과 같다.

$$\chi_c^2 = \chi^2_{\alpha;(r-1)(c-1)}$$

앞에서 설명한 다른 가설검정과 마찬가지로 관측값이 임계값보다 크면, 즉 $\chi_o^2 > \chi_c^2$이면, 귀무가설을 기각하여 두 변수가 상호독립적이 아니라고 할 수 있으며, $\chi_o^2 \leq \chi_c^2$ 이면, 귀무가설을 기각하지 못하여 두 변수는 상호독립적이라고 할 수 있다.

[예제 13.1]

예제 5-2의 K할부금융의 경인지역본부 고객 150명을 임의로 추출하여 신용등급과 주거지역에 따라 분류한 분할표는 아래와 같다.

[표 13.2] K할부금융 고객 분할표

지역 \ 신용	A	B	C	계
서울	20	30	10	60
인천	8	16	6	30
경기	12	34	14	60
계	40	80	30	150

두 변수 즉 신용등급과 주거지역은 $\alpha = 0.05$에서 상호독립적이라고 할 수 있는가?

풀이

H_0 : 신용등급과 주거지역은 상호독립적이다.
H_1 : 신용등급과 주거지역은 상호독립적이 아니다.

각 칸의 기대도수는 다음과 같다.

서울–A: $e_{11} = (60 \times 40)/150 = 16$ 서울–B: $e_{12} = (60 \times 80)/150 = 32$
서울–C: $e_{13} = (60 \times 30)/150 = 12$ 인천–A: $e_{21} = (30 \times 40)/150 = 8$
인천–B: $e_{22} = (30 \times 80)/150 = 16$ 인천–C: $e_{23} = (30 \times 30)/150 = 6$
경기–A: $e_{31} = (60 \times 40)/150 = 16$ 경기–B: $e_{32} = (60 \times 80)/150 = 32$
경기–C: $e_{33} = (60 \times 30)/150 = 12$

각 칸의 기대도수가 5미만인 칸이 없으므로 χ^2 검정을 활용할 수 있다.

$$\chi_o^2 = \frac{(20-16)^2}{16} + \frac{(30-32)^2}{32} + \frac{(10-12)^2}{12} + \frac{(8-8)^2}{8} + \frac{(16-16)^2}{16} + \frac{(6-6)^2}{6} + \frac{(12-16)^2}{16} + \frac{(34-32)^2}{32} + \frac{(14-12)^2}{12} = 2.917$$

$\chi_c^2 = \chi_{0.05;4}^2 = 9.488$

$\chi_o^2 < \chi_c^2$이므로 귀무가설을 기각하지 못한다. 따라서 두 변수는 상호독립적이라고 할 수 있다.

Excel활용 〈두 변수의 독립성 검정〉

EXCEL.의 CHISQ.TEST함수를 사용하여 두 변수의 독립성을 검정할 수 있다. CHISQ.TEST함수의 사용방법은 다음과 같다.

> **=CHISQ.TEST(관측도수, 기대도수)**
>
> 관측도수 : 관측도수의 영역주소
> 기대도수 : 기대도수의 영역주소
>
> 이 함수는 χ^2 관측값 χ_o^2 이상이 발생할 확률, 즉 p 값을 계산한다.

<그림 13.1>은 Excel을 활용하여 [예제 13.1]을 계산한 것이다.

	A	B	C	D	E	F	G	H	I	J	K	L
1	**예제 13.1 독립성 검정**											
2												
3	**(관측도수)**			신용등급								
4			A	B	C	계		1) 가설				
5		서울	20	30	10	60		H_0 : 주거지역과 신용등급은 상호 독립적이다.				
6	주거지역	인천	8	16	6	30		H_1 : 주거지역과 신용등급은 상호 독립이 아니다.				
7		경기	12	34	14	60		2) 유의수준		α=	0.05	
8		계	40	80	30	150		3) p값			0.571866	B
9												
10	**(기대도수)**											
11			A	B	C							
12		서울	16	32	12		A					
13		인천	8	16	6							
14		경기	16	32	12							

A

셀주소	Excel 함수/수식
C12	=C$8*$F5/$F$8
C13, C14:D12:E14	B 12의 수식을 복사

B

셀주소	Excel 함수/수식
K8	=CHISQ.TEST(C5:E7,C12:E14)

<그림 13.1> [예제 13.1]의 계산

13.2.4 동질성검정

여러 모집단 비율을 검정하는 동질성검정에서의 관측값과 자유도를 계산하는 방법은 독립성검정과 다를 바 없고 다만 표본추출의 방법차이만 있을 뿐이다. 여러 모집단에서 표본을 독립적으로 추출하였다면 동질성검정이 되고 다항분포의 한 모집단에서 표본을 추출하여 두 변수의 속성에 따라 분류한 것이라면 독립성검정이 된다.

c개의 모집단에서 각각 $n_1, n_2, \dots, n_c$개의 표본을 추출하여 속성 $A_1, A_2, \dots, A_r$로 분류한 관측도수가 아래의 [표 13.3]과 같다고 하자.

[표 13.3] 동질성 검정을 위한 분할표

속성 \ 모집단	1	2	⋯	c	계
A_1	o_{11}	o_{12}	⋯	o_{1c}	$o_{1.}$
A_2	o_{21}	o_{22}	⋯	o_{2c}	$o_{2.}$
⋮	⋮	⋮	⋱	⋮	⋮
A_r	o_{r1}	o_{r2}	⋯	o_{rc}	$o_{r.}$
계	$o_{.1}$	$o_{.2}$	⋯	$o_{.c}$	n

각 모집단에서 $A_1, A_2, \dots, A_r$에 속하는 비율이 모두 같다면 각 모집단의 구성 비율은 c개의 모집단을 하나로 묶은 상태에서의 비율과 같아야 될 것이다. 따라서 j 모집단에서 i속성을 가진 기대도수를 구하는 공식은 다음의 식과 같다.

동질성검정의 기대도수 공식

$$e_{ij} = n_j \times \frac{o_{i.}}{n}$$

독립성검정의 기대도수 공식과 동질성검정의 식을 비교해보면 $o_{\cdot j}$ 대신에 동질성검정의 식에서는 n_j을 사용하고 있다. $o_{\cdot j}$와 n_j 모두 분할표에서 표의 여백(계)에 있으므로 위치는 같지만 그 의미는 다르다. $o_{\cdot j}$는 n개의 표본을 추출하여 조사한 결과 j 속성의 관측도수인 반면에 n_j는 j번째 집단에서 추출한 표본의 수를 나타낸다. 관측값 χ_o^2와 자유도의 계산은 독립성검정과 같으므로 설명을 생략하기로 한다.

[예제 13.2]

우리나라 5개 이동통신회사 가입자의 직업별 비율이 같은지를 조사하기 위하여 각 회사별로 가입자를 무작위추출하여 직업별로 분류한 결과는 아래의 [표 13.4]와 같다.

[표 13.4] 이동통신회사 가입자의 직업별 인원

직업 \ 회사	A	B	C	D	E	계
직장인	95	35	45	25	30	230
자영업	120	70	25	20	25	260
학생	40	20	50	40	30	180
기타	45	25	30	15	15	130
표본 수	300	150	150	100	100	800

유의수준 0.05에서 각 이동통신회사의 직업별 구성비는 같다고 할 수 있는가?

풀이

H_0: 각 회사 전화가입자의 직업별 구성비는 같다.
H_1: 각 회사 전화가입자의 직업별 구성비는 같지 않다.

전체 800명중에서 직장인, 자영업, 학생, 기타의 비율은 다음과 같다.
직장인: 230/800, 자영업: 260/800, 학생: 180/800, 기타: 130/800
귀무가설이 사실이라면 각 회사 가입자의 직업별 비율은 전체의 비율과 같아야 하므로 각 회사 가입자의 직업별 기대도수는 다음과 같다.

A사 :

$$e_{1A} = 300 \times \frac{230}{800} = 86.25,\ e_{2A} = 300 \times \frac{260}{800} = 97.5,$$

$$e_{3A} = 300 \times \frac{180}{800} = 67.5,\ \ e_{4A} = 300 \times \frac{130}{800} = 48.75$$

B사 :

$$e_{1B} = 150 \times \frac{230}{800} = 43.125,\ \ e_{2B} = 150 \times \frac{260}{800} = 48.75$$

$$e_{3B} = 150 \times \frac{180}{800} = 33.75,\ \ e_{4B} = 150 \times \frac{130}{800} = 24.375$$

C사 :

$$e_{1C} = 150 \times \frac{230}{800} = 43.125,\ \ e_{2C} = 150 \times \frac{260}{800} = 48.75$$

$$e_{3C} = 150 \times \frac{180}{800} = 33.75,\ \ e_{4C} = 150 \times \frac{130}{800} = 24.375$$

D사 :

$$e_{1D} = 100 \times \frac{230}{800} = 28.75,\ \ e_{2D} = 100 \times \frac{260}{800} = 32.5$$

$$e_{3D} = 100 \times \frac{180}{800} = 22.5,\ \ e_{4D} = 100 \times \frac{130}{800} = 16.25$$

E사 :

$$e_{1E} = 100 \times \frac{230}{800} = 28.75,\quad e_{2E} = 100 \times \frac{260}{800} = 32.5$$

$$e_{3E} = 100 \times \frac{180}{800} = 22.5,\quad e_{4E} = 100 \times \frac{130}{800} = 16.25$$

모든 칸의 기대도수가 5이상이므로 χ^2 검정을 활용할 수 있다.

$$\begin{aligned}\chi_o^2 &= \frac{(95-86.25)^2}{86.25} + \frac{(35-43.125)^2}{43.125} + \frac{(45-43.125)^2}{43.125} + \frac{(25-28.75)^2}{28.75} \\ &+ \frac{(30-28.75)^2}{28.75} + \frac{(120-97.5)^2}{97.5} + \frac{(70-48.75)^2}{48.75} + \frac{(25-48.75)^2}{48.75} \\ &+ \frac{(20-32.5)^2}{32.5} + \frac{(25-32.5)^2}{32.5} + \frac{(40-67.5)^2}{67.5} + \frac{(20-33.75)^2}{33.75} \\ &+ \frac{(50-33.75)^2}{33.75} + \frac{(40-22.5)^2}{22.5} + \frac{(30-22.5)^2}{22.5} + \frac{(45-48.75)^2}{60} \\ &+ \frac{(25-24.375)^2}{30} + \frac{(30-24.375)^2}{30} + \frac{(15-16.25)^2}{20} + \frac{(15-16.25)^2}{20} \\ &= 78.1432\end{aligned}$$

자유도는 (5–1)(4–1)=12이므로 임계값 χ_c^2는 $\chi_{0.05;12}^2 = 21.026$이 된다. $\chi_o^2 > \chi_c^2$이므로 귀무가설을 기각한다. 따라서 각 회사 전화가입자의 직업별 구성비는 같다고 할 수 없다.

Excel활용 〈동질성 검정〉

<그림 13.2>는 Excel을 활용하여 [예제 13.2]을 계산한 것이다.

	A	B	C	D	E	F	G	H	I	J	K	L	M
1	예제 13.2												
2													
3	(관측도수)	회사		신용등급									
4	직업	A	B	C	D	E	계		1) 가설				
5	직장인	95	35	45	25	30	230		H_0 : 각 회사 전화가입자의 직업별 구성비는 같다				
6	자영업	120	70	25	20	25	260		H_1 : 각 회사의 전화가입자의 직업별 구성비는 같지 않다.				
7	학생	40	20	50	40	30	180		2) 유의수준		α=	0.05	
8	기타	45	25	30	15	15	130		3) p값			0.0000	
9	표본수	300	150	150	100	100	800						
10													
11	(기대도수)	회사											
12	직업	A	B	C	D	E							
13	직장인	86.25	43.125	43.125	28.75	28.75							
14	자영업	97.5	48.75	48.75	32.5	32.5							
15	학생	67.5	33.75	33.75	22.5	22.5							
16	기타	48.75	24.375	24.375	16.25	16.25							

A

셀주소		Excel 함수/수식
	B13	$G$9*(D$9/$G$9)*($G12/$G$9)
B14,B15,B16,C13:F16	C13, C14:D12:E14	B 14의 수식을 복사

B

셀주소	Excel 함수/수식
L8	=CHISQ.TEST(B5:F8,B13:F16)

<그림 13.2> [예제 13.2]의 계산

13.2.5 적합성검정

χ^2 적합성검정은 표본을 추출한 모집단이 이론이나 가정에 부합하는 확률분포를 이루고 있는가를 판명하는 기법이다. 모집단 평균의 추정이나 검정에서 표본을 추출한 모집단의 정규분포에 대한 가정, 고객이 도착하는 양상은 포아송분포라는 가정, 유전학에서 두 개 이상의 대립유전자를 교배하는 경우 잡종세대에서 9:3:3:1로 비율이 나타난다는 멘델의 제 2법칙 등의 적합성여부를 규명할 경우에 활용하는 χ^2 검정을 χ^2 적합성검정이라고 한다. 가정이나 이론이 옳다면, 표본을 추출했을 때 관측도수는 가정이나 이론에 의한 기대도수와 비슷할 것이고, 옳지 않으면 다르게 나타날 것이다.

기대도수는 가정이나 이론의 확률분포에서의 발생확률과 표본의 크기를 곱하여 구할 수 있으므로 기대도수의 공식은 아래의 식과 같다.

적합성검정의 기대도수 공식

$$e_j = np_j$$

여기서 $e_j = j$ 번째 칸의 기대도수
$p_j = j$ 번째 칸의 발생확률

관측값 χ_o^2를 구하는 방법은 독립성검정과 같으며, 자유도는 칸의 수 k보다 1이 작은 $(k-1)$이 된다.

[예제 13.3]

주택복권의 6등에 당첨되는 끝자리의 수가 같은 비율로 당첨되는가를 파악하기 위해서 100회의 추첨결과를 조사한 결과가 아래의 [표 13.5]와 같다.

[표 13.5] 당첨회수 조사결과

당첨번호	0	1	2	3	4	5	6	7	8	9	계
당첨회수	5	8	16	4	10	11	13	12	6	15	100

유의수준 0.05에서 6등에 당첨되는 끝자리수의 비율이 같다고 할 수 있는가?

풀이

H_0: 당첨되는 끝자리수의 비율은 같다.
H_1: 당첨되는 끝자리수의 비율은 같지 않다.

만약에 귀무가설이 옳다면, 100회의 추첨결과에서 당첨되는 끝자리수는 0부터 9까지 각각 10회가 되어야하므로 0부터 9까지의 기대도수는 모두 10이 된다.

$$\chi_o^2 = \frac{(5-10)^2}{10} + \frac{(8-10)^2}{10} + \frac{(16-10)^2}{10} + \frac{(4-10)^2}{10} + \frac{(10-10)^2}{10}$$
$$= \frac{(11-10)^2}{10} + \frac{(13-10)^2}{10} + \frac{(12-10)^2}{10} + \frac{(6-10)^2}{10} + \frac{(15-10)^2}{10}$$
$$= 15.6$$

10개의 칸이 있으므로 자유도는 9다. 따라서 임계값 $\chi^2_{0.05;9} = 16.919$이다. 관측값이 임계값보다 작으므로 귀무가설을 기각하지 못한다. 따라서 복권에 당첨되는 끝자리의 횟수는 다르다고 할 수 없다.

Excel활용 〈적합성 검정〉

<그림 13.3>은 Excel을 활용하여 [예제 13.3]을 계산한 것이다.

	A	B	C	D	E	F	G	H	I	J
1	**예제 13.3 적합성검정**									
2										
3	**당첨번호**	당첨회수	기대도수							
4	0	5	10		1) 가설					
5	1	8	10		H_0 : 당첨되는 끝자리수의 비율은 같다.					
6	2	16	10		H_1 : 당첨되는 끝자리수의 비율은 같지 않다.					
7	3	4	10		2) 유의수준		α=	0.05		
8	4	10	10		3) p값			0.0757	A	
9	5	11	10							
10	6	13	10							
11	7	12	10							
12	8	6	10							
13	9	15	10							
14	계	100	100							

A

셀주소	Excel 함수/수식
K8	=CHISQ.TEST(B4:F13,C4:C13)

<그림 13.3> [예제 13.3]의 계산

연습문제

13.1 모수통계학과 비모수통계학의 차이를 설명하시오.

13.2 300가구를 무작위로 추출하여 가장 자주 시청하는 뉴스방송과 가장의 연령을 조사하여 분류한 결과는 다음과 같다.

뉴스방송 \ 연령	20대	30대	40대	50대	60대 이상	계
ABC	3	22	40	32	23	120
MBS	10	25	20	28	17	100
KBC	13	17	20	15	15	80
계	26	64	80	75	55	300

① 어떤 유형의 χ^2 검정이 필요한가?

② $\alpha = 0.05$에서 가설검정하고 그 결과를 설명하시오.

13.3 성인 여자 200명을 무작위로 추출하여 주된 의류구입장소를 조사하고 직업별로 분류한 결과는 다음과 같다.

직업 \ 장소	백화점	시장	할인점	개인가게	계
주 부	25	30	10	15	80
직장인	20	30	15	15	80
학 생	5	10	15	10	40
계	50	70	40	40	200

① 어떤 유형의 χ^2 검정이 필요한가?

② $\alpha = 0.05$에서 가설검정하고 그 결과를 설명하시오.

13.4 주거지역별로 이동전화 가입자를 무작위로 표본추출하여 가입한 회사를 조사한 결과 다음과 같다.

지역 \ 회사	K사	P사	S사	L사	H사	계
광역시 이상	150	90	60	50	50	400
시	80	40	40	25	15	200
군단위 이하	70	50	20	35	25	200
계	300	180	120	110	90	800

① 어떤 유형의 χ^2 검정이 필요한가?

② 13.2, 13.3의 검정과의 차이점은 무엇인가?

③ $\alpha = 0.05$에서 가설검정하고 그 결과를 설명하시오.

13.5 주거지역별로 500가구를 무작위로 표본추출하여 가장의 나이를 조사한 결과는 다음과 같다.

지역 \ 연령	20대	30대	40대	50대	60대 이상	계
광역시 이상	5	20	40	30	25	120
시	10	25	20	25	20	100
군 단위 이하	15	15	20	15	15	80
계	30	60	80	70	60	300

① 어떤 유형의 χ^2 검정이 필요한가?

② 13.2, 13.3의 검정과의 차이점은 무엇인가?

③ $\alpha = 0.05$에서 가설검정하고 그 결과를 설명하시오.

13.6 H공장 인사담당자는 200건의 결근을 무작위 추출하여 요일별로 집계한 결과는 다음과 같다.

요일	월	화	수	목	금	토	계
건수	50	20	25	30	45	30	200

① 어떤 유형의 χ^2 검정이 필요한가?

② 이 검정에서 귀무가설과 대립가설은 무엇인가?

③ $\alpha = 0.01$에서 가설검정하고 그 결과를 설명하시오.

찾아보기

■ ㅈ

■ ㅊ

저/자/소/개

이동원

- 서울대학교 경영대학 졸업
- 서울대학교 대학원 경영학과 경영학 석사
- University of Southern California 경영학 박사
- 현, 인하대학교 경영대학 교수

김형기

- 인하대학교 경영학과 졸업
- 인하대학교 대학원 경영학 석사
- 인하대학교 대학원 경영학과 경영학 박사
- 현, 인하대학교 경영대학 초빙교수

조정래

- 한국외국어대학교 국제지역학과 졸업
- 인하대학교 경영대학원 경영학 석사
- 인하대학교 대학원 경영학과 경영학 박사
- 현, 인하대학교 경영대학 초빙교수

최태성

- 서강대학교 상경대학 무역학과 졸업
- Saint Louis University 경영학 석사
- Saint Louis University 경영학 박사
- 현, 인하대학교 경영대학 명예교수

엑셀을 이용한 **경영통계학**

2022년 2월 25일 | 1판 1쇄 인쇄
2022년 2월 28일 | 1판 1쇄 발행

지 은 이 | 이동원, 김형기, 조정래, 최태성
발 행 인 | 김은중
발 행 처 | 서울경제경영출판사
북 디 자 인 | (주)우일미디어디지텍

주 소 | 03767 서울특별시 서대문구 신촌로 205, 506호
전 화 | 02)313-2682
팩 스 | 02)313-8860

등 록 | 1998년 1월 22일 제5-63호

ISBN 979-11-6282-105-3 93310 정가 25,000원